HUYSMANS - MOREAU

FÉERIQUES VISIONS

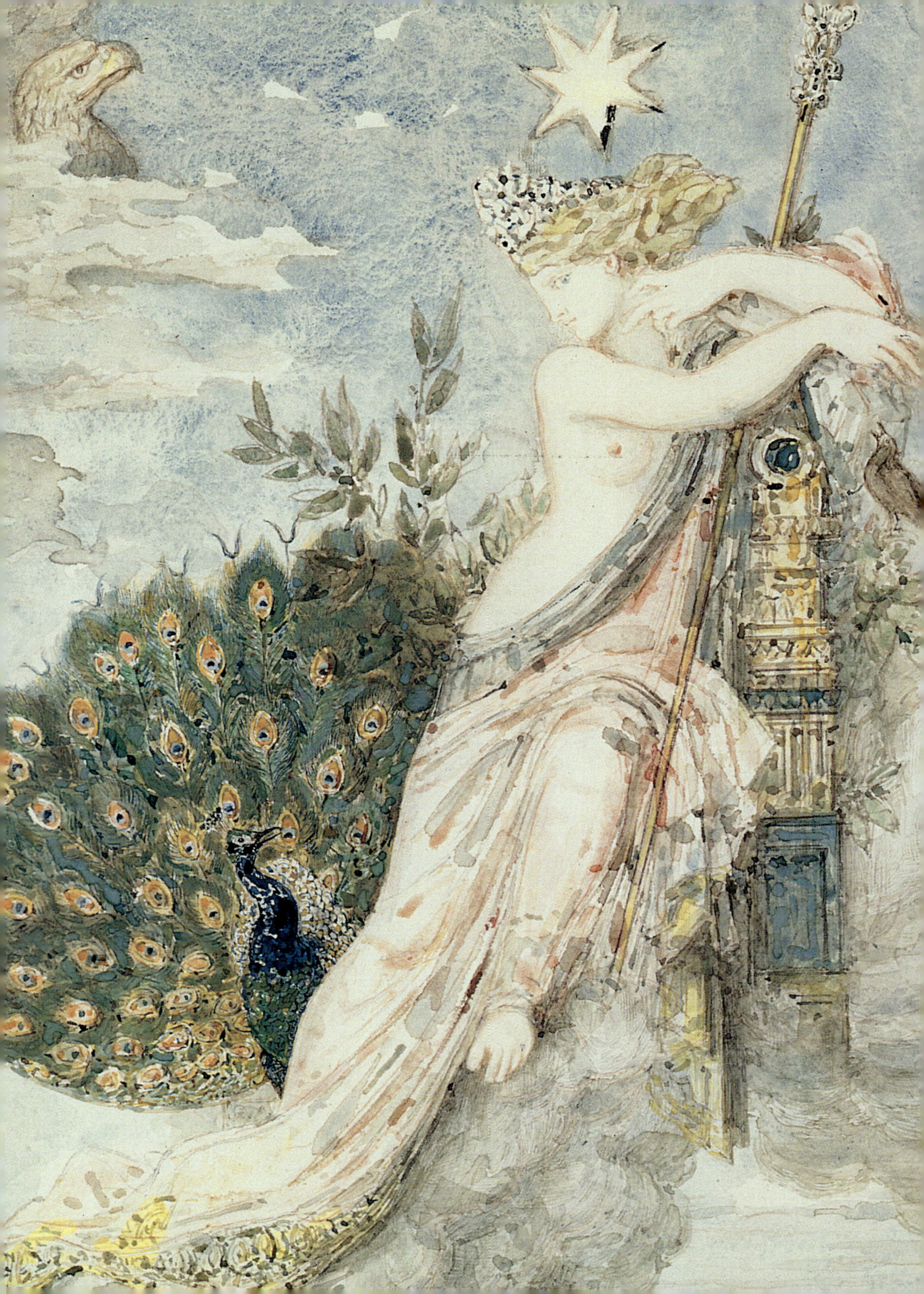

SOCIÉTÉ J.-K. HUYSMANS

HUYSMANS - MOREAU
FÉERIQUES VISIONS

ANDRÉ GUYAUX
MARIE-CÉCILE FOREST
PHILIPPE BARASCUD
SAMUEL MANDIN
BENOÎTE DE MONTMORILLON

MUSÉE GUSTAVE - MOREAU
4 octobre 2007 - 14 janvier 2008

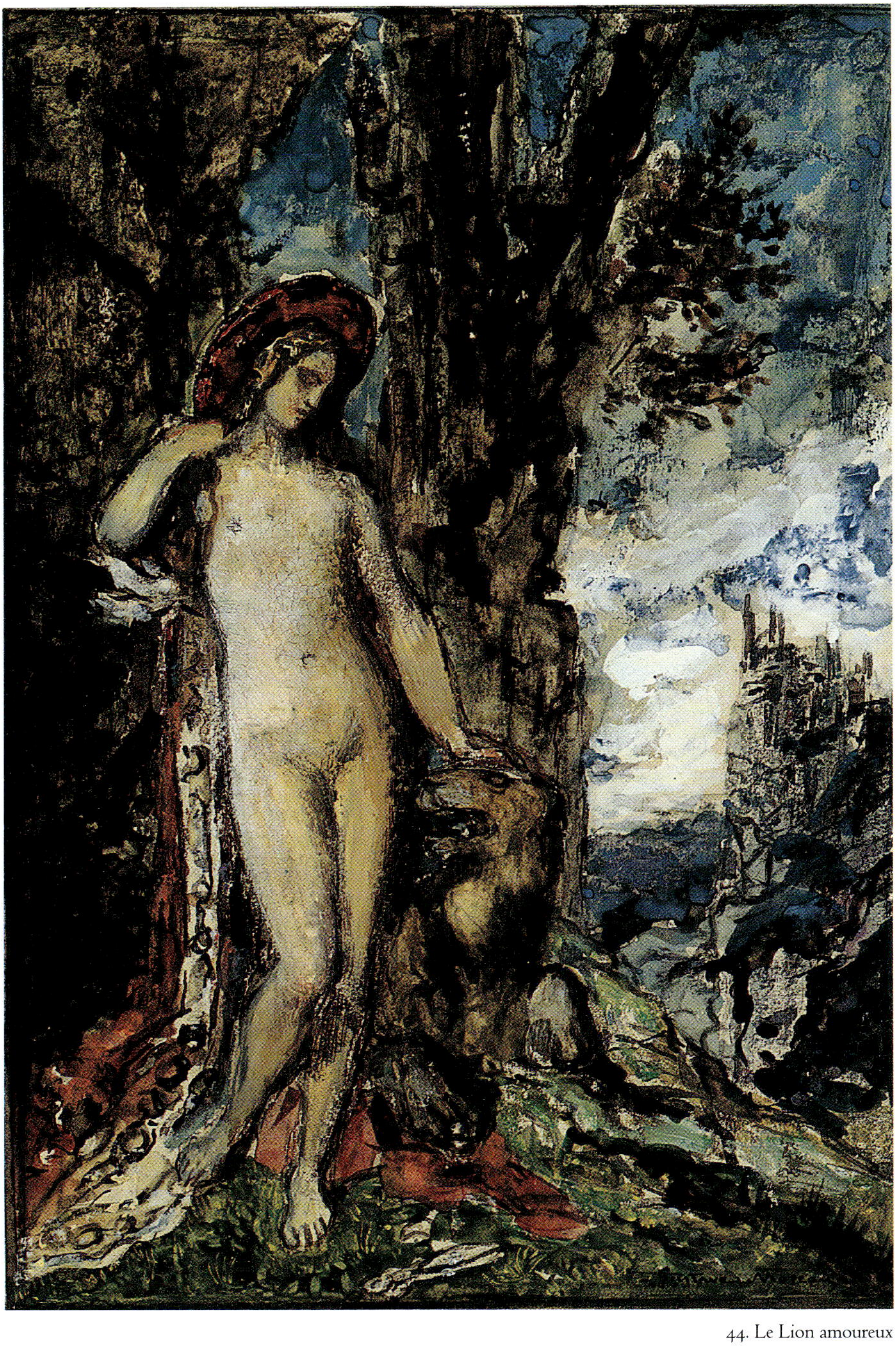

44. Le Lion amoureux

Remerciements

L'exposition *J.-K. Huysmans - Gustave Moreau. Fériques visions* se tient au musée national Gustave-Moreau du 4 octobre 2007 au 14 janvier 2008, à l'occasion du centenaire de la mort de Huysmans. Elle est organisée par le musée Gustave-Moreau et la Société J.-K. Huysmans.

Cette exposition et son catalogue ont été rendus possibles grâce au concours de l'Association des amis du musée Gustave-Moreau, que nous remercions très chaleureusement pour son indéfectible soutien.

Commissariat

Marie-Cécile Forest, conservateur en chef du Patrimoine, directrice du musée national Gustave-Moreau, assistée de Samuel Mandin, doctorant en histoire de l'art,

André Guyaux, professeur de littérature française à l'université Paris-Sorbonne,
assisté de Philippe Barascud, secrétaire général de la Société J.-K. Huysmans.

Le choix des œuvres a été fait avec le concours de Luisa Capodieci, docteur en histoire de l'art.

Comité d'organisation au musée national Gustave-Moreau

Annick Maurer, secrétaire générale
Christel Sanguinetti-Feghali, régisseuse
David Ben Si Mohand, responsable de la surveillance, de la sécurité et de l'accueil

Prêteurs

Paris, Bibliothèque nationale de France
Paris, musée d'Orsay
Paris, Mobilier national et Manufactures des Gobelins, de Beauvais et de la Savonnerie
Paris, Fondation Georges Rouault
Paris, collection Éric Walbecq
Paris, collection Philippe Barascud
Paris, Société J.-K. Huysmans
Versailles, collection particulière

Catalogue

José Alvarez

Communication

Annick Maurer
Partenaires/Rmn Sylvie Poujade

Muséographie

Hubert Le Gall

Les commissaires expriment leur gratitude à celles et ceux qui se sont associés à cette exposition :
Anne-Marie Agulhon, Leïla Audouy, Sylvia Brunetti, Isabelle Colson, Anne Coron, André Damien, Marion de Flers, les ateliers Lebeau, Serge Legat, Serge Lemoine, Dominique Lobstein, Philippe Loisel, Francine Mariani-Ducray, Peter Maurer, Pierre-Louis Mathieu, Danielle Muzerelle, Pierre Emmanuel Nyeborg, René-Gabriel Ojeda, Françoise Pams, François Parmentier, Aurélie Peylhard, Sylvie Poujade, Sylvie Patry, Bruno Racine, Thierry Richaud, Jean-Yves Rouault, Gilles Rouault, Bernard Schötter, Marie Senk, Véronique Sorano-Stedmann, Rémy Urbain.
Ils remercient chaleureusement José Alvarez, directeur des Éditions du Regard, pour le soutien généreux qu'il a apporté à cette publication.
Leur reconnaissance s'adresse également à tout le personnel du musée Gustave-Moreau, tout particulièrement à Annick Maurer pour les questions administratives et de communication, à David Ben Si Mohand pour la sécurité et la surveillance, et à Christel Sanguinetti Feghali pour la régie des œuvres.

Page de titre : 48. Le Paon se plaignant à Junon, détail

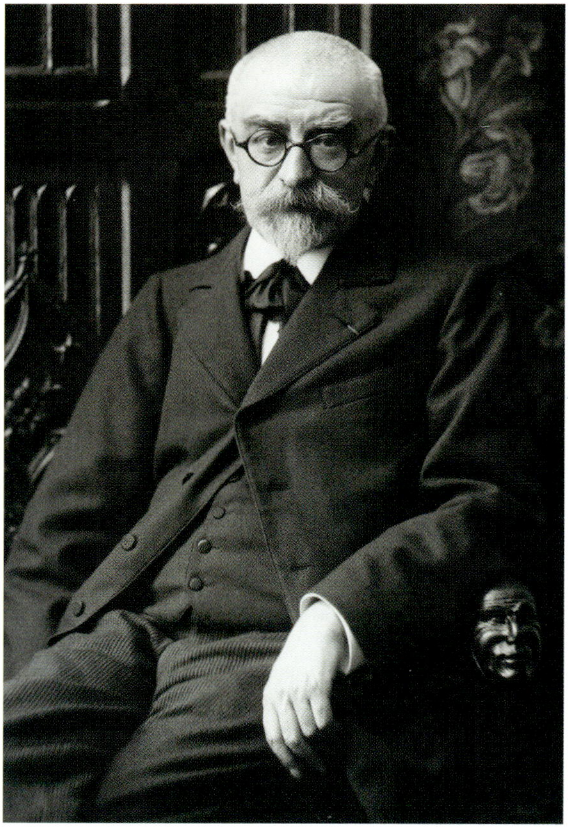

57. André Taponier
et Fred Boissonnas
J.-K. Huysmans

59. Eliza de Romilly
Gustave Moreau

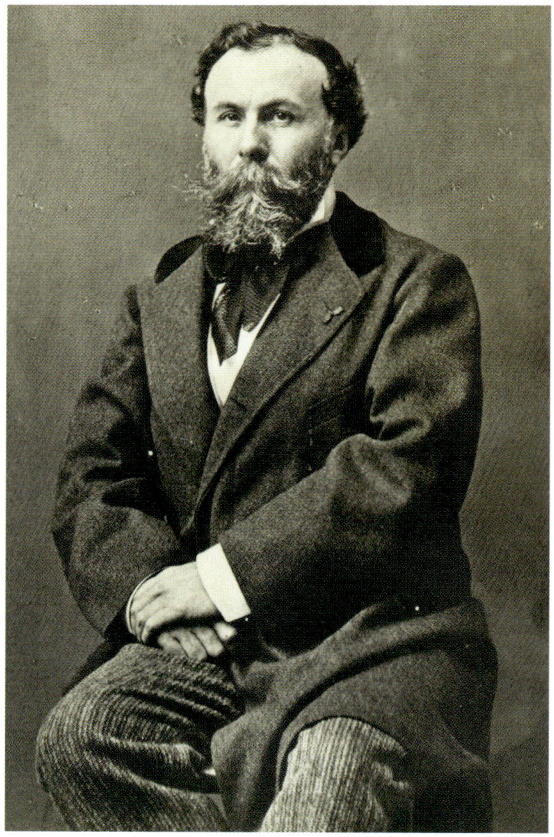

Sommaire

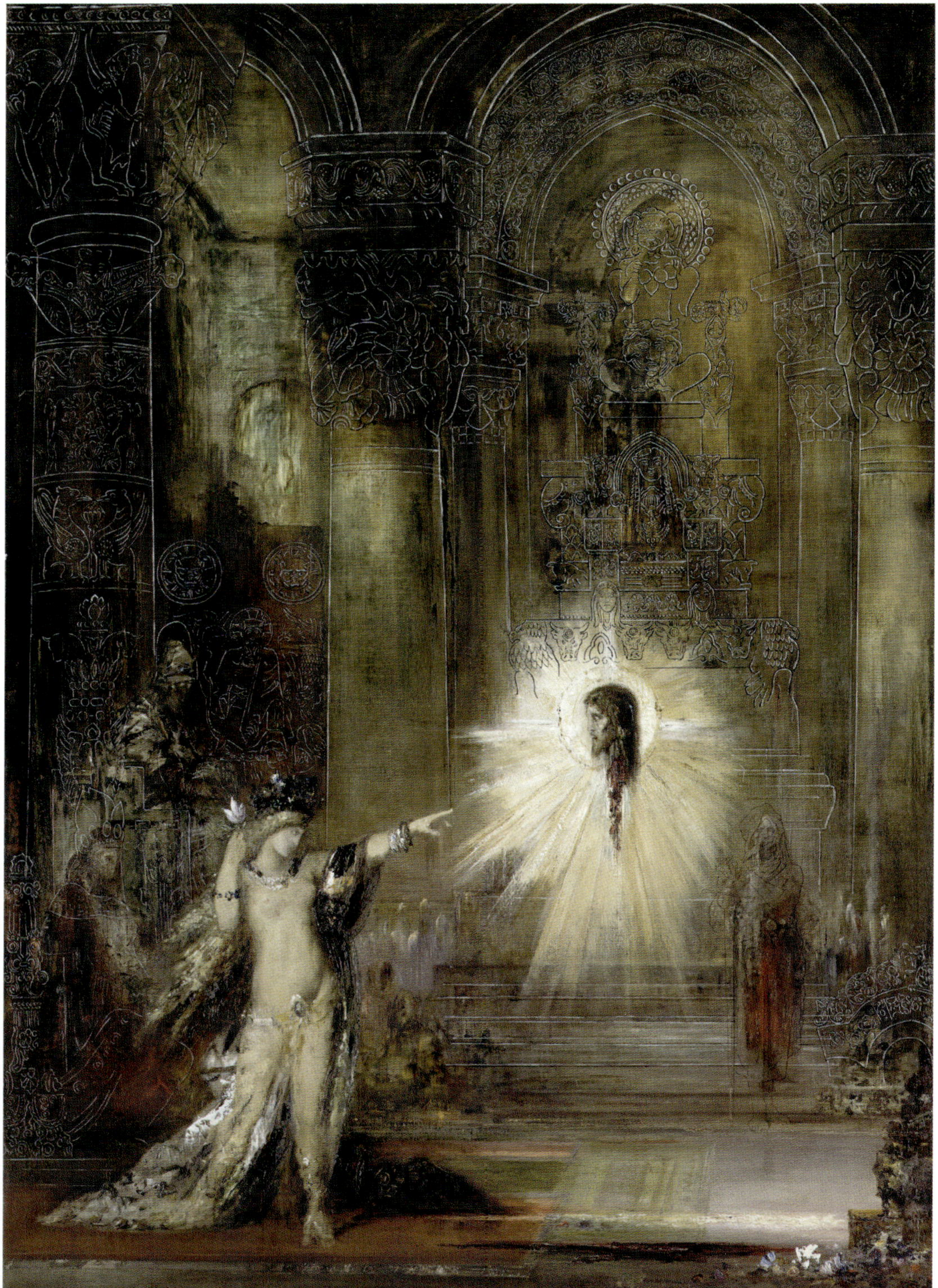

35. L'Apparition

Huysmans - Moreau
Fériques visions[1]

Marie-Cécile Forest

Les écrits de Huysmans ont interpellé les historiens d'art ayant travaillé sur Gustave Moreau, tant ils ont contribué au renom du peintre. Avec Marcel Proust et André Breton, Huysmans nous a livré, indiscutablement, les commentaires les plus sensibles de l'œuvre de Moreau. Leur caractère dithyrambique est très frappant. Seul y échappe le jugement défavorable porté, dans *L'Oblat*, sur *Le Cantique des cantiques*[2], que Huysmans considérait comme une « toile plus que médiocre dans le genre Chassériau[3] ». Mais même cette appréciation paraît modérée à qui connaît la virulence, parfois extrême, des critiques dont Moreau a fait l'objet.

Mis à part ce jugement, l'écrivain amateur d'art que l'abbé Mugnier désignait comme « un grand collecteur d'épaves[4] » n'a jamais failli dans son admiration pour Moreau. Plus que d'admiration, on pourrait même parler d'extase, au sens religieux, tant la ferveur est grande. Les commentaires de Huysmans portent tous, hormis *Le Cantique des cantiques* peint en 1853, sur des œuvres tardives, des œuvres de la pleine maturité du peintre. Sa vision n'est donc pas une vision panoramique portée sur la totalité d'une carrière mais une vision partielle, qui commence avec les chefs-d'œuvre du Salon de 1876, *L'Apparition* et *Salomé* – Moreau a cinquante ans –, se poursuit avec *Hélène* et *Galatée*, exposées au Salon de 1880, puis avec les fables de La Fontaine présentées en 1886 à la galerie Goupil, et s'achève avec le commentaire de la tapisserie *Le Poète et la Sirène*, en 1899, un an après la mort de Moreau.

Le peintre et l'écrivain pratiquent tous deux l'art de l'accumulation, du trop plutôt que du trop peu. Huysmans, par l'entremise de son héros des Esseintes, est fasciné, dans *À rebours*, par l'art de l'excès de Moreau. Leur érudition n'y est sans doute pas étrangère. Au-delà de la fascination pour les thèmes traités par Moreau, Huysmans, qui fut une plume mais aussi un « œil », comme le note Remy de Gourmont[5], est fasciné par le coloriste. À la vue des fables de La Fontaine, il se fait à son tour paysagiste : « Ce fut dans la salle qui les contint un autodafé de ciels immenses en ignition ; des globes écrasés de soleils saignants, des hémorragies d'astres coulant en des cataractes de pourpre sur des touffes culbutées de nues[6]. » Autant que le peintre peut-être, l'homme que fut Moreau, rencontré tardivement en 1885 par l'intermédiaire de Jean Lorrain, a subjugué Huysmans. La vie monacale de l'artiste rappelle l'existence de Des Esseintes et de Durtal, et la vie vers laquelle Huysmans tendait lui-même :

Moreau, ce « mystique enfermé en plein Paris[7] », correspond à l'idéal de réclusion de l'écrivain et de ses héros. Fasciné par ce choix de vie, Huysmans se fait parfois biographe. Dans *À rebours*, il cherche à déflorer le mystère Moreau. En vain : malgré le recensement des inspirateurs potentiels, Andrea Mantegna, Léonard de Vinci, Jacopo de Barbari, Eugène Delacroix, le mystère reste entier ; un génie ne peut en expliquer un autre.

À la lecture de leurs écrits respectifs, des enthousiasmes communs au peintre et à l'écrivain apparaissent. Ainsi en va-t-il de leur admiration pour Rembrandt, que Moreau salue pour « sa poésie profonde et intense[8] » tandis que Huysmans sort émerveillé et enfiévré du musée d'Amsterdam, où il a vu *La Ronde de nuit*[9]. Il est vrai que tous deux sont des êtres infiniment sensibles et des âmes passionnées. Leur point commun le plus apparent est la pratique d'un art introspectif : une même quête de soi à travers la peinture pour l'un, à travers la littérature pour l'autre. Moreau affirme, dans ses écrits, sa volonté de représenter les « éclairs intérieurs[10] ». Cette introspection trouve chez Huysmans son exutoire dans le monologue de Des Esseintes, dans *À rebours*. Alors que les deux hommes ne se sont rencontrés que de manière furtive, une communion profonde existe entre eux. L'intérêt soutenu de Huysmans pour Moreau, au-delà des modes et de la mort, est un signe qui ne trompe pas.

Voir l'œuvre de Gustave Moreau à travers le regard de Huysmans, tel est le propos de l'exposition. Si le sujet a souvent été analysé avec pertinence[11], aucune exposition ne s'y est, jusqu'ici, consacrée. Aussi, lorsque André Guyaux, vice-président de la Société J.-K. Huysmans, m'a sollicitée afin que le musée Gustave-Moreau s'associe à la célébration du centenaire de la mort de l'écrivain, il m'a semblé tout naturel, au sein d'un musée, de montrer des œuvres et d'organiser une exposition plutôt qu'un colloque. Il n'allait pas de soi de monter une exposition dans la maison et l'atelier de l'artiste, dépourvus de salles adaptées à des expositions temporaires. Mais nous avons relevé le défi.

Les écrits de Huysmans sur Gustave Moreau rassemblés dans ce volume l'ont été par André Guyaux et Philippe Barascud, qui ont été nos guides pour le choix des œuvres. Certains textes sont très connus, notamment les pages d'*À rebours*, mais aussi les textes de critique d'art, extraits de *L'Art moderne*, de *Certains* et de *De tout*. Mais il est aussi question de Moreau dans *Là-bas*, *La Cathédrale*, *L'Oblat*, et dans le « Salon officiel de 1884 ».

Les œuvres auxquelles s'attache Huysmans n'ont pas pu être toutes déplacées vers notre exposition. *Hélène*, présentée au Salon de 1880, n'est pas localisée aujourd'hui. L'aquarelle *L'Apparition* (Paris, musée du Louvre, département des arts graphiques, fonds du musée d'Orsay) vient d'être prêtée et ne peut faire l'objet d'une nouvelle exposition dommageable à sa conservation. La *Salomé* conservée au musée Armand Hammer, à Los Angeles, ne pouvait venir de si loin. Enfin, nous avons renoncé au *Cantique des cantiques*, conservée au musée des

Beaux-Arts de Dijon et qui, en raison de sa taille imposante, ne pouvait être hissé jusqu'aux étages du musée. Fort heureusement, la *Galatée* du musée d'Orsay, *Le Poète et la sirène* appartenant au Mobilier national, ainsi que l'eau-forte *L'Apparition* dont le département des Estampes de la BnF conserve un exemplaire semblable à celui que possédait Huysmans, nous ont été généreusement prêtés. Nous présentons également deux œuvres appartenant au musée Gustave-Moreau : *Le Paon se plaignant à Junon* et la gravure de Bracquemond d'après le *David*. Il nous a semblé intéressant de montrer conjointement les esquisses de ces œuvres : dessins, peintures et aquarelles. Leur condition d'œuvres préparatoires ne les éloigne nullement, s'agissant de Moreau, du statut de chefs-d'œuvre. Les aquarelles préparatoires aux fables de La Fontaine, au même titre que les aquarelles exposées en 1886, appartiennent à un fonds qui reste méconnu du musée Gustave-Moreau : son cabinet d'art graphique, riche de quelque quatorze mille dessins et aquarelles. Des documents littéraires exposés, le manuscrit d'*À rebours* de la BnF est le fleuron. Benoîte de Montmorillon donne ici la transcription des pages sur Moreau de ce manuscrit, qui présente d'intéressantes variantes par rapport au texte du roman publié en 1884.

Nous tenons à remercier très chaleureusement celles et ceux qui ont bien voulu se dessaisir temporairement d'un objet de leur collection, pour servir le propos de cette exposition. Pour la publication qui l'accompagne, il a semblé indispensable de privilégier les textes de Huysmans plutôt que de multiplier les textes sur le sujet. En dehors des pages du manuscrit d'*À rebours* transcrites par Benoîte de Montmorillon, l'édition des textes de Huysmans a été établie par Philippe Barascud. Il revenait à André Guyaux, à l'initiative de ce beau projet, de rédiger le texte en hommage à celui dont nous célébrons l'anniversaire. Samuel Mandin s'est très largement investi à mes côtés, pour la rédaction du catalogue, ainsi que pour la chronologie « en *juxta* » de l'écrivain et du peintre, qu'il a établie avec Philippe Barascud. L'exposition a donné lieu à une riche collaboration entre historiens de la littérature et historiens de l'art, entre chercheurs issus de l'université et chercheurs issus des musées, et entre deux sociétés savantes, et vivantes, la Société J.-K. Huysmans et l'Association des amis du musée Gustave-Moreau.

1. Le sous-titre de cette exposition est emprunté au texte que Huysmans consacre à Gustave Moreau dans « Le Salon officiel de 1880 », *La Réforme*, 1er juin 1880 ; recueilli dans *L'Art moderne*, Charpentier, 1883, p. 135.
2. Dijon, musée des Beaux-Arts.
3. *L'Oblat* [1903], Saint-Cyr-sur-Loire, Christian Pirot, 1992, p. 217.
4. Abbé Mugnier, *Journal (1879-1939)*, texte établi par Marcel Billot, préface de Ghislain de Diesbach, notes de Jean d'Hendecourt, Mercure de France, coll. Le Temps retrouvé, 1985, p. 67.
5. Remy de Gourmont, *Le Livre des masques*, Mercure de France, 1896, p. 201.
6. *Certains*, Tresse et Stock, 1889, p. 17-18.
7. *L'Art moderne*, éd. cit., p. 135.
8. Gustave Moreau, *Écrits sur l'art*, présentés et annotés par Peter Cooke, préface de Geneviève Lacambre, Fontfroide, Bibliothèque artistique et littéraire, t. II, 2002, p. 261.
9. Voir les deux textes de Huysmans intitulés « En Hollande » (*Musée des deux mondes*, 15 février 1877 ; *La Revue illustrée*, n° 25, 15 décembre 1886 et n° 27, 15 janvier 1887) réédités dans le *Cahier de l'Herne* consacré à *Huysmans*, n° 47, 1985, p. 353-368.
10. Gustave Moreau, *Écrits sur l'art*, éd. cit., t. I, p. 53.
11. Voir la bibliographie, ci-dessous p. 113-118, où sont recensées les différentes études sur le sujet.

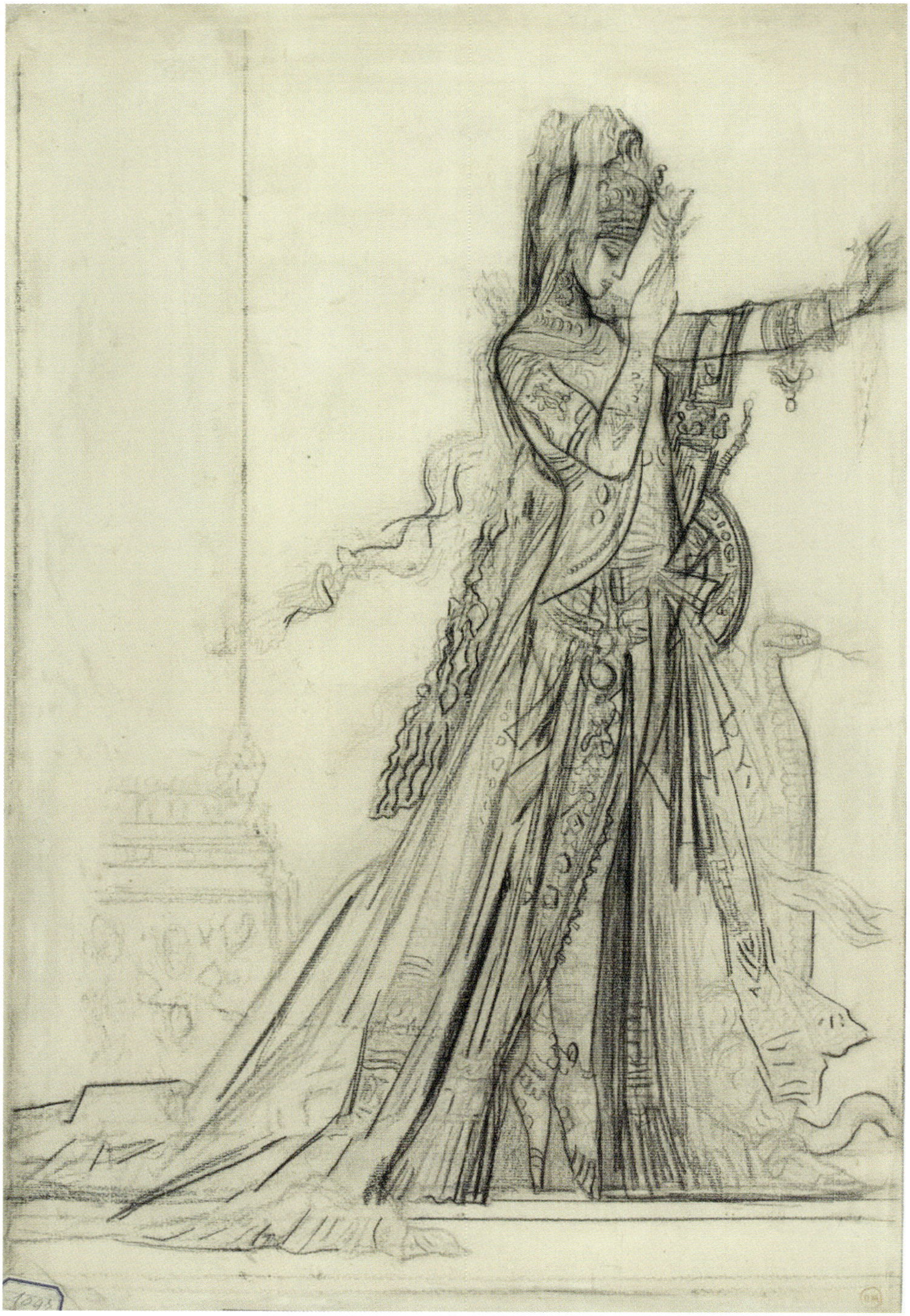

34. Étude de Salomé pour *Salomé*

Huysmans et « L'abstracteur de joies voluptueuses et de douleurs[1] »

André Guyaux

Les deux premiers textes de Huysmans sur Moreau, dans le « Salon de 1880 » et au chapitre V d'*À rebours* en 1884, se répondent : le peintre, en 1880, faisait « resplendir les féeriques visions, les sanglantes apothéoses des autres âges » ; en 1884, il fait « resplendir les cruelles visions, les féeriques apothéoses des autres âges ». Les « féeriques visions » se sont faites « cruelles » et les « sanglantes apothéoses » sont devenues « féeriques », mais c'est la même fascination développant la même image. Les mots bougent dans la phrase, mais le sens ne change pas. Le « brouillon » d'*À rebours* révèle que le romancier, pour conclure les rêveries picturales de Des Esseintes, est reparti de son texte de 1880, qu'il a retranscrit sur la partie gauche du feuillet avant de le transposer sur la partie droite[2]. Et sur cette partie droite de la page, il conserve, en un premier temps, à la fin du paragraphe, les deux syntagmes de 1880 : « les féeriques visions, les sanglantes apothéoses des autres âges », qu'il modifiera ensuite pour l'impression du roman.

Ces beaux syntagmes évocateurs expriment l'extase devant l'œuvre d'un peintre que Huysmans, et des Esseintes définissent d'un mot : *unique*. Un mot que la postérité n'a pas démenti, même si l'auteur d'*À rebours* exagère lorsqu'il affirme que son peintre préféré est « sans ascendant véritable » et « sans descendants possibles ». Moreau a sans doute des précurseurs dispersés ou lointains, mais il en a : des Esseintes, du reste, avant de conclure à l'unicité, avait cherché du côté de Vinci pour les « hantises », de Delacroix pour les « couleurs », et de Mantegna, dont le nom reparaîtra[3]. Mais ces rapprochements sont aussitôt écartés, car Huysmans *veut* que *son* peintre soit « unique » : il détache l'épithète en clausule lorsqu'il inaugure le sujet, dans le « Salon de 1880 », dès la première phrase – « M. Gustave Moreau est un artiste extraordinaire, unique » – et replace le même adjectif, en fin de phrase à nouveau, dans *À rebours*, en 1884 : « Sans ascendant véritable, sans descendants possibles, il demeurerait, dans l'art contemporain, unique. » « C'est une nature d'exception », écrit-il encore dans l'esquisse du chapitre de *Certains*[4]. En mai 1889, lorsqu'il visite la salle de peinture française de l'Exposition universelle, il prend soin de mettre Moreau « à part[5] ».

L'idée d'unicité reflète ce sens de l'écart que Huysmans associe à ses prédilections esthétiques : dès qu'il aime un artiste, il l'excepte, il l'écarte, du monde, des modes, des écoles, et de la corporation des artistes. À la fin de sa vie, il aura la même réaction devant Grünewald, une autre grande exception : « naturaliste et mystique, sauvage et civilisé, franc et retors[6] », l'auteur du retable d'Issenheim vit « à l'écart[7] » lui aussi, et parle en peinture « une langue à part[8] ». Les artistes qu'aime des Esseintes dans *À rebours*, comme ceux qui figureront en 1889 dans *Certains*, sont tous, à leur manière, « à l'écart ». Ce sens de l'écart, aussi bien dans sa vie que dans les fictions ou demi-fictions de son œuvre, est une des clefs de Huysmans. Accrochant ses romans à des titres en locutions adverbiales : « à vau-l'eau », « à rebours », « en rade », « là-bas », « en route », il aurait pu les rassembler en un seul : *à l'écart*.

Moreau l'« unique » est donc plus qu'un dissident de l'art, pour Huysmans : il est un réfractaire, qui s'enferme, « en plein Paris, dans une cellule où ne pénètre même plus le bruit de la vie contemporaine[9] ». C'est dans ce contexte que le mot *cloître* apparaît, dans le « Salon de 1880 », en clausule encore, sous la plume du futur oblat de Ligugé. À la fin des trois phrases qui composent ce premier développement sur Moreau – « un artiste extraordinaire, unique. [...] les portes du cloître [...] les sanglantes apothéoses des autres âges » –, on aperçoit les trois lignées du fantasme fictionnel huysmansien, qu'incarneront des Esseintes, Durtal et Gilles de Rais.

Moreau interfère dans les facultés créatrices de Huysmans, il est un médiateur de ses obsessions. Et s'il ne ressemble à aucun autre peintre, c'est pour mieux ressembler à l'idée que s'en fait Huysmans, et aux images qui hantent des Esseintes dans ses rêves, des Esseintes qui, à l'instar de son peintre préféré, s'écarte du monde et des « indignes muflements » de son « haïssable époque[10] ». Et donc, suivant le fil des affinités de l'esthète décadent, doublement incarné par l'auteur et par son héros, si Moreau n'a pas d'équivalents en peinture, c'est qu'il s'exporte dans d'autres domaines, en littérature en particulier. Dans le « Salon de 1880 », trois noms sont ainsi appelés par l'esprit analogique de Des Esseintes et par la cohérence de son caprice : Baudelaire, Goncourt, Flaubert. Baudelaire revient seul, au chapitre V d'*À rebours*. Au chapitre XIV, un autre poète se profile dans l'ombre – ou dans la lumière – de Moreau : Mallarmé, qui s'est lui aussi tourné vers Salomé, sous le nom d'Hérodiade.

D'un texte à l'autre, Huysmans ne commente qu'un petit nombre d'œuvres de Moreau : *Hélène* et *Galatée* dans le « Salon de 1880 » ; *Salomé dansant devant Hérode* et *L'Apparition* dans *À rebours* ; les illustrations à l'aquarelle des *Fables* de La Fontaine dans *Certains* ; une tapisserie d'après un carton de Moreau dans un article sur « Les Gobelins », en 1899 ; *Le Cantique des cantiques*, une œuvre des débuts, influencée par Chassériau, en 1903. Le choix est éclectique, anthologique même, et parcourt les « époques » de Moreau : la jeunesse, avec *Le Cantique des cantiques*, tardivement et sévèrement jugé ; la conquête du succès, avec le cycle de Salomé ; la maturité, dont témoignent *Hélène* et *Galatée* ; l'art diversifié de l'illustrateur et du décorateur. Les deux principales techniques de Moreau sont représentées : l'huile et l'aquarelle. Le diptyque offert à la contemplation de Des Esseintes les coordonne.

Si Huysmans a largement contribué à faire connaître le peintre des Salomés – à l'extraire de sa « cellule », à le rendre comme malgré lui à Paris et à son « bruit » –, il a aussi imposé l'interprétation, pourtant très huysmansienne, qu'il en donne. Notre regard a rejoint celui de Des Esseintes devant l'« ouvrier assembleur de rêves[11] ». Le romancier, qui s'était procuré une photogravure de la *Salomé* et une eau-forte de *L'Apparition*[12], pour mieux préciser, dans *À rebours*, la description remémorée de la peinture et de l'aquarelle qu'il avait admirées quelques années plus tôt[13], voulait que son héros possède ces deux œuvres « chez lui » : « mon héros », écrit-il à Mallarmé, le 27 octobre 1882, « possédera chez lui l'admirable aquarelle de Gustave Moreau ». Il installe son peintre dans l'intimité de son héros, de telle sorte que l'art visionnaire et le rêve romanesque communiquent idéalement. Le critique d'art relaie alors le romancier : la fascination de Des Esseintes se prolonge en une longue description, à la fois très fidèle à l'objet décrit, et très libre. Le texte de saint Matthieu, que cite le romancier, « raconte en de naïves et brèves phrases, la décollation du précurseur ». L'imagination du peintre s'exerce à partir de ce récit lacunaire et des Esseintes la prolonge dans son fantasme. Moreau interprète la Bible dans un sens orientaliste et visionnaire, et Huysmans interprète Moreau dans un sens érotico-biblique, celui-là même qui a prévalu, aussi bien dans la postérité critique de Huysmans que dans celle de Moreau.

Qu'a pensé Gustave Moreau de l'interprétation que donnait Huysmans de ses *Salomés* ? Il n'a pas écrit à Huysmans à la sortie d'*À rebours* : il vivait, il est vrai, « reclus » dans sa « cellule ». Et aucune information ne nous est parvenue qui permette de reconstituer sa réaction, ni de préciser à quel moment il a lu le roman ou les pages du roman qui lui sont consacrées. Il existe de Moreau à Huysmans une ébauche ou une minute de lettre, très tardive – datée du 4 octobre 1891 –, dont on ne sait même pas si elle est devenue une véritable lettre, confiée à la poste[14]. Ce remerciement épistolaire est inspiré par une vraie sympathie, mais son propos reste très général, évoquant le « lien » originel entre le peintre et l'écrivain et leur « amour » partagé « des beaux rêves et des choses mystiques de l'art ». Une formule, pourtant, révèle la conscience qu'avait Moreau des libertés d'interprétation de Huysmans : vous « les avez », écrit le peintre en parlant de ses « modestes inventions », « *comme créées à nouveau* de votre merveilleux et incomparable outil ». Je souligne les mots qui témoignent, discrètement, d'une réserve.

On imagine le sage Moreau dont Huysmans rappelle les goûts littéraires très classiques[15], découvrant la « signification phallique » du lotus brandi par sa belle Salomé, traitée de « Bête monstrueuse » et d'« histrionne »[16].

Huysmans ne connaissait pas personnellement Gustave Moreau au moment où il exalte son art et son mode de vie, dans le « Salon de 1880 » puis, en 1884, dans *À rebours*. La rencontre eut lieu le 6 juin 1885, un samedi, en fin d'après-midi, par une fin de printemps caniculaire, dans l'atelier de Moreau, rue La Rochefoucauld, à quelques pas de cette église de la Trinité dont Huysmans avait fait l'archétype du mauvais goût dans l'architecture religieuse contemporaine[17]. En juin 1885, le critique d'art venait de rappeler son admiration pour le peintre, dans son « Salon », publié dans *L'Évolution sociale*. C'est Jean Lorrain, entremetteur idéal des affinités décadentes, qui avait obtenu le rendez-vous. Rien n'a filtré de leur conversation à trois.

L'homme et l'œuvre ! En enfermant Moreau « dans une cellule » d'où s'exauçaient de « féeriques visions », Huysmans, « envoûté » selon le mot de Lorrain, ne dissociait pas le peintre de sa peinture. Il les enfermait l'un dans l'autre, en postulant un mode paradoxal de création dégageant de puissantes configurations paysagistes et architecturales à partir d'une humble « cellule » – allégorie du cerveau – du peintre. Peut-être après la conversation de la rue La Rochefoucauld, demeurée « unique » elle aussi, a-t-il compris autrement la relation de l'art et de la vie. Le solitaire auquel il identifiait le peintre visionnaire dut lui paraître assez éloigné des raffinements existentiels et pervers de Des Esseintes. La rencontre de juin 1885 fut comme un contretemps dans sa passion pour la peinture de Moreau, qu'il a dû reconquérir. Le moment de la communion dans l'art, celui de « l'enchaînement des regards[18] » entre les protagonistes de la scène de *L'Apparition*, était bien antérieur, et révolu. Il s'était converti en une prose restauratrice, au chapitre V d'*À rebours*.

1. « [Notes pour le chapitre de ***Certains*** sur Gustave Moreau] », ci-dessous, p. 108.
2. Voir le texte de ce manuscrit, dit « brouillon » d'*À rebours*, ci-dessous, p. 93-104.
3. *Ibid.*, ci-dessous, p. 109.
4. *Ibid.*
5. « À part deux Gustave Moreau [...] le reste est composé de cet amas d'ordures qui est la gloire de la France » (à Arij Prins, [14 mai 1889]).
6. *Trois Primitifs* [1905], Flammarion, coll. Images et idées, 1967, p. 42.
7. *Ibid.*, p. 8.
8. *Ibid.*, p. 76.
9. « Salon de 1880 », ci-dessous, p. 75.
10. *À rebours*, ci-dessous, p. 77.
11. Formule de Moreau à propos de son tableau *Les Chimères* ; Gustave Moreau, *Écrits sur l'art*, éd. cit., t. I, p. 118.
12. Voir la lettre à Mallarmé du [11 novembre 1882] ; citée ci-dessous, p. 24-25.
13. En 1876 ou en 1878. L'huile et l'aquarelle mettant en scène Salomé étaient exposées au Salon de 1876, où Huysmans, d'après Daniel Grojnowski, a dû les voir, puisqu'il rend compte dans *La République des lettres* de natures mortes figurant au même Salon (Daniel Grojnowski, « Salomé, l'art et l'argent », *Huysmans, Cahier de l'Herne*, n° 47, 1985, p. 166). Les deux œuvres furent à nouveau montrées en 1878, à l'Exposition universelle, et c'est à ce second accrochage que Huysmans se reporte dans le « Salon de 1880 » lorsqu'il évoque Moreau, comme s'il l'avait découvert à ce moment (voir ci-dessous, p. 76).
14. Voir ci-dessous, p. 70. Conservée au musée Gustave-Moreau, le texte de ce brouillon de lettre a été publié pour la première fois en 1985, par Daniel Grojnowski (art. cit., p. 173-174).
15. Dans une lettre à Bourget, juin 1883 ; voir la chronologie, ci-dessous, p. 25-26.
16. Ci-dessous, p. 79-80.
17. Dans le « Salon de 1879 », *Le Voltaire*, mai-juillet 1879, recueilli dans *L'Art moderne* en 1883.
18. C'est l'heureuse formule de Pierre Jourde dans son livre sur *À rebours. L'Identité impossible*, Champion, coll. Unichamp, 1991, p. 48.

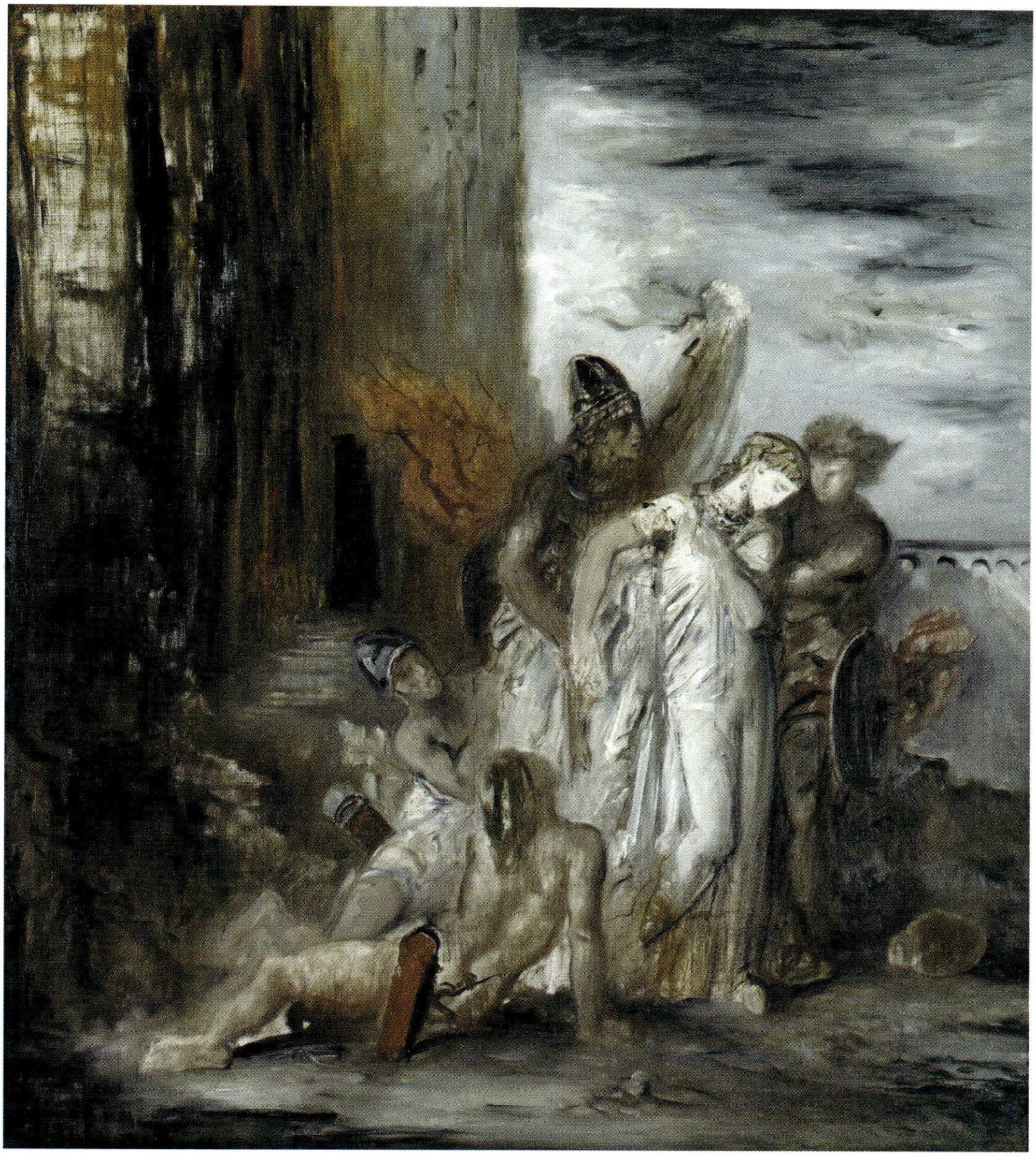

54. Le Cantique des cantiques
dit La Sulamite

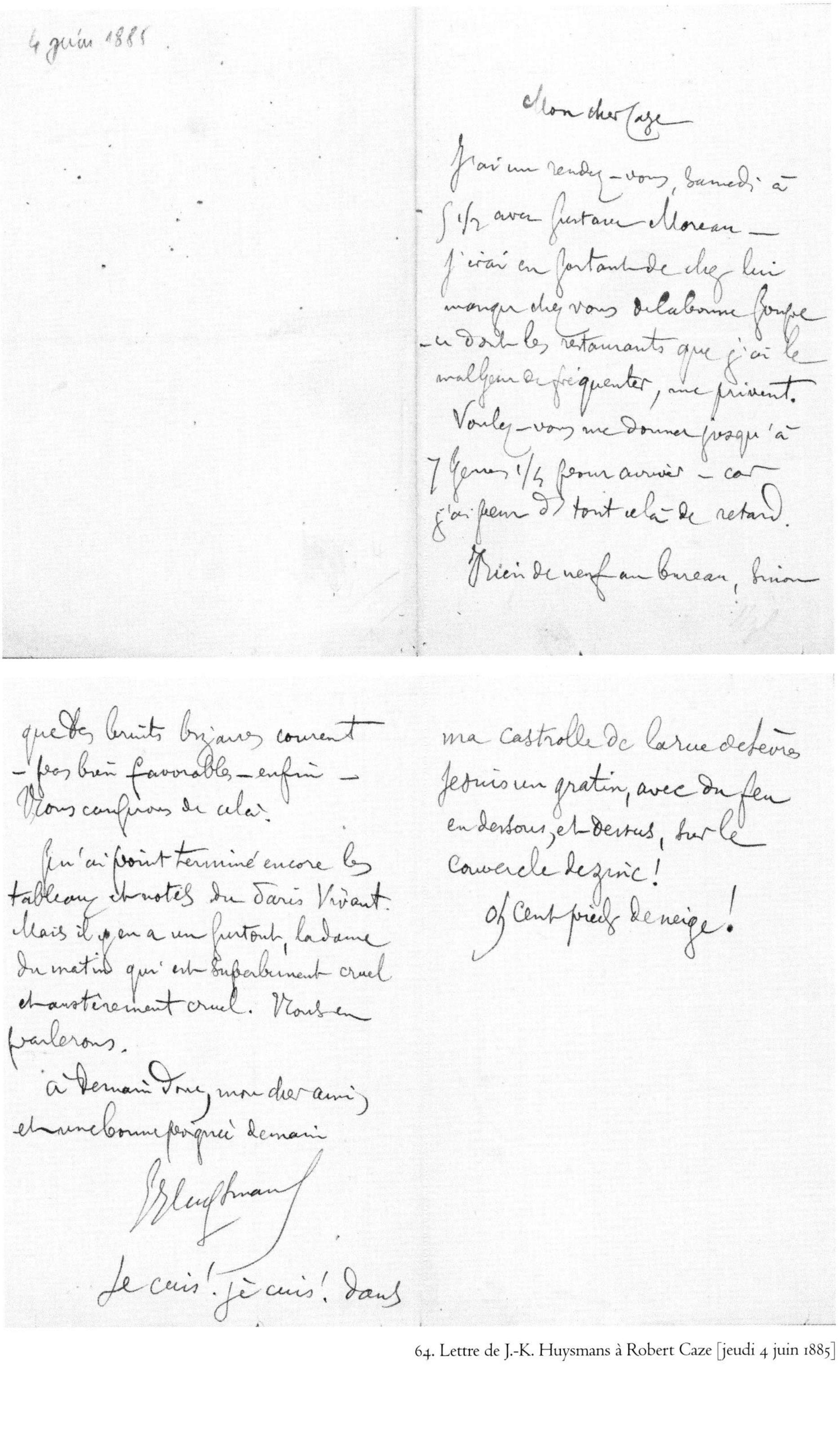

4 juin 1885

Mon cher Caze

J'ai un rendez-vous, samedi à 5 1/2 avec Gustave Moreau — j'irai en sortant de chez lui manger chez vous de la bonne soupe — ce dont les restaurants que j'ai le malheur de fréquenter, me privent.

Voulez-vous me donner jusqu'à 7 heures 1/2 pour arriver — car j'ai peur d'avoir tout cela de retard.

Rien de neuf au bureau, sinon que des bruits bizarres courent — pas bien favorables — enfin — nous causerons de cela.

Je n'ai point terminé encore les tableaux et notes du Paris Vivant. Mais il y en a un surtout, la dame du matin qui est superbement cruel et austèrement cruel. Nous en parlerons.

à demain donc, mon cher ami, et une bonne poignée de main

J.K. Huysmans

Je cuis ! je cuis ! dans ma casserole de la rue de Sèvres. Je suis un gratin, avec du feu en dessous, et dessus, sur le couvercle de zinc !

Oh ! Cent pieds de neige !

64. Lettre de J.-K. Huysmans à Robert Caze [jeudi 4 juin 1885]

Chronologie de J.-K. Huysmans et de Gustave Moreau

établie par Philippe Barascud
et Samuel Mandin

Abréviations :
Arch. : archive
Cat. : catalogue *Peintures, cartons, aquarelles, etc. Exposés dans les galeries du musée Gustave-Moreau*, Réunion des musées nationaux, 1990.
Inv. : inventaire du musée Gustave-Moreau (achevé le 28 novembre 1904).
MGM : musée Gustave-Moreau

1790 **20 septembre**. Naissance à Beaugency (Loir-et-Cher) de Louis Moreau, père de Gustave Moreau.

1802 **12 septembre**. Naissance à Bomy (Pas-de-Calais) de Pauline Desmoutier, mère de Gustave Moreau.

1815 **8 juillet**. Naissance à Breda (Hollande) de Victor-Godfried-Jan Huysmans, père de J.-K. Huysmans. Sa famille compte de nombreux peintres ; parmi eux, Cornélius Huysmans, dit Huysmans de Malines (1648-1727), est le plus célèbre. Certains de ses tableaux sont exposés, aujourd'hui encore, au Louvre.

1826 **6 avril**. Naissance de Gustave Moreau, 3, rue des Saints-Pères, à Paris. **9 novembre**. Naissance à Vaugirard d'Élisabeth Malvina Badin, mère de J.-K. Huysmans. Le père de celle-ci est employé au ministère de l'Intérieur et son grand-père, Antoine-François-Gérard, est un sculpteur connu, prix de Rome, qui a collaboré à la construction de l'Arc de Triomphe du Carrousel et à celle du piédestal de la colonne Vendôme.

1827 Après une formation reçue auprès de Charles Percier, l'un des architectes favoris de Napoléon Ier, Louis Moreau s'installe à Vesoul, où il est nommé architecte du département et où il réalise durant trois ans de nombreux monuments dans le goût néo-classique. **16 août**. Naissance de Camille Moreau, sœur de Gustave Moreau.

1830 **10 mai**. Après la révocation de Louis Moreau, la famille revient s'installer à Paris.

1839 **20 août**. Gustave Moreau obtient un premier prix de dessin au collège Rollin, où il est, d'après sa mère, très malheureux. Il le quitte l'année suivante à cause de sa santé fragile.

1840 Mort de Camille Moreau, âgée de treize ans à peine.

1841 **26 juillet**. Gustave Moreau part pour le nord de l'Italie avec sa mère, son oncle Louis Hémon, sa tante Virginie (la sœur aînée de sa mère) et sa cousine Clémence, leur fille. Ils rentrent à Paris à la mi-octobre.

1844 Gustave Moreau obtient le baccalauréat.

1846 **7 octobre**. Gustave Moreau est admis à l'école des Beaux-Arts. Il fréquente l'atelier du peintre néo-classique François Édouard Picot (1786-1868).

1848 **5 février**. Naissance de Charles-Marie-Georges Huysmans, au 11, rue Suger, à Paris. **29 avril**. Gustave Moreau est classé quinzième sur vingt au premier essai pour le grand Prix de Rome. **20 mai**. Échec au second essai. Il peint une esquisse représentant la Vierge sous les traits de sa mère, première ébauche de la *Pietà* qui sera exposée au Salon de 1852.

1849 **28 avril**. Nouvelle tentative de Gustave Moreau pour obtenir le grand prix de Rome. Il est classé dix-septième sur vingt. **19 mai**. Au second essai, il est admis neuvième sur dix. **29 septembre**. Le prix est attribué à Gustave Boulanger. Affecté par son échec, Moreau quitte l'école des Beaux-Arts. **27 octobre**. L'administration des Beaux-Arts lui commande une copie de la *Sainte Famille (Vierge aux cerises)* d'Annibal Carrache, qu'il achève l'année suivante. Le tableau est envoyé à l'église de Frocourt, dans la Somme.

1852 Gustave Moreau fait son entrée au Salon avec une *Pietà* (commande d'État, localisation inconnue). L'œuvre, peu remarquée, fait l'objet d'un commentaire des Goncourt dans *L'Éclair*. **16 octobre**. Louis Moreau achète au nom de son fils une maison au 14, rue de la Rochefoucauld, à Paris.

1853 Gustave Moreau expose au Salon *Le Cantique des cantiques* (Dijon, musée des Beaux-Arts), commandé le 22 novembre de l'année précédente, et une version probablement retouchée du tableau refusé au Salon de 1852 : *Darius fuyant après la bataille d'Arbelles* (MGM, Cat. 223).

1855 Gustave Moreau présente à l'Exposition universelle *Les Athéniens livrés au Minotaure dans le labyrinthe de Crète* (commande d'État ; Bourg-en-Bresse, musée de Brou).

1856 **Avril**. Gustave Moreau projette d'aller passer, avec ses parents, « un an ou deux en Italie » (lettre à Eugène Fromentin). **24 juin**. Mort du père de Huysmans dans son appartement du 38, rue Saint-Sulpice. Sa veuve s'installe dans la maison familiale des Badin, au 11, rue de Sèvres, avec son fils, qu'elle inscrit à la pension Hortus, rue du Bac. **8 octobre**. Mort de Théodore Chassériau, à 37 ans. Gustave Moreau assiste à ses obsèques, le 10.

1857 **18 octobre**. Gustave Moreau part pour l'Italie. Il arrive à Rome le 22, accompagné de son ami l'émailleur Frédéric de Courcy (1832-1913), lui aussi élève de Picot. **8 décembre**. Il achève à la villa Farnésine, après vingt-deux jours de travail, la copie d'un fragment des *Noces d'Alexandre et de Roxane* (MGM, Inv. 13614) de **Giovanni Antonio Bazzi, dit le Sodoma.**

1858 Gustave Moreau exécute, à l'académie Saint-Luc, la copie d'un *Putto* de Raphaël (MGM, Inv. 13610), qui lui vaut les suffrages des artistes séjournant à Rome, et, à la Galerie Borghèse, d'une grande partie de la *Danaé* du Corrège (MGM, Cat. 4), grâce à une recommandation adressée par le directeur de la villa Médicis au prince Borghèse. **Juin**. Il quitte Rome pour Florence, avec Frédéric de Courcy. **4 août**. Arrivée d'Edgar Degas à Florence. **18 août**. Moreau, après une étape à Bologne, gagne Milan. Quelques jours plus tard, il rejoint ses parents à Lugano. Ils reviennent s'installer ensemble à Milan. **15 septembre**. La famille part pour Venise. Moreau se passionne pour la peinture de Vittore Carpaccio. **30 novembre**. Il rejoint Degas à Florence et reprend, au musée des Offices, son travail de copiste.

1859 **1er-4 mars.** Gustave Moreau voyage avec Degas en Toscane, à Sienne et à Pise. Il réalise de nombreuses copies, dont l'une d'après les fresques du Campo Santo de Benozzo Gozzoli (MGM, Cat. 360) et une autre d'après une œuvre attribuée à Luca Signorelli, *La Fuite d'Énée* (MGM, Inv. 13631). **Début avril.** Gustave Moreau, de retour à Rome, y achève plusieurs travaux commencés lors de son premier séjour ; il exécute, à la villa Barberini, une copie de *La Mort de Germanicus* de Nicolas Poussin (MGM, Cat. 3). **Mi-juillet.** Départ pour Naples. Il admire les fresques de Pompéi et d'Herculanum, et en copie deux autres au musée Borbonico, *Achille et le centaure Chiron* (MGM, Cat. 2) et *Le Départ de Briséis* (MGM, Cat. 1). **21 septembre.** Il revient à Paris, avec ses parents.

1862 **17 février.** Mort de Louis Moreau. Élie Cabrol, à qui Gustave Moreau est présenté par Eugène Fromentin, commande au peintre un *Chemin de croix* pour l'église Notre-Dame de Decazeville (Aveyron). Les quatorze œuvres de cet ensemble – non signées – sont inaugurées l'année suivante, le 14 septembre 1863. Marcel Proust leur consacrera une page dans *Jean Santeuil* (publication posthume, 1952). **2 novembre.** Grâce à des relations de famille, la mère de Huysmans obtient pour son fils une bourse qui lui permet de le placer au lycée Saint-Louis. Elle se remarie le mois suivant avec Jules Og, qu'elle fréquente depuis plusieurs années.

1864 **13 août.** Gustave Moreau obtient une médaille au Salon, où il expose *Œdipe et le Sphinx* (New York, Metropolitan Museum of Art). Le prince Napoléon fait l'acquisition du tableau.

1865 **14 août.** Le peintre obtient une nouvelle médaille au Salon, où sont présentés *Jason* (Paris, musée d'Orsay) et, en hommage à Théodore Chassériau, *Le Jeune Homme et la mort* (Cambridge, Fogg Art Museum).

1866 Moreau présente au Salon *Diomède dévoré par ses chevaux* (Rouen, musée des Beaux-Arts), *Orphée* (Paris, musée d'Orsay) – le seul de ses tableaux, acquis par le musée du Luxembourg l'année suivante, visible à Paris dans une exposition permanente du vivant du peintre – et, pour la première fois, des œuvres graphiques : *Hésiode visité par la muse* (Ottawa, Galerie nationale du Canada), un dessin exécuté à Rome en 1858, et *Une péri, projet pour émail* (Chicago, The Art Institute of Chicago, Prints and Drawings Purchase Fund), sa première œuvre d'inspiration orientale. **7 mars.** Huysmans obtient son baccalauréat. Il adresse un placet au ministère de l'Intérieur, où il est admis le 1er avril comme employé de sixième classe. Au mois de septembre, il s'inscrit à la Faculté de droit.

1867 **7 septembre.** Mort du beau-père de Huysmans, Jules Og. Gustave Moreau présente à l'Exposition universelle deux tableaux qu'il avait exposés aux Salons de 1865 et 1866, *Le Jeune Homme et la mort* et *Orphée*. **25 novembre.** De sa visite de l'Exposition, où il admire surtout les peintres du pays de son père, Huysmans tire son premier article, « Des paysagistes contemporains », publié dans *La Revue mensuelle*. Il fréquente à cette époque « Bobino » (le Théâtre du Luxembourg), et tombe amoureux d'une actrice. Il utilisera ses souvenirs pour son premier roman, *Marthe*.

1869 **13 août.** Troisième médaille obtenue par Gustave Moreau au Salon, où il expose deux peintures, *Jupiter et Europe* (MGM, Cat. 191) et *Prométhée* (MGM, Cat. 196), et deux aquarelles, *Pietà* (coll. part.) et *La Sainte et le poète* (Japon, coll. part.).

1870 **24 juillet.** Après la déclaration de la guerre de la France à la Prusse le 19, Huysmans est incorporé dans la Garde mobile de la Seine. Il part le 31 pour le camp de Châlons, dans les rangs du 6ᵉ bataillon. Pendant le siège de Paris, Gustave Moreau s'engage dans la 6ᵉ compagnie du 6ᵉ bataillon de la Garde nationale. Les états de santé de Huysmans et de Moreau n'en feront pas des soldats héroïques. Atteint de dysenterie, Huysmans est rapidement évacué de Châlons et échoue, après de longs trajets en train et de nombreuses étapes, à l'hôpital d'Évreux, où il obtient en septembre une permission pour rentrer se reposer à Paris. Moreau est victime, en novembre, d'un rhumatisme articulaire qui paralyse son bras droit et le contraint à abandonner son poste. Il se replonge dans son œuvre et conçoit un polyptyque monumental, fortement imprégné de christianisme, *La France vaincue* (inachevé).

1871 Gustave Moreau, redoutant le pillage de sa maison et la destruction de ses œuvres, reste à Paris avec sa mère durant la Commune. **7 mars.** Huysmans, après avoir été affecté au fort d'Issy, bombardé par les Prussiens, est licencié de ses obligations militaires. Travaillant, pour le ministère, à Versailles, où le gouvernement de Thiers s'est installé, il ne voit rien des émeutes de la Commune. Début juin, ayant obtenu un laissez-passer qui lui permet d'entrer dans la capitale, il découvre avec effroi les trottoirs couverts de sang. Il envisage d'écrire un roman sur le siège, *La Faim*, qu'il n'achèvera jamais. **Juillet.** Traumatisé par la brutalité de l'insurrection, et dans le but d'y faire soigner sa paralysie, Moreau se rend à Néris-les-Bains, ville d'eaux spécialisée dans le traitement des maladies nerveuses. Flaubert écrira à sa nièce Caroline, en août 1872 : « j'ai appris à Paris que plusieurs personnes (entre autres Gustave Moreau, le peintre) étaient affectées de la même maladie que moi, c'est-à-dire l'insupportation de la foule ; c'est une affection commune depuis nos désastres, à ce qu'il paraît. »

1873 Gustave Moreau, toujours sous le coup de la défaite, refuse d'envoyer *Le Jeune Homme et la mort* à l'Exposition universelle de Vienne. Huysmans forme un petit cercle d'amis lettrés, composé de collègues du ministère de la Guerre – Ludovic de Francmesnil, le bibliophile Jules Bobin, le jeune Henry Céard –, à qui il lit les poèmes en prose qu'il a l'intention de publier.

1874 **15 mai.** Philippe de Chennevières, directeur des Beaux-Arts, commande à Gustave Moreau la décoration de la chapelle de la Vierge de l'église Sainte-Geneviève. Le peintre, qui préfère se consacrer à ses tableaux, décline la proposition. **10 octobre.** Après plusieurs refus des éditeurs, notamment celui d'Hetzel, Huysmans parvient à publier son premier livre, à compte d'auteur, chez Dentu, *Le Drageoir à épices*, qui réunit ses poèmes en prose. Le recueil est réédité l'année suivante par la Librairie générale sous le titre *Le Drageoir aux épices*.

1875 **4 août.** Gustave Moreau est nommé chevalier de la Légion d'honneur. **5 octobre.** Le peintre est sollicité avec insistance par les éditeurs Glady frères pour participer, par l'envoi d'un dessin, à une nouvelle édition de *L'Imitation de Jésus-Christ*, préfacée par Louis Veuillot. Il refuse. Huysmans est introduit, notamment grâce à Banville, au *Musée des deux mondes*, où il publie des croquis de la vie parisienne et des critiques d'art. Eugène Montrosier, le rédacteur en chef, devient son ami.

1876 Gustave Moreau expose au Salon, après six ans d'absence, quatre œuvres longuement mûries, qui font événement : une aquarelle, *L'Apparition* (Paris, musée du Louvre, département des arts graphiques, fonds du musée d'Orsay), et trois peintures, *Hercule et l'Hydre de Lerne* (Chicago, The Art Institute), *Salomé* (Los Angeles, UCLA at the Armand

Hammer Museum of Art and Cultural Center) et *Saint Sébastien baptisé martyr* (Cambridge, Fogg Art Museum, Harvard University, Massachusetts, États-Unis). Huysmans est introduit à *La République des lettres*, où il publie des articles de critique littéraire et artistique. Il a pour collaborateurs plusieurs écrivains avec qui il se lie d'amitié, notamment Catulle Mendès et Villiers de l'Isle-Adam. **Avril.** Alors qu'il visite la deuxième exposition des impressionnistes organisée par Durand-Ruel, Huysmans est bouleversé par les danseuses de Degas, qui lui révèlent les beautés de l'art moderne : « Je [...] n'avais jamais été attiré que vers les tableaux de l'école hollandaise où je trouvais la satisfaction de mes besoins de réalité et de vie intime. Le moderne que je cherchais en vain dans les expositions de l'époque et qui ne perçait, çà et là, que par bribes, m'apparaissait tout d'un coup, entier », écrira-t-il plus tard dans « L'exposition des indépendants en 1880 ». Henry Céard, après une visite à l'exposition privée de Manet, dont deux tableaux ont été refusés au Salon, se présente chez Zola, et y retourne plus tard avec Huysmans. **4 mai.** Mort de la mère de Huysmans. L'écrivain devient le tuteur de ses deux demi-sœurs, Juliette et Blanche, nées du mariage avec Jules Og, et hérite de la part de sa mère, qui co-dirigeait un atelier de brochage appartenant à la famille Badin. Confronté à ces nouvelles charges, il demande et obtient une mutation dans les bureaux parisiens du ministère l'Intérieur, rue des Saussaies, après six ans d'allers-retours entre Paris et Versailles. **31 mai.** L'aquarelle *L'Apparition* est vendue 8000 francs à Léon Gauchez. **Août.** Pour éviter de se confronter à la rigueur des tribunaux français, Huysmans se rend à Bruxelles pour y faire paraître *Marthe*, achevé d'imprimer le 12 septembre. Il y rencontre Camille Lemonnier et Théodore Hannon.

1877 **11 mars-1er avril.** Publication dans *L'Actualité*, la revue de Lemonnier imprimée à Bruxelles, d'une longue étude de Huysmans en quatre livraisons sur « Émile Zola et *L'Assommoir* ». **16 avril.** Les jeunes auteurs naturalistes regroupés autour de Zola (Paul Alexis, Henry Céard, Léon Hennique, Guy de Maupassant et Huysmans) dînent chez Trapp avec leurs maîtres, Flaubert et Edmond de Goncourt. **Mai.** Léon Gauchez prête l'aquarelle *L'Apparition* à la Grosvenor Gallery de Londres. **19 août-21 octobre.** *L'Artiste* de Théodore Hannon publie en feuilleton *Sac au dos*, récit autobiographique des mésaventures militaires de Huysmans en 1870 (réimprimé l'année suivante chez Callewaert, à Bruxelles).

1878 **1er mai-31 octobre.** À l'exception de *Saint Sébastien baptisé martyr*, Gustave Moreau présente à l'Exposition universelle les œuvres exposées au Salon de 1876, auxquelles il ajoute quelques nouveautés : cinq aquarelles, *Le Sphinx deviné* (coll. part.), *Phaéton. Projet de peinture décorative* (Paris, musée du Louvre, département des arts graphiques, fonds du musée d'Orsay), *Un massier* (Japon, coll. part.), *La Péri* (Paris, musée du Louvre, département des arts graphiques, fonds du musée d'Orsay) et *Salomé au jardin* (coll. part.), et trois peintures, *Moïse exposé*, *Jacob et l'Ange* (Cambridge, Fogg Art Museum) et *David* (Los Angeles, UCLA at the Armand Hammer Museum of Art and Cultural Center). Il obtient pour l'ensemble de son œuvre une seconde médaille du jury international. **5 mai.** Huysmans visite l'Exposition. « Quelle triste idée de l'art donnent les salles des [...] pays qui sont ouvertes ! », se plaint-il à Hannon (lettre du [6 mai]) ; « la France c'est bien le plus purulent ramas de tableautins grêles que j'aie vu ! » Il condamne l'ensemble des « nullités artistiques » françaises, sans faire nulle part le moindre commentaire sur les œuvres de Moreau. Ce n'est que deux ans plus tard, dans

« Le Salon officiel de 1880 », qu'il écrira : « La *Salomé* qu'il avait exposée, en 1878, vivait **d'une vie surhumaine, étrange ». 28 mai.** Zola achète à Médan une petite maison qu'il fait agrandir dès le mois d'octobre en construisant une tour. Il y accueille bientôt ses amis écrivains et peintres.

1879 26 février. Huysmans fait paraître chez Charpentier son deuxième roman, *Les Sœurs Vatard,* qui scandalise certains lecteurs, de même que son article sur le Salon, publié dans *Le Voltaire* à partir du 17 mai. Zola prend sa défense.
7 juillet. Gustave Moreau fait parvenir au collectionneur marseillais Antony Roux les premières aquarelles de la série des *Fables* de La Fontaine, qu'il lui a commandées. Jusqu'en 1883, soixante-quatre fables seront illustrées et livrées à leur commanditaire. **12 octobre.** Réédition de *Marthe* chez Derveaux, à Paris.

1880 17 avril. Publication chez Charpentier des *Soirées de Médan,* recueil collectif de nouvelles où se trouve une version remaniée de *Sac au dos.*
22 mai. Huysmans publie les *Croquis parisiens* chez Vaton, à Paris. **1er juin.** Alors que Gustave Moreau fait cette année-là son ultime apparition au Salon en y présentant *Hélène* (localisation inconnue) et *Galatée* (Paris, musée d'Orsay), Huysmans, dans la deuxième livraison d'un article consacré au « Salon de 1880 », qui paraît dans *La Réforme* en quatre livraisons (15 mai, 1er juin, 15 juin, 1er juillet), fait l'éloge du peintre, **« extraordinaire, unique ». Août.** Huysmans passe des vacances à Cayeux-sur-Mer, pour soigner ses nerfs malades. À son retour, il tente de lancer un journal, *La Comédie humaine,* projet qu'il abandonne définitivement en décembre.

1881 12 février. Parution d'*En ménage* chez Charpentier. **10 mai.** Exposition d'une première série de vingt-cinq aquarelles illustrant des fables de La Fontaine, chez Durand-Ruel, dans les locaux de la société des aquarellistes, rue Lafitte à Paris, présentées parmi un ensemble d'environ cent cinquante aquarelles de divers artistes dont Gustave Doré, Élie Delaunay, Giuseppe De Nittis, Jules Bastien-Lepage. **4 juin.** Publication chez Rouveyre de *Pierrot sceptique,* pantomime composée par Huysmans et Léon Hennique. **9 juin.** Edmond Taigny achète *Galatée.* Il effectue, jusqu'en octobre, trois versements de 5000 francs.

1882 25 janvier. Gustave Moreau est nommé officier de la Légion d'honneur.
26 janvier. Publication d'*À vau-l'eau* à Bruxelles, chez Kistemaeckers. **27 mai.** Gustave Moreau se présente à l'Académie des beaux-arts. Il se heurte à la concurrence de Gustave Boulanger, qui lui est préféré. **27 octobre.** Huysmans écrit à Mallarmé pour lui annoncer qu'il est « en train de faire éclore une singulière nouvelle », et qu'il désire se procurer deux textes du poète, *La Mort de l'anté-pénultième* et l'*Hérodiade* : « j'[en] aurais grand besoin, car mon héros possédera chez lui l'admirable aquarelle de Gustave Moreau, ainsi que les stupéfiantes rêveries d'Odilon Redon, dont vous avez dû voir une exposition de superbes dessins au *Gaulois.* Or je donnerai de l'*Hérodiade* de vous en même temps que je m'essaierai à décrire les magies de Moreau. » Mallarmé répond le surlendemain à Huysmans et l'invite à se présenter chez lui, à l'un des « mardis » de la rue de Rome.
11 novembre. Huysmans, « plongé jusqu'au col dans [s]a terrible nouvelle », explique à Mallarmé qu'il s'est mis en quête des reproductions des œuvres du peintre qu'il cherche et compte décrire : « Ah ! j'ai battu tout Paris pour les Moreau. Or voici, j'ai trouvé : 1° j'ai trouvé chez Baschet, boulevard Saint-Germain, dans une livraison des chefs-d'œuvre de l'Exposition de 1878, une très belle et très grande photogravure Goupil de la *Salomé,* 3 fr[ancs], je vous la signale ;

2° à L'Art, avenue de l'Opéra, une très convenable eau-forte, belle épreuve avant lettre, sur chine, de *L'Apparition*, la stupéfiante et adorable aquarelle, où la Salomé s'arrête devant le chef radieux et sanglant de saint Jean-Baptiste. Coût : 10 francs. Il y en a encore à 5 francs sur hollande après la lettre, mais elles donnent moins l'exquisité de cet art étrange. »

1883 **Début mai.** Malgré les appréhensions de Charpentier, qui l'oblige à des coupures, Huysmans fait paraître *L'Art moderne*, qui reprend, en les complétant, des articles de critique d'art publiés en partie dans la presse, et qui concernent le Salon officiel de 1879, les Salons officiels et indépendants de 1880 et de 1881, le Salon des indépendants de 1882. Il y fait l'éloge de Moreau, qui sert souvent de point de comparaison avec d'autres artistes, comme Alma-Tadéma, dans le compte rendu du « Salon officiel de 1881 » : « M. Tadéma n'a point l'art mystérieux et exquis de Gustave Moreau, mais il a aussi une note singulière » ; ou Odilon Redon, dans le même texte : « c'est le cauchemar transporté dans l'art. Mêlez dans un milieu macabre, de somnambulesques figures ayant une vague parenté avec celles de Gustave Moreau, tournées à l'effroi, et peut-être vous ferez-vous une idée du bizarre talent de ce singulier artiste ». Ainsi qu'il l'écrivait à Paul-Albert Bartholomé en mars, il aurait souhaité attaquer de front certains peintres antiquisants, à l'exception de Gustave Moreau : « ne pouvoir déclarer sa haine pour les Henner, pour les Laurens, c'est dur, tout de même ! Ah ! les ressemeleurs du temps passé ! l'antiquité, ils me la feraient exécrer. Il est vrai qu'il y a cet admirable Gustave Moreau qui la ferait adorer ! Je revoyais, ces jours-ci, des photographies de sa *Salomé*. Quel homme ! – Du Flaubert pictural. » **12 mai.** Huysmans écrit à Émile Hennequin qu'il prépare des pages sur Redon et Moreau pour son prochain roman : « Il n'y a rien [sur Redon, dans *L'Art moderne*], pour une raison bien simple c'est que je le réserve ainsi que Gustave Moreau, pour mon roman. / Je les ai donc à peine effleurés, l'un et l'autre, préférant garder les quelques explications que j'ai à donner pour *À rebours* plutôt que de les perdre dans un livre d'articles. » **Vers le 22 mai.** Il regrette, dans une lettre à Pissaro, de n'avoir jamais rencontré le peintre : « Tenez, j'en cite un, que je trouve merveilleux, si éloigné qu'il soit de toutes mes idées, Gustave Moreau. Je ne l'ai jamais vu, je ne le connaîtrai probablement jamais, et malgré l'étonnement que je vois autour de moi, alors que je le soutiens, je ne puis m'empêcher de le trouver raffiné et exquis, par dessus tout autre. » **31 mai.** Paul Bourget, qui avait fait l'éloge de Huysmans le 14 avril 1881 dans *Le Parlement*, rapprochant son style de la technique des peintres impressionnistes, publie dans le même journal un compte rendu de *L'Art moderne*, où il approuve l'avis de son confrère sur la modernité de Moreau : malgré le choix des sujets, le peintre est aussi moderne que Degas, comme Leconte de Lisle est aussi moderne que François Coppée. Huysmans remercie Bourget dans une lettre où il s'interroge sur Moreau : « pour parler d'une admiration qui nous est commune, de Gustave Moreau, sur lequel je ne me suis pas étendu, parce que je le réserve pour mon livre sur le raffinement que je pioche actuellement et dans lequel je parlerai de ses chefs-d'œuvre *L'Apparition* et l'*Hérodiade*. Comment expliquer la filiation de cet homme? Logiquement, n'est-ce pas, c'est un raffiné, un pénétrant, un exquis et un subtil, un cerveau cuit par les flammes de Baudelaire et tanné et retanné par les feux de Flaubert. Eh bien, pas du tout ! d'après des renseignements que j'ai tout lieu de croire authentiques, Moreau n'est nullement innervé, nullement compliqué comme nous le pouvons croire. Il n'aime guère, en littérature, que Racine dont il se récite des vers, pour se mettre en train, alors quelle puissance d'imagination a-t-il ! et comment concilier, malgré tout, les antithèses de son goût ? » Huysmans se demande ensuite, au sujet d'artistes comme Moreau ou Redon, si le jugement que l'on porte sur eux ne risque pas d'être extrapolé : « La grande vérité, j'en ai bien peur, c'est que nous voyons là-dedans des choses qui n'y sont pas et qu'à coup sûr, ils n'ont pas voulu mettre dans leurs œuvres ! » Puis il revient sur la notion de modernité : « Maintenant, je suis bien de votre avis sur ce qu'il faut entendre par le moderne, qu'il y ait beaucoup d'artistes comme Moreau et même comme Alma-Tadéma, beaucoup d'écrivains capables d'écrire *La Tentation de saint Antoine* et je trouverai cela singulièrement vivant et ne demanderai pas autre chose. Mais voilà ! Puvis, pour lequel ma froideur vous surprend, n'est pas hélas ! de ces hommes-là ! à mon avis du moins. »

1884 Félix Bracquemond expose au Salon des artistes français une eau-forte, *David, d'après M. Gustave Moreau*, et obtient une médaille d'honneur. **14 mai.** Publication d'*À rebours* chez Charpentier. **20 mai.** Zola, troublé par le roman d'un disciple qu'il voit s'écarter des principes de l'école naturaliste, félicite Huysmans pour les « belles pages de critiques artistiques sur les peintres aimés de Des Esseintes ». « Personnellement, je n'ai que de la curiosité pour Gustave Moreau », ajoute-t-il. Huysmans lui répond le 25 en essayant de justifier sa démarche ; il reconnaît que son étude sur la névrose contient quelques imperfections : « Je me suis interdit avec ce système toute progression d'effets. J'avais donné avec les Latins et G. Moreau toute l'acuité, je ne pouvais plus que soutenir la note. Je le savais, – j'ai tenté ce saut périlleux qui m'a séduit, malgré toutes les chances où j'étais de me casser les reins. » **24 mai.** Raffaëlli, qui « ne peu[t] concevoir des Esseintes autrement qu'avec un grand orgue dans la maison de Fontenay, et ayant fait crever un ou deux étages de sa maison pour l'y faire tenir », écrit à Huysmans : « Notre peinture n'est rien, comme excitant, auprès de la musique et Gustave Moreau n'arrive pas à la cheville de la moindre *voix céleste* d'un orgue de Cavaillé – Ah ! que l'Église a bien su s'en servir !... » **Juin.** Huysmans publie un compte rendu du « Salon officiel de 1884 » dans *La Revue indépendante*. Il y critique « l'*Hylas* de M. Falguière, une ébauche où le bleu du ciel est pris à M. Henner, le bleu d'eau à Gustave Moreau », mais encense une « superbe gravure d'après le *David* de M. G. Moreau. Dans cette planche », poursuit-il, « M. Bracquemond est parvenu à rendre le mystérieux enchantement de ce grand peintre, la hiératique grandeur du méditant David qui trône dans un palais tapissé avec des fastes fébriles d'une Byzance ! » **24 juin.** Huysmans apprend à Camille Lemonnier qu'il est plongé « dans un travail immense, toute une formidable étude sur Gustave Moreau, pour la *Gazette des beaux-arts* ». **11 juillet.** L'auteur évoque encore ce travail sur le peintre dans une lettre à Émile Hennequin. Il écrit le même jour à Mallarmé qu'il part le lendemain pour « un authentique village », Jutigny, près de Provins, où il compte rester « une vingtaine de jours », avant de reprendre son étude sur l'artiste : « j'y vais chercher un air opiacé pour mes nerfs qui me tourmentent toujours – et je voudrais les apaiser un peu avant que de les tendre sur Moreau ». **31 juillet.** Mort de Pauline Moreau, la mère du peintre. **Septembre-octobre.** Publication d'*Un dilemme* dans *La Revue indépendante*.

1885 **16 mai.** Première livraison d'un article de Huysmans sur « Le Salon de 1885 », où il écrit : **« la vérité c'est qu'on ne peut comprendre l'art et l'aimer vraiment si l'on est un éclectique, un dilettante. L'on ne peut s'installer devant**

Delacroix si l'on admire M. Bastien-Lepage ; l'on n'aime pas M. Gustave Moreau si l'on admet M. Bonnat, et M. Degas si l'on tolère M. Gervex. »
31 mai. Alors que paraît la troisième livraison de son article dans *L'Évolution sociale*, Huysmans passe une partie de la journée avec Jean Lorrain, avec qui il parle beaucoup de Moreau et de son désir de le connaître. **2 juin.** Lorrain écrit à Moreau pour lui demander s'il consent à recevoir Huysmans. **4 juin.** Après avoir reçu « une lettre charmante » de Moreau, qui accepte le rendez-vous, Lorrain propose à Huysmans de venir le chercher le samedi suivant à son bureau à cinq heures, puis prévient le peintre de leur venue. Huysmans informe Robert Caze, avec qui il a prévu de dîner ensuite, qu'il a rendez-vous chez Moreau, rue de La Rochefoucauld, vers 5 h 30. **Août.** Huysmans retourne à Jutigny et passe son congé dans le château de Lourps (la propriété dont hérite des Esseintes, dans *À rebours*) avec sa compagne Anna Meunier. Léon Bloy, dont Huysmans est très proche depuis l'été 1884, leur rend visite.

1886 **27 mars.** Gustave Moreau expose, à la galerie Goupil (Boussod et Valadon, 9, rue Chaptal), les soixante-cinq aquarelles des *Fables* et six autres œuvres : la *Salomé au jardin* (Paris, coll. part.), *Éléphant sacré* (Tokyo, Musée national d'Art occidental), *Poète persan* (coll. part.), *Sphinx vainqueur* (Allemagne, Clemens Sels museum, Neuss), *Ganymède* (New York, The Art Collection) et *Bethsabée* (Paris, musée du Louvre, département des arts graphiques, fonds du musée d'Orsay). Les aquarelles des *Fables* sont ensuite présentées par les mêmes galeristes à Londres. Elles feront l'objet d'un commentaire dans un quotidien londonien, *The Word*, par Bernard Shaw, le 3 novembre. **Mars.** Publication d'une édition revue et augmentée des *Croquis parisiens*.
14 juillet. Maeterlinck, dans une lettre à Georges Rodenbach, fait l'éloge d'*À rebours*, « admirable volume où Huysmans a mis une auréole semblable et plus belle aussi que les vers et les tableaux, autour des choses de Mallarmé et de Gustave Moreau ». **Août-septembre.** Durant son second séjour au château de Lourps, Huysmans travaille à *En rade*. **1er novembre.** *En rade* commence à paraître en feuilleton dans *La Revue indépendante* d'Édouard Dujardin.

1887 Au Salon des artistes français, Félix Bracquemond expose six eaux-fortes d'après les aquarelles des *Fables* de La Fontaine de Gustave Moreau. **26 avril.** Huysmans publie *En rade* chez Tresse et Stock. Au chapitre II, le héros, Jacques Marles, fait un rêve qui rappelle l'atmosphère des œuvres de Moreau : il croise Esther, sensuelle et fatale comme Salomé, dans le palais d'Assuérus, qui ressemble à celui d'Hérode. **10 mars.** Huysmans signale à son ami hollandais Arij Prins la présence d'œuvres de Moreau chez Charles Hayem, qui y est très attaché : « rien au monde ne déciderait ce Juif à s'en séparer. Il est inutile d'essayer. » **Mai.** Huysmans publie un compte rendu du « Salon de 1887 » dans *La Revue indépendante*. Il s'en prend une nouvelle fois à Jean-Jacques Henner, comparant son *Hérodiade* à celle de Moreau : « un trottin vêtu de rouge, tenant le chef de Jean-Baptiste dans un plat. Nous sommes loin de l'*Hérodiade* de Gustave Moreau, je vous prie de le croire. »
7 mai. François Coppée qualifie *En rade* de « livre doublement curieux », pour la « réalité cruelle » des paysans, « peinte dans une manière minutieuse et féroce, comme par un Holbein enragé » et pour son onirisme : « comme vous avez bien su saisir et fixer les terribles cauchemars de votre Jacques », écrit-il à Huysmans, « qui ne pourraient être "illustrés" que par un Goya doublé d'un Gustave Moreau. Vous restez toujours le même étonnant artiste, et, à chaque nouveau livre,

votre vocabulaire, si spécial, si personnel, fait un pas en avant dans le rare et le raffiné. »

1888 **27 janvier.** Huysmans explique à Arij Prins qu'il a visité une exposition « dans les galeries de Georges Petit » : « 10 Redon curieux mais déjà vus – les pastiches effroyablement belges de Gustave Moreau, signés Khnopff – un Belge naturellement ! – puis rien, de la connerie en masse ! de la peinture officielle à faire dégueuler ! » **1er février.** Huysmans publie une longue nouvelle, *Un dilemme*, chez Tresse et Stock. **10 mars.** Huysmans, qui prépare un nouveau volume de critique d'art, raconte à Prins qu'il s'est « à moitié fâché » avec Stock : « Pour [...] l'embêter – et comme il n'a pas tenu ses engagements, pour lui faire la nique, je vais faire un volume d'art – les quelques-uns bons articles de *La Revue indépendante* – puis à faire : études sur Rops, Chéret, Whistler – en repassant par Moreau – avec notes sur autres peintres. Ça complèterait mon livre de l'art moderne. Ça me séduit assez ; bien que ça recule mon roman, mais j'en suis au second chapitre à peine. » Le roman dont parle Huysmans est *Là-bas*. **Fin avril.** Le romancier écrit à Jules Destrée : « *Là-bas* a été commencé, à peine, puis j'ai interrompu mon travail pour mettre sur pied un livre de critique d'art qui complète mon *Art moderne* – avec un nouveau Degas, Whistler, Chéret, Rops, Moreau et autres ». **31 juillet.** Huysmans quitte Paris pour rejoindre Prins à Hambourg et visiter l'Allemagne avec son ami hollandais.
Ils contemplent, à Cassel, la *Crucifixion* de Grünewald, décisive pour l'évolution esthétique de l'auteur. **Septembre.** Gustave Moreau se rend en Belgique et en Hollande pour étudier les maîtres flamands, Rembrandt en particulier. **22 novembre.** Il est élu à l'Académie des beaux-arts, succédant à Gustave Boulanger.

1889 La Salomé hante toujours Huysmans et nourrit ses réflexions sur le péché, le mal, l'artificiel. Il note dans son *Carnet vert* : « Coucher avec la Salomé de Moreau, c'est coucher avec la *créature née* de l'âme de *l'homme*. C'est pis que la bestialité. La bestialité, la sodomie, sont *naturelles*. Le baisage avec une *morte* serait moins grave – car elle *est*. C'est le péché suprême, commis avec un être sans vie, n'existant pas, n'étant pas directement créé par Dieu, étant l'*artificiel*. » *Le Jeune Homme et la mort* (Cambridge, Fogg Art Museum) et *Galatée* (Paris, musée d'Orsay) sont accrochées à l'Exposition universelle, à la Centennale de l'art français.
14 mai. Huysmans, qui visite l'Exposition, écrit à Prins : « à part deux Gustave Moreau qui y sont – le reste est composé de cet amas d'ordures qui est la gloire de la France. » Il admire « un Burne-Jones étonnant » et quelques paysagistes anglais, mais trouve le reste « fastidieux et nul ». « Somme toute », conclut-il, « il y a Moreau et les Anglais. » **27 mai.** Huysmans signale encore à Prins « des petites danseuses javanaises pareilles à des Moreau teintes au safran », qui se produisent sur l'esplanade des Invalides ; il y fait écho dans son *Carnet* : « Les Javanaises – Moreau au safran, etc. » Jean Lorrain écrivait à leur sujet le 19, dans *L'Événement*, qu'elles lui paraissaient être « rêvées par Gustave Flaubert et habillées par Gustave Moreau ».
17 juin. Huysmans écrit à Rops qu'il souhaite lui consacrer une étude pour son prochain volume de critique d'art : « j'ai un volume intéressant peut-être, en tout cas consciencieux et potassé sur G. Moreau, Degas, Whistler, Chéret, le monstre en art à propos de Notre-Dame, le fer – Tour Eiffel – *architecture pour les rastaquouères*. Il me faut un Rops. » **Début septembre.** Huysmans visite les ruines du château de Gilles de Rais, à Tiffauges, avec Francis Poictevin.
2 novembre. *Certains*, second volume de critique d'art de Huysmans, contenant un long texte sur Moreau, vient de paraître ; Poictevin écrit à

l'auteur que sa lecture lui a causé « certaines joies toutes spécialement exquises et intenses » : « Des gris ambrés (de Whistler), et puis la flore de G. Moreau, et puis le tableau des fillettes de Bartholomé, et puis, et puis encore, cher grand ami... » Un peu plus tard, Charles Morice accuse réception du volume. Il avoue qu'il y a « été heureux presque partout », mais les pages sur Puvis de Chavannes, comparé à Moreau, l'ont gêné : elles « fâchent et attristent d'autres et moi. Je ne veux pas qu'on me défende d'aimer M. Moreau et M. Puvis. Je sais pourquoi je les aime et leurs différences. Je sais aussi d'où ils viennent l'un et l'autre. Ils ont tous deux une part d'originalité et une part de tradition. Mais je ne sais rien de plus à part et de plus harmonieux que les paysages dans les compositions de M. Puvis. » **Fin décembre.** Rupture de Huysmans avec Léon Bloy.

1890 Édouard Gerspach, administrateur de la manufacture des Gobelins, fait appel à Gustave Moreau et Puvis de Chavannes pour l'exécution de tapisseries destinées à décorer la maison natale de Jeanne d'Arc. Les deux artistes refusent. Le projet est confié en 1895 à Jean-Paul Laurens. **Début février.** Huysmans entre contact avec l'ex-abbé Boullan, afin d'obtenir, pour la rédaction de *Là-bas*, des documents sur le satanisme. **Mars.** Exposition à Bruxelles, chez Dietrich, des gravures de Félix Bracquemond d'après les illustrations des *Fables* de la Fontaine par Gustave Moreau. **28 mars.** Mort, au terme d'une longue maladie, d'Alexandrine Dureux, l'amie la plus proche de Gustave Moreau, qui peint en hommage l'un de ses plus beaux tableaux, *Orphée pleurant sur la tombe d'Eurydice* (MGM, Cat. 194). **17 mai.** Huysmans écrit à Prins que la maîtresse de Remy de Gourmont, Berthe Courrière, qui lui fournit des informations sur les milieux occultistes, lui a « révélé qu'elle avait fait faire *les bijoux de l'Hérodiade de Moreau* et qu'elle était assez bien faite pour les mettre à nu !!! ». Il tente de résister aux appâts de cette Salomé. **Juillet.** Publication d'une nouvelle version de *La Bièvre* chez Genonceaux. **11 août.** Huysmans, alors qu'il conseille Roger Dumas en quête de peintures modernes, se montre moins méprisant à l'endroit de Charles Hayem : « La collection de Moreau est chez Hayem, 84 boulevard Malesherbes. S'il est à Paris, vous n'avez qu'à lui demander de visiter sa galerie. Il est très accueillant et vous les montrera sans difficultés. » **26 septembre.** Valéry fait l'éloge d'*À rebours*, dans une lettre à Gide : « Relisez la description des Gustave Moreau ! quels morceaux ! En somme, c'est pour moi, et je me sers souvent de ce livre, une suite de très beaux poèmes en prose très nerveux. » **1er octobre.** Huysmans part pour Lyon, où il passe une dizaine de jours chez Boullan. Il fait la connaissance de la gouvernante de la maison, Julie Thibault, et de l'architecte Pascal Misme.

1891 **17 février.** Début de la publication de *Là-bas*, en feuilleton, dans *L'Écho de Paris*. **13 avril.** Publication de *Là-bas* chez Tresse et Stock. Le titre du roman figure dans une liste établie par Gustave Moreau (MGM, Arch. 318). **28 mai.** Première rencontre de Huysmans et de l'abbé Mugnier, à la sacristie de Saint-Thomas d'Aquin, grâce à Berthe Courrière. **13 juillet.** Départ de Huysmans pour Lyon, où il passe quelques jours, avant de se rendre avec Boullan et Pascal Misme au sanctuaire de la Salette. « La cellule est presque un paradis », écrit-il fin août à Lucien Descaves. Il racontera son pèlerinage dans un roman inachevé, *Là-haut*. La Grande-Chartreuse, qu'il visite ensuite, le déçoit. **Septembre.** Il fait la rencontre de Paul Valéry, l'un de ses plus fervents admirateurs, qui écrira, en 1938, dans *Degas Danse Dessin* : « Il me

souvient de la grande déception que j'ai eue quand, très échauffé par les folles et furieuses descriptions d'Huysmans dans *À rebours*, je vis enfin quelques œuvres de Moreau. Je ne pus me tenir de dire à Huysmans que "c'était gris et terne comme un trottoir". / Huysmans se défendit fort mollement. Il allégua que les couleurs dont Moreau se servait étaient de mauvaise qualité, que l'éclat qui l'avait émerveillé avait péri, etc. » **5 septembre 1891.** Mort du peintre Élie Delaunay. Gustave Moreau prend sa succession comme professeur et chef d'atelier à l'École nationale des beaux-arts, à partir du mois suivant. **4 octobre.** Gustave Moreau souhaite remercier Huysmans pour sa « sympathie d'artiste », et rédige un brouillon de lettre. Il s'est mis en rapport, grâce à l'écrivain, avec un jeune littérateur cubain, Julián del Casal, fervent admirateur de l'auteur d'*À rebours*.
31 octobre. L'architecte Nénot propose à Gustave Moreau de participer à la décoration des salles de la Nouvelle Sorbonne. Le peintre, pris par d'autres travaux, préfère refuser.

1892 **1er janvier.** Gustave Moreau devient officiellement professeur à l'École des beaux-arts. Il aura pour élèves Georges Rouault, Henri Matisse, Albert Marquet, Jules Flandrin, René Piot, Charles Milcendeau, Henri Evenopoel, Charles Camoin, Eugène Martel, Henri Manguin, Léon Bonhomme, Paul Baignères, Simon Bussy, etc.
13 janvier. L'abbé Mugnier rend visite à Huysmans, rue de Sèvres. Il décrit dans son *Journal* les « pièces [...] petites et décorées de mille objets d'art » de l'appartement de son ami : « Gustave Moreau est là aussi, avec sa Chimère volante, Salomé hypnotisée par la tête de Jean-Baptiste, suspendue, rayonnante, dont le sang coule et dont la bouche ouverte lance encore le *non licet*, tandis qu'Hérode est immobile sur son trône, comme un Bouddha abruti. "Il y a, me disait Huysmans, quelque chose de sacerdotal et de hiératique dans cette représentation d'un chef-d'œuvre." La danseuse est une nudité enguirlandée de joailleries. Quant au bourreau, il se tient debout et raide, comme en faction. »
12-20 juillet. Première retraite de Huysmans à la trappe de Notre-Dame d'Igny, dans la Marne, sur les conseils de l'abbé Mugnier.

1893 Huysmans se plaint à Roger Dumas de « la faim intellectuelle de ce sale temps » : « Personne n'en demande et n'en veut plus. Il en est de même de la peinture. Degas et Moreau n'exposent plus. Il reste, en fait de nouveautés, des exhibitions de pointillistes, les fabricants de rillettes de la peinture et de soi-disant symbolistes. » **4 janvier.** Mort de Boullan. **13 avril.** Anna Meunier, la compagne de Huysmans, est internée à Sainte-Anne. **Août.** L'abbé Ferret devient le directeur de conscience de Huysmans. **5-10 août.** Deuxième retraite de l'écrivain à la trappe d'Igny. **3 septembre.** Huysmans est nommé chevalier de la Légion d'honneur pour ses vingt-sept années de service au ministère de l'Intérieur, où il est sous-chef de bureau. Gustave Moreau lui adresse une lettre de félicitations le 14 septembre : « Monsieur, / Parmi ceux qui admirent votre grand et si rare talent et qui ont été bien heureux de la distinction qui vient de vous être accordée, je tenais à être des premiers à vous féliciter. Mais par une erreur d'adresse la carte que je vous avais adressée m'est aujourd'hui renvoyée par la poste. / Je veux donc vous en exprimer mes regrets, en vous assurant de nouveau de ma vive sympathie d'art et de tous mes sentiments les meilleurs. » Datée du 16 septembre, la réponse de Huysmans à cette lettre a été recemment retrouvée dans les archives du musée Gustave-Moreau. L'écrivain remercie le peintre de son « bon souvenir » en ces termes : « venant de vous dont les œuvres si à l'écart m'ont tant hanté, rien ne pouvait me toucher plus ». **Début octobre.** Francis Poictevin, ami de l'écrivain et du peintre, écrit à Gustave Moreau, à qui il a dédicacé *Tout bas* : « oh ! oui, merci de m'aimer, de sentir le fond de mon âme qui voudrait être religieuse. Huysmans dîne ce soir avec moi. Voulez-vous de moi *mercredi à 5 heures*, que je puisse vous entendre longuement intimement ? » Et dans une autre lettre : « Huysmans sera chez moi demain à 5 heures. M. Gustave Moreau voudrait-il passer vers *quatre* heures ? à 4 heures, nous serions seuls, M. Moreau et Moi. » À propos de *Tout bas*, Edmond de Goncourt explique dans son *Journal* que l'auteur est venu lui déclamer des passages relevés par Rodenbach ; mais les deux amis de Poictevin en ont préféré d'autres : « c'est un autre passage, non souligné, que Huysmans a déclaré au-delà de l'impression que pouvait donner l'imprimé, et c'est un autre encore que Gustave Moreau préfère à tout ce qui a été imprimé jusqu'à présent sur les Primitifs. » **Octobre.** Dans un texte sur Huysmans publié dans *L'Artiste*, Roger Marx explique le rôle important joué par la critique d'art de l'écrivain : « Puisque Degas, Chéret, Forain, Raffaëlli, Bartholomé, Gustave Moreau, Odilon Redon entraient dans la célébrité, il fallait bien ajouter foi à celui qui les avait distingués inconnus, et qui avait su présager leur gloire à la période obscure. En vingt années, il plut à J.-K. Huysmans de promener sur l'art ambiant le regard d'un voyant, d'opérer, au premier coup d'œil, dans le fatras des expositions, le tri de la postérité. » **16 décembre.** Huysmans visite Chartres en compagnie de Georges Landry.

1894 **12 juin.** Gustave Moreau reçoit de la manufacture des Gobelins la commande d'un carton de tapisserie sur le thème « le Poète et la Sirène », pour lequel il s'était engagé dès l'été de l'année précédente. Il sera livré le 10 février 1896, et le tissage de la tapisserie achevé en 1899. **Juillet.** Huysmans se rend à l'abbaye Saint-Wandrille avec Gustave Boucher. Il y retrouve Dom Besse, dont il a fait la connaissance au printemps, et avec qui il partage la passion pour l'art religieux et le goût de la liturgie. **Octobre.** Troisième retraite de Huysmans à la trappe d'Igny.

1895 **12 février.** Mort d'Anna Meunier à Sainte-Anne. **23 février.** Publication d'*En route* chez Tresse et Stock. **Mai.** Gustave Moreau livre à Léopold Goldschmidt le chef-d'œuvre de ses dernières années, *Jupiter et Sémélé*. Faisant appel au jeune architecte Albert Lafon (1860-1935), recommandé par un vieil ami de son père, le peintre décide de transformer sa maison en musée et en lieu de conservation de son œuvre. **Été.** Moreau fait une cure à Évian. **1er avril.** Huysmans écrit à Prins : « Pas de peintures intéressantes à voir. Les expositions se succèdent, plus nulles, les unes que les autres. J'ai fini par n'y plus mettre les pieds. Depuis les premiers impressionnistes, c'est fini. Il n'y a plus un peintre à révéler, en France. » **Juillet.** Voyage de Huysmans en France, où il visite diverses cathédrales, églises, abbayes (Paray-le-Monial, Brou, Dijon, Tours, Bourges, Amiens, etc.). À l'abbaye de Fiancey, où il séjourne, il rêve de fonder, avec la mère Célestine de la Croix, une communauté d'artistes catholiques. Le projet n'aboutit pas. **30 octobre.** Au retour d'un séjour à Chartres avec Huysmans, qui s'y rend fréquemment pour la préparation de son nouveau roman, *La Cathédrale*, l'abbé Mugnier note dans son *Journal* : « Passé la journée à Chartres, avec Huysmans. Il raffole des personnages qui s'allongent au portail royal. Gustave Moreau partage la même admiration. Nous avons longuement considéré ces reines ou ces saintes dont l'une est délicieusement souriante, dont une autre est adorablement pensive. Cette dernière a "aussi peu de chair que possible". Des nattes tombent de ces têtes de femmes. Huysmans s'intéresse aussi beaucoup à l'ange du cadran dont la figure lui semble "étrange", "incertaine" ; ou il est tout à fait pur ou il est très pervers. » 1er **novembre**. Huysmans félicite Roger Marx pour son « si net résumé de la peinture et de la sculpture au Salon de 1895 », et avoue avoir été sensible à ses « belles et compréhensives pages sur Moreau et son influence ».

1896 **Juillet.** Dernier séjour de Huysmans à la trappe d'Igny. **Août.** Les travaux dans la maison de Moreau sont achevés. Le mois suivant, le peintre s'y réinstalle et prépare le musée, notamment avec son élève Georges Rouault. **Septembre-octobre.** Huysmans fait une retraite à l'abbaye de Solesmes. Il y rencontre Cécile Bruyère.

1897 **24 mai.** Parution à la Société du Mercure de France de *La Femme pauvre* de Léon Bloy, qui met en scène Huysmans sous le nom du héros d'*À vau-l'eau*, Folantin. Bloy inscrit cette dédicace sur l'ouvrage adressé à Moreau : « à Gustave Moreau / la plus noble victime / de "Folantin" / (voir 1e partie, ch. 26) / Léon Bloy ».
24 juillet-1er août. Deuxième retraite de Huysmans à Solesmes. **Début août.** Huysmans félicite Jean Lorrain pour son recueil *L'Ombre ardente* : « votre *Galatée* [...] vaut celle de Moreau », lui écrit-il. **10 septembre.** Gustave Moreau rédige son testament, puis, durant l'automne, des notices explicatives sur ses principaux tableaux.
13 septembre. Mort de l'abbé Ferret. **24 septembre-7 octobre.** Huysmans voyage en Belgique et en Hollande, en compagnie du couple Leclaire, avec qui il s'est lié d'amitié l'année précédente. Ils visitent notamment Anvers et Schiedam.
27 octobre. *L'Écho de Paris* publie des extraits de *La Cathédrale*. **Décembre.** Moreau exécute de nombreux dessins pour *Les Lyres mortes* (Cat. 106), testament pictural resté à l'état d'ébauche.
6 décembre. Huysmans continue de se plaindre à Prins de l'indigence de la production artistique, « de l'amas de petites ordures qu'on [...] expose » : « C'était bon au temps où il y avait des Degas, des Moreau. Actuellement, c'est le néant, rien que des niaiseries. »

1898 **29 janvier.** Ouverture pour un mois, au musée du Luxembourg, d'une exposition du don Hayem, qui attire un public nombreux.
31 janvier. Publication de *La Cathédrale* chez Stock.
16 février. Huysmans prend sa retraite en qualité de chef de bureau honoraire. **18 avril.** Mort de Gustave Moreau, des suites d'un cancer de l'estomac. Après une cérémonie religieuse à l'église de la Trinité, il est inhumé dans le caveau de ses parents au cimetière de Montmartre.
Il a lui-même dessiné sa tombe et fait exécuter sur le même modèle celle d'Alexandrine Dureux.
Dix jours plus tard, Charles Hayem annonce au comité des conservateurs des Musées nationaux qu'il leur fait don de quatre œuvres de sa collection, *Le Calvaire* et les trois aquarelles *L'Apparition*, *Œdipe et le Sphinx* et *Le Jeune Homme et la mort*. **Avril.** Dénonciation de *La Cathédrale* à la congrégation de l'Index. La menace sera levée par le Vatican au début de l'année suivante.
Juillet. Dernière retraite de Huysmans à Solesmes. Malgré les rumeurs dans la presse, l'écrivain ne compte pas s'y enfermer.
3 août. Huysmans part pour Ligugé, où il retrouve Gustave Boucher. Au milieu du mois, il achète un terrain à bâtir à quelques minutes de l'abbaye Saint-Martin. Il est décidé à devenir oblat et rêve de fonder une colonie d'artistes catholiques, notamment avec Georges Rouault, qui avait été l'élève de Moreau.
Octobre. Publication chez Stock d'une nouvelle édition de *La Bièvre*, augmentée du texte sur le quartier *Saint-Séverin* paru en feuilleton d'avril à

août dans *L'Écho de Paris*. **7 décembre**. Bénédiction de la première pierre de la « maison Notre-Dame », que Huysmans a décidé de faire construire et d'habiter avec les Leclaire.
29 décembre. Mort de Charles-Marie Dulac, un jeune artiste catholique que Huysmans avait découvert au début de l'année précédente et qui devait rejoindre la colonie de Ligugé.

1899 **27 juin**. Huysmans, qui a achevé les préparatifs de son déménagement, quitte Paris pour s'installer à Ligugé. Une comtesse qui le poursuit avec ardeur depuis plus d'un an, la « Sol », menace de l'y rejoindre. Il s'aperçoit qu'elle a corrompu Julie Thibault (au service de l'écrivain depuis la mort de Pascal Misme en 1895). Il renvoie sa servante et parvient à décourager la comtesse. **Novembre**. Publication chez Stock des *Pages catholiques* de Huysmans, réunies et préfacées par l'abbé Mugnier.

1900 À la Centennale de l'Exposition universelle sont exposés, dans la section « Peinture » : *Salomé* (Los Angeles, UCLA at the Armand Hammer Museum of Art and Cultural Center), *Vénus* (« à M. Jules Beer »), *L'Automne. Déjanire* (Los Angeles, J. Paul Getty Museum), *Jason* (Paris, musée d'Orsay), *Saint Sébastien* (« à M. Peytel »), et dans la section « Dessins » : *Les Plaintes du poète* (Paris, musée d'Orsay) et *Le Bon Samaritain* (coll. part.). Bracquemond y expose à nouveau son eau-forte : *David*, d'après Gustave Moreau ; la tapisserie *La Sirène et le Poète* (Paris, Mobilier national) est présentée au public pour la première fois. **24 février**. Bernard Guinaudeau consacre un long article à Gustave Moreau dans *L'Aurore* ; il cite Huysmans à plusieurs reprises, non sans ironie.
18 mars. Cérémonie du noviciat d'oblature en l'abbaye Saint-Martin. Huysmans reçoit l'habit porté sous les vêtements séculiers.
7 avril. Huysmans, parti la veille de Ligugé pour Paris, est élu président de l'académie Goncourt ; il parvient à y faire élire son ami Lucien Descaves. Ainsi qu'il l'écrit à l'abbé Mugnier au début du mois, il n'a aucune intention de visiter l'Exposition universelle : « Je n'ai qu'une consolation, c'est que je ne verrai pas au moins l'Exposition. La Mecque du Panmuflisme se passera de mon pèlerinage. » Apercevant quelques bâtiments, il est « consterné de l'imbécillité des architectes » (lettre à Esquirol, 21 avril).

1901 **Janvier**. La Société de propagation des livres d'art publie une édition à tirage limité de trois textes de Huysmans, *La Bièvre*, *Les Gobelins*, *Saint-Séverin*. Une eau-forte représentant la tapisserie *Le Poète et la Sirène* de Moreau, en préparation sur métier à tisser, figure parmi les illustrations d'Auguste Lepère. **8 juin**. Publication chez Stock de *Sainte Lydwine de Schiedam*. **21 mars**. Huysmans fait sa profession solennelle d'oblature à Ligugé.
12 juin. De Paris, où il a fait étape, Huysmans part pour Dijon. Pour son prochain roman, *L'Oblat*, il prend des notes au musée, où il constate, « d[an]s le moderne – la panne des expositions ». À part « une œuvre réelle, très belle [d']Alphonse Legros », le moderne le déçoit, jusqu'au *Cantique des cantiques* : « Un Gustave Moreau idiot », écrit-il, « du sous-Chassériau ». **1er juillet**. Waldeck-Rousseau met en place sa loi sur le contrat d'association. Les congrégations religieuses sont mises hors du droit commun. **Septembre**. Les moines de Ligugé s'exilent en Belgique. **23 octobre**. Huysmans, qui voit s'effondrer son projet de colonie d'artistes catholiques et souffre du vide laissé par le départ des moines, quitte Ligugé et rentre avec Georges Rouault à Paris. Il s'installe dans l'annexe d'un couvent de bénédictines, rue Monsieur.
Début novembre. Publication de *De tout* chez Stock.

1902 **28 février**. Le legs de Gustave Moreau à l'État est accepté par décret. **Mai.** Huysmans souffre d'horribles maux de dents. **7 août.** Il s'installe au 60, rue de Babylone. **Septembre.** Voyage avec l'abbé Mugnier dans l'est de la France, en Suisse, en Belgique et en Allemagne. À Colmar, il contemple le *Retable d'Issenheim* de Grünewald.

1903 **13 janvier**. Le musée Gustave-Moreau ouvre ses portes au public. **14 janvier**. Léopold Goldschmidt fait don au musée de *Jupiter et Sémélé* (MGM, Cat. 91). **2 mars**. Publication de *L'Oblat* chez Stock. **6 mars.** Huysmans part pour Lourdes rejoindre les Leclaire. Il y reste jusqu'au 1er avril. **16 mars.** Bloy note dans son *Journal* : « On m'apprend que le peintre Georges Rouault, élève de Gustave Moreau, s'est passionné pour moi. Ayant trouvé chez son maître *La Femme pauvre*, jadis envoyée, avec ces mots : "à Gustave Moreau, pour le venger de M. Folantin", ce livre l'a mordu au cœur, blessé incurablement. Je tremble de penser à la punition de ce malheureux. » Les deux hommes, au contraire, deviennent amis et Rouault présente l'année suivante, au Salon d'automne, le *Portrait de M. et Mme Poulot*, inspiré de *La Femme pauvre*.

1904 **Mars**. Installation de Huysmans au 31, rue Saint-Placide. Publication de *Trois Primitifs* chez Vanier et Messein. **Fin mars.** Réédition d'*À rebours* par la Société des cent bibliophiles. Huysmans et l'éditeur de l'édition originale, Georges Charpentier, ont donné leur accord l'année précédente. L'édition est enrichie d'une préface inédite de l'auteur, où il explique son évolution et précise qu'il ne modifierait pas certaines pages, notamment celles sur l'art et Moreau : « La peinture de Gustave Moreau, les gravures de Luyken, les lithographies de Bresdin et de Redon sont telles que je les vois encore. Je n'ai rien à modifier dans l'ordonnance de ce petit musée. »

1905 L'état de santé de Huysmans se dégrade. Son cou enfle à plusieurs reprises dans l'année, et à partir d'octobre, un zona ophtalmique le condamne durant plus de six mois à l'obscurité.

1906 **26 mai.** Conférence sur Gustave Moreau par Robert de Montesquiou, l'un des modèles de Des Esseintes dans *À rebours*, qui préface le catalogue de l'exposition sur le peintre à la galerie Georges Petit du 9 au 28 mai. **1er octobre**. *Les Foules de Lourdes* paraissent chez Stock.

1907 **13 janvier** Huysmans est nommé officier de la Légion d'honneur. **23 avril.** Il reçoit l'extrême-onction. **12 mai.** Mort de Huysmans. **15 mai.** Les obsèques ont lieu en l'église Notre-Dame-des-Champs. L'écrivain est inhumé au cimetière Montparnasse, vêtu de l'habit noir d'oblat.

1908 Publication posthume chez Plon-Nourrit de *Trois Églises et trois Primitifs*.

Ci-contre : *Hélène*, Salon de 1880 (œuvre non localisée reproduite dans le *Catalogue de la vente Jules Beer*, Galerie Georges Petit, 29 mai 1913, n° 17) ; évoqué par Huysmans dans « Le Salon officiel de 1880 » (*La Réforme*, 1er juin 1880 ; recueilli dans *L'Art moderne*, 1883). Hors catalogue.

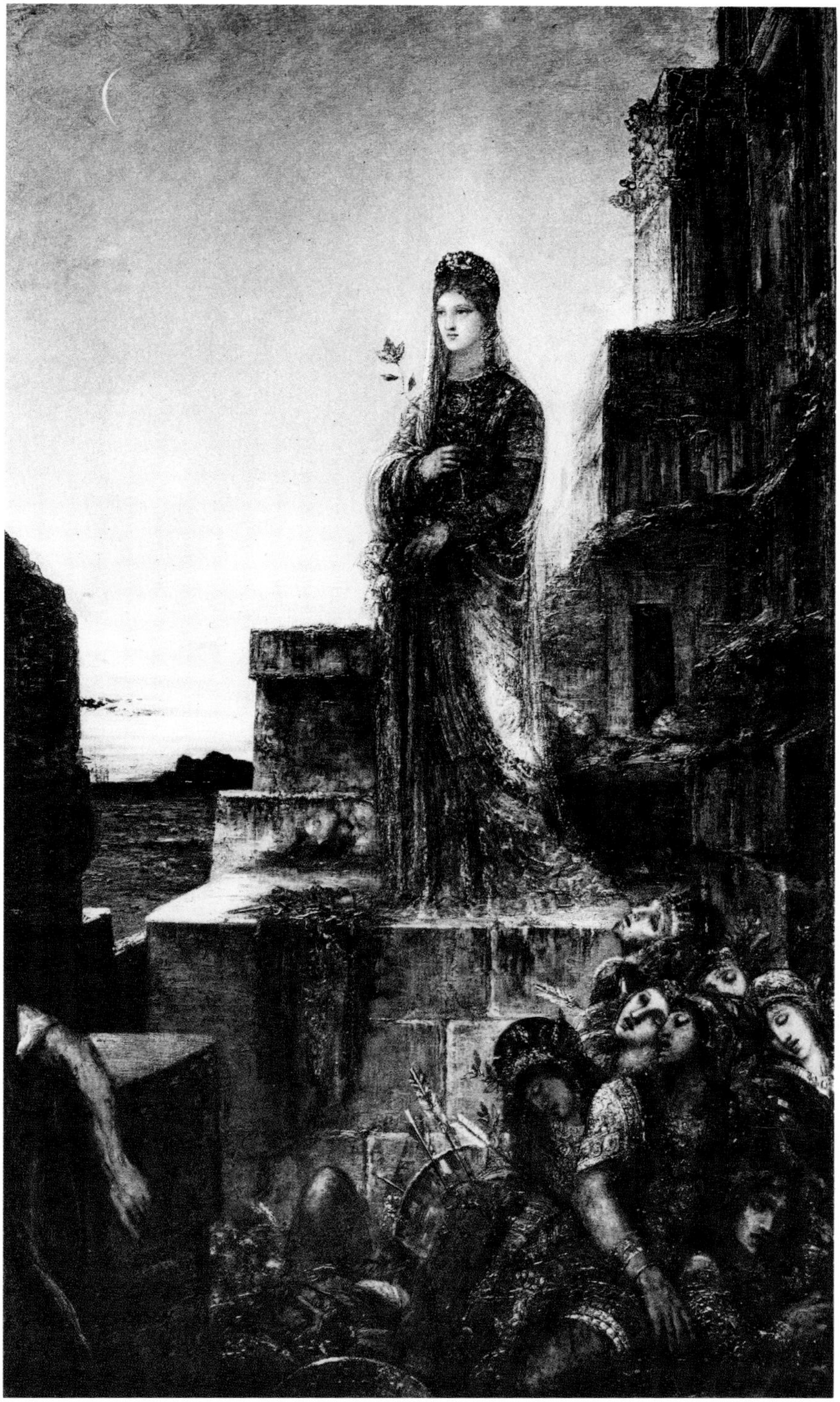

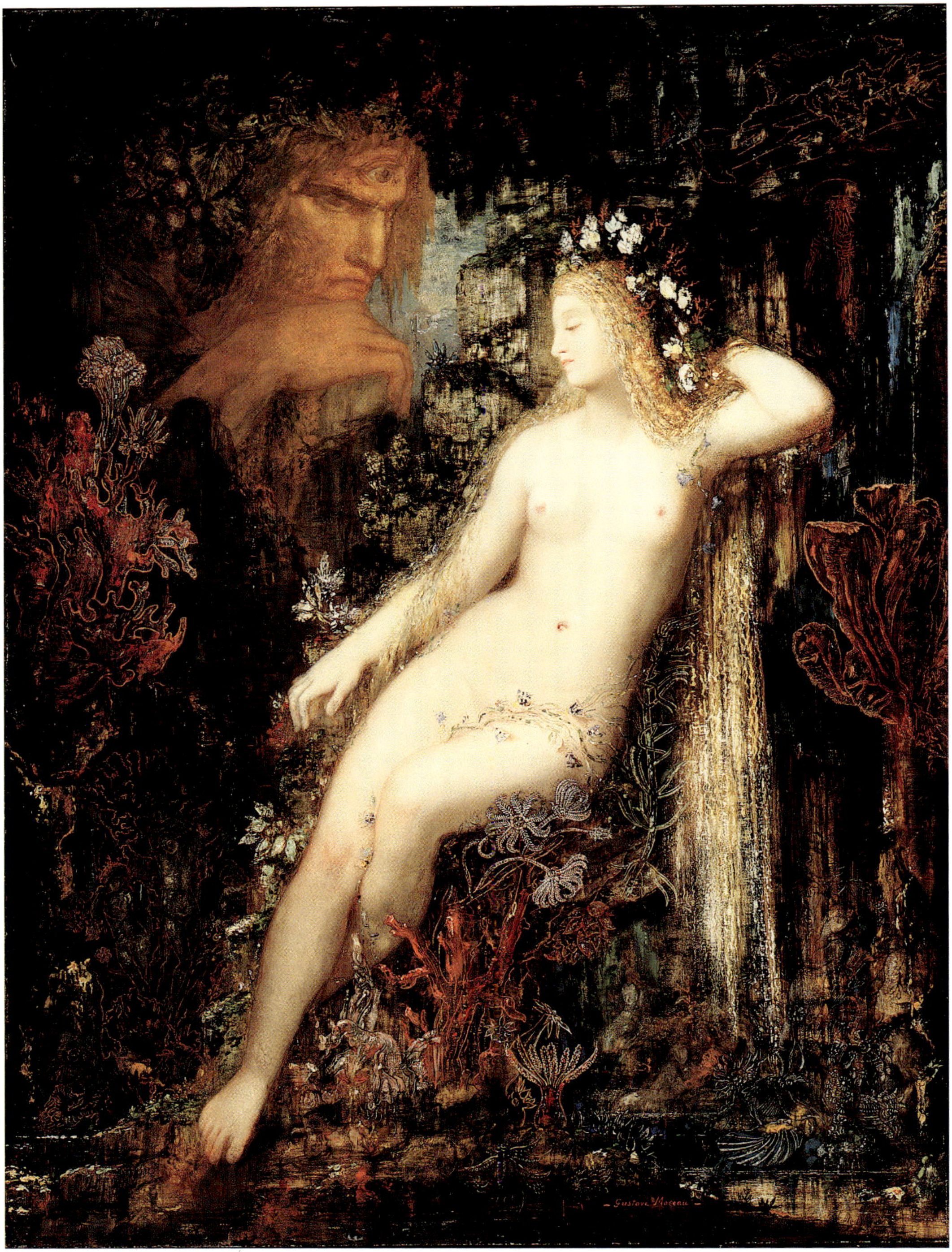

1. Galatée

Catalogue de l'exposition

établi par Marie-Cécile Forest
et Samuel Mandin

Toutes les œuvres contenues dans le catalogue sont de Gustave Moreau, sauf mention contraire.
Certaines œuvres ont été mises en parallèle avec d'autres n'appartenant pas aux collections du musée Gustave-Moreau :
Le Cantique des cantiques (Dijon, musée des Beaux-Arts)
L'Apparition (Paris, musée du Louvre, Département des arts graphiques, fonds du musée d'Orsay) *Salomé* (Los Angeles, The Armand Hammer Museum of Art and Cultural Center)
Galatée (Paris, musée d'Orsay)
Le Poète et la Sirène (Paris, Mobilier national et Manufactures nationales des Gobelins, de Beauvais et de la Savonnerie)
Hélène (non localisée)
David (Los Angeles, The Armand Hammer Museum of Art and Cultural Center)

Abréviations utilisées pour la description des œuvres : H. : hauteur ; L. : longueur (en centimètres) ; S. : signé ; D. : daté ; Inscr. : inscription ; b. : bas ; h. : haut ; g. : gauche ; dr. : droite ; c. : centre.

Galatée, Hélène

Huysmans, « Le Salon officiel de 1880 », *La Réforme*, 1er juin 1880 ; recueilli dans *L'Art moderne*, [mai] 1883.

Galatée

Le Salon de 1880 est le dernier auquel participe Gustave Moreau. Il y expose deux œuvres : *Hélène* (non localisée, ill. hors catalogue) et *Galatée* (Paris, musée d'Orsay, ill. catalogue 1), dans la salle 14, réservée aux artistes hors concours. *Galatée* est accueillie plutôt favorablement par la presse. Ernest Chesneau, depuis son compte rendu du « Salon de 1865 » publié dans *Le Constitutionnel* le 9 mai 1865, avait déjà défendu le peintre. Dans un article sur le « Salon de 1880 », qui paraît le 2 mai 1880 dans *Le Moniteur universel*, le même critique en fait à nouveau l'éloge :

> [Moreau] n'emprunte jamais aux textes anciens leur lettre précise. Ces textes lui fournissent une situation, un thème qu'il développe ensuite dans la libre activité de sa pensée. Galatée, ici, n'est qu'un symbole, celui de la beauté ; un nom, celui de la femme. [...] La formule plastique et pittoresque de l'idée est ici l'une des plus belles que l'art moderne ait présentées depuis l'ancienne école lombarde. Avec une science incomparable M. Moreau a fait contraster les moyens d'exécution les plus opposés.

Louis de Fourcaud est lui aussi fasciné par *Galatée*. La souveraine maîtrise des moyens techniques mis en œuvre pour l'exécution du tableau, sa dimension onirique, le subjuguent[1]. Plus tard cette peinture inspirera les poètes : Robert de Montesquiou, Jean Lorrain, Henri de Régnier et le cubain Julián del Casal[2]. Elle fascinera également André Breton, qui la fera reproduire dans *L'Art magique*[3].

Gustave Moreau, pétri de culture classique, s'est sans doute familiarisé très tôt avec le mythe de Galatée. On peut supposer qu'il connaissait la quatrième idylle de Théocrite, *Le Cyclope*[4]. L'œuvre du poète grec n'a pas été retrouvée dans sa bibliothèque, mais il possédait une édition du *Génie du christianisme* de Chateaubriand dans laquelle, au chapitre VI, sont reproduits de larges extraits du poème[5]. Mais c'est plutôt en relisant le livre XIII

Voir les notes pages 71-73

des *Métamorphoses* que lui est venue l'idée de peindre les amours contrariés de Polyphème avec la Néréide. Il dispose de deux éditions du poème d'Ovide. La première, illustrée de gravures, est datée de 1660[6]. La seconde, publiée en 1877, comporte le texte original en latin et sa traduction[7]. Sa bibliothèque, en outre, contient le *Dictionnaire de la fable* de François Noël, où sont mentionnés les noms des protagonistes de ce drame champêtre[8].

Moreau porte son intérêt non sur « Acis fils de Faune et de la nymphe Symoethe [...] amant aimé de Galathée[9] », mais sur son terrible rival, Polyphème. Il représente le cyclope, accoudé à l'entrée d'une mystérieuse grotte marine, en voyeur, dont l'œil unique est fixé sur le corps marmoréen de la néréide. C'est peut-être à Galatée que songe Georges Bataille lorsqu'il écrit : « Ce ne fut pas la violence, ce fut la perversion, l'obsession sexuelle, qui lia les figures de Gustave Moreau à la nudité angoissante de l'érotisme[10] ». Dans la suite du récit ovidien, le monstre, désespéré de voir son amour repoussé, écrase Acis sous un rocher. Et le mythe s'achève sur la métamorphose :

> Je fis [dit Galatée] ce que me permettaient les destins : je le ramenai à sa première origine. [...] L'onde murmura en jaillissant des flancs du rocher. Ô prodige ! au-dessus des eaux apparut jusqu'à la ceinture un jeune homme paré de cornes naissantes et couronné de jonc. C'était Acis, mais plus grand, avec un visage couleur d'azur, Acis changé en fleuve ; et le fleuve a conservé son nom[11].

En novembre 1897, Moreau amorce un texte destiné à présenter les nombreuses variantes de *Galatée* que renferme sa maison, dont il achève la conversion en musée : « Le gros œil de la terre, étonné et troublé, demeure fixé sur cette perle des Eaux limpide et si pure. Et le gros œil s'attriste et le regard se voile d'amertume et d'amour en contemplant cette fleur des abîmes sans fond[12]. » Ces quelques lignes résument les sentiments qui s'affrontent dans la tête de Polyphème et éclairent l'idée maîtresse de cette série d'œuvres : l'opposition entre la laideur personnifiée par le cyclope et la beauté qu'incarne Galatée. Geneviève Lacambre voit dans cette scène un équivalent mythique du motif de la chaste Suzanne épiée par les vieillards, que le peintre a souvent traité[13].

Galatée fut achetée par Edmond Taigny en juin 1881 pour la somme de 15 000 francs. Avant d'être véritablement acquise par le collectionneur, elle revint dans l'atelier du peintre, qui souhaitait modifier certains détails : il retouche le fond, et change la pose du bras et de la main droite de la néréide. Ainsi transformée, l'œuvre est présentée en 1889 à l'Exposition universelle, à la Centennale de l'Art français. En 1880, Huysmans est chargé par *La Réforme* du compte rendu du Salon, qu'il publie en trois livraisons les 1er et 15 juin, et le 1er juillet ; il les recueillera dans *L'Art moderne* en 1883. Le 15 juin, il défend avec passion l'art de Moreau, pour la première fois. *Galatée* exerce sur lui une véritable fascination. Si l'œuvre associe, dans un face à face saisissant, la tête monstrueuse de Polyphème et le corps inaccessible de Galatée, Huysmans concentre son commentaire sur la grotte. L'écrin, recomposé par Moreau à la manière d'Émile Gallé, ne pouvait que séduire l'écrivain ; la nature réinventée préfigure le penchant pour l'artifice de Des Esseintes dans sa thébaïde raffinée. Avec cette peinture, Gustave Moreau ouvre ici le territoire de l'art nouveau.

En 1889, Huysmans contemple une nouvelle fois la néréide, juste avant l'ouverture au public de l'Exposition universelle, ainsi que *Le Jeune Homme et la mort* (Cambridge [Mass.], Fogg Art Museum), exposé cette année-là[14].

Jean Lorrain lui fait parvenir en 1897 son recueil de poèmes *L'Ombre ardente*, qui contient le sonnet *Galathée*, dont Moreau eut la primeur. Lorrain l'envoie au peintre en juin 1893, accompagné d'une lettre s'achevant ainsi : « Ci-joint une

Galathée qui vous plaira peut-être, croquée d'après qui vous le devinez[15] ». Si l'on ne sait rien des réactions de Moreau à la lecture du sonnet, en revanche celles de Huysmans nous sont connues par une lettre qu'il adresse au poète au début d'août 1897 :

> J'étais sûr avec vous de n'être point déçu... [...] Ah ! le détestable et prestigieux magicien que vous faites !... Et l'on se reprend au volume avec la surprise toujours joyeuse d'êtres exquis comme votre Galathée qui vaut celle de Moreau [...] Ce sont allégresses dont il faut vous dire gratitude[16].

Huysmans aime ce sonnet, qui ressuscite la beauté de *Galatée*, la nymphe aimée « Du Cyclope batteur et ciseleur de Fer[17] ».

1. **Galatée** (ill. p. 36)
Huile sur bois
H. 85,5 ; L. 66
S. b. dr. en rouge : *- Gustave Moreau -*
Paris, musée d'Orsay, R.F. 1997-16

2. **Polyphème**
Huile sur toile
H. 49,5 ; L. 60
S. b. g. : *- Gustave Moreau -*
Paris, musée Gustave-Moreau, Cat. 624

3. **Galatée**
Huile sur bois
H. 46,6 ; L. 37,7
Paris, musée Gustave-Moreau, Cat. 262

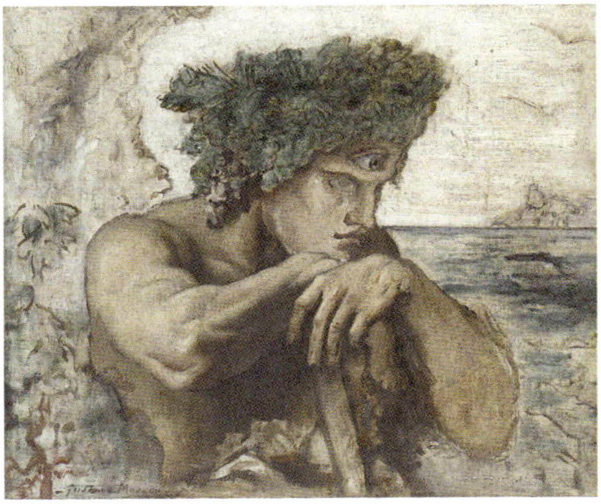

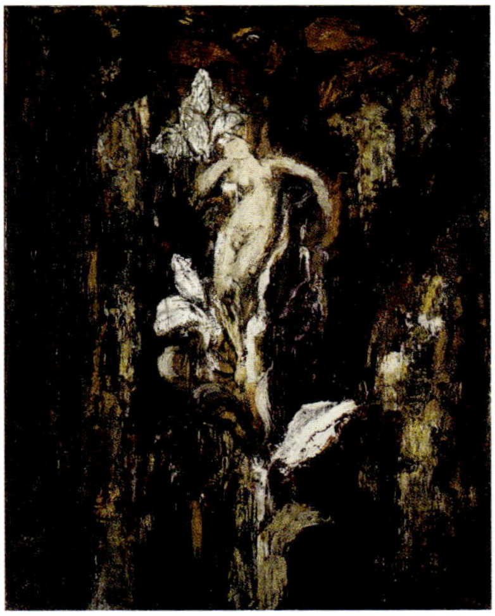

2. 3.
4.

4. **Galatée**
Huile sur toile
Monogramme b. d. : *- G M -*
H. 230 ; L. 120
Paris, musée Gustave-Moreau, Cat. 100

5. **Galatée**
Aquarelle, gouache, mine de plomb
S. b. c. : *Gustave Moreau*
H. 28 ; L. 16
Paris, musée Gustave-Moreau, Cat. 529

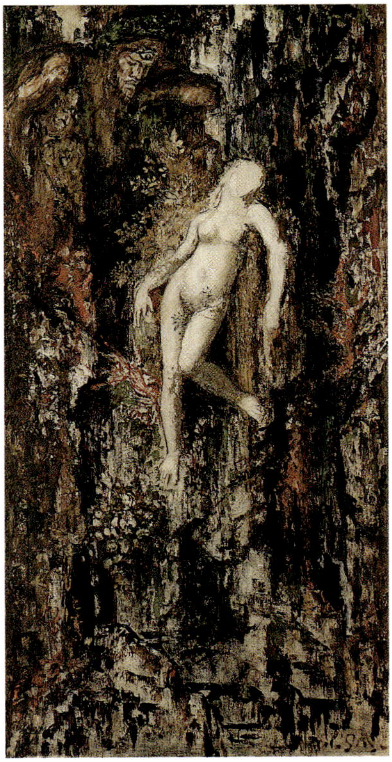

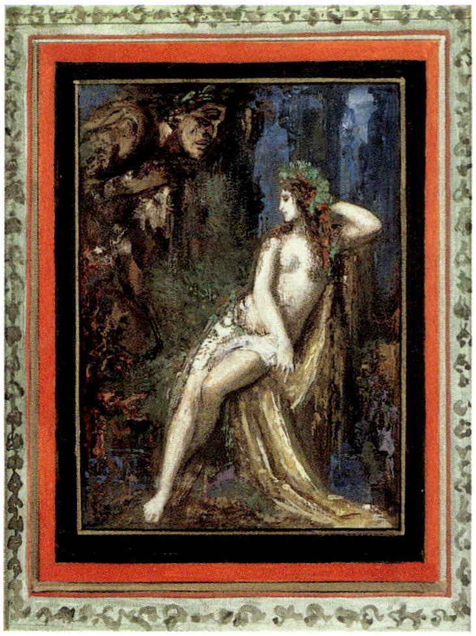

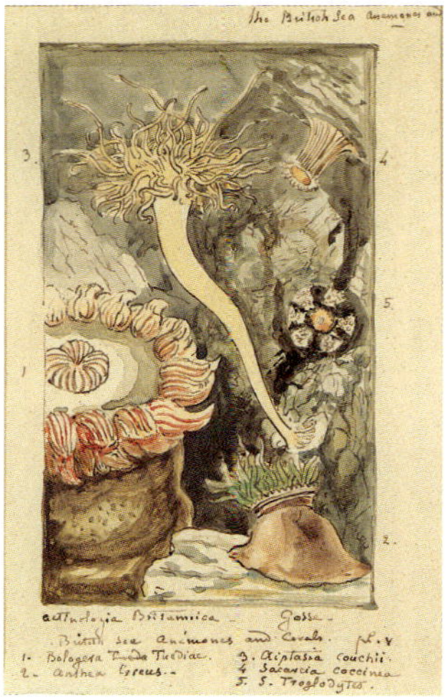

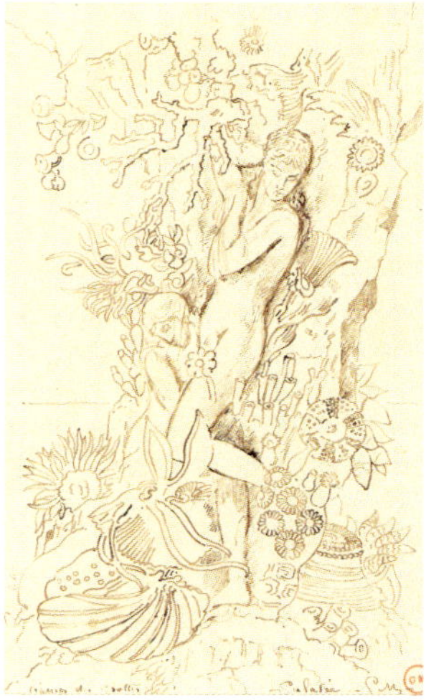

5.
6b.
7a.

6. a. Étude de plantes marines utilisées pour *Galatée*
Aquarelle, plume et encre brune
sur papier calque contrecollé
H. 23 ; L. 14,8
Inscr. b. g. à la plume et encre brune : *1.5. Corgnactis vividis/6 Bologena eques./7 Zoanthus Sulcatus/8 Z. Alderi/ Actinologia Britannica gosse ;* b. dr. à la plume et encre brune. : *pl. IX./9-10 Oaths gonghu./11 aureliana augusta/ 12. a. H [1 lettre effacée] terogena/13 Capnea Sanguinea./ British Sea anemonesss and Corals*
Indexation sur le bord gauche à la plume et encre brune de haut en bas : *3/4/5./6/7*
Indexation sur le bord droit à la plume et encre brune : *1/2/12/13/13/11*
Paris, musée Gustave-Moreau, Cat. 293-1

6. b. Étude de plantes marines utilisées pour *Galatée*
Aquarelle, plume et encre brune
sur papier calque contrecollé. H. 23 ; L. 14,8
Inscr. h. dr. à la plume et encre brune : *The British Sea anemones and* ; b. g. à la plume et encre brune : *Actinologia Britanica -/British Sea anemones and corals. Pl. V/1. Bologena ~~Tueda~~ tuediae./2 - Anthea Cereus. -* ; b. dr. à la plume et encre brune : *Gosse -/3. Aiptasia couchii./ 4 Sacantia coccinea/5. S. Troglodytes.*
Indexation sur le bord gauche à la plume et encre brune : *3./1*
Indexation sur le bord droit à la plume et encre brune : *4./5./2.*
Paris, musée Gustave-Moreau, Cat. 293-2

7. a. Étude de figures des grottes pour *Galatée*
Plume et encre brune sur papier calque contrecollé
H. 25 ; L. 15,5 (vue)
Monogrammé b. dr. : - GM -
Inscr. b. g. : *figures des grottes* ; b. dr. : *- Galatée*
Paris, musée Gustave-Moreau, Des. 591

7. b. Étude de figures des grottes pour *Galatée*
Plume et encre brune sur papier calque contrecollé
H. 26,4 ; L. 17,2 (vue)
S. b. dr. : *Gustave/G. Moreau -*
Inscr. b. g. : *- figures dans les grottes -* ; b. dr. : *Galatée*
Paris, musée Gustave-Moreau, Des. 592

7. c. Étude pour une variante de *Galatée*
Plume et encre brune
sur papier calque contrecollé
H. 38,8 ; L. 23,4 (vue)
S. b. c. à la mine de plomb : *Gustave Moreau -*
Paris, musée Gustave-Moreau, Des. 593
Ce dessin est à mettre en rapport avec une variante de *Galatée* achetée à Gustave Moreau par Charles Éphrussi et reproduite dans Pierre-Louis Mathieu, *Gustave Moreau. Monographie et nouveau catalogue de l'œuvre achevé*, Courbevoie, ACR Édition, 1998, p. 347, n° 228.

7. d. Étude de Galatée pour *Galatée*
Plume et encre brune sur papier calque contrecollé
H. 35 ; L. 23,7 (vue)
Paris, musée Gustave-Moreau, Des. 594

8. Étude pour *Galatée*. Composition d'ensemble
Plume et encre brune, gouache blanche sur papier beige
H. 19,8 ; L. 17,8 (vue)
S. b. dr. à l'encre brune : *- Gustave Moreau -*
Inscr. b. c. à l'encre brune : *- Galatée -*
Paris, musée Gustave-Moreau, Des. 978

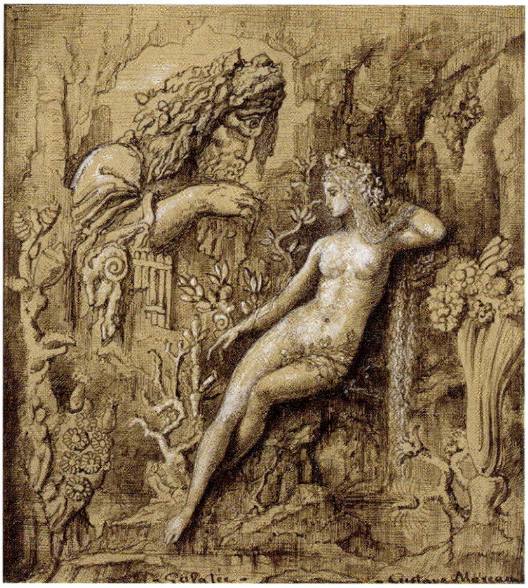

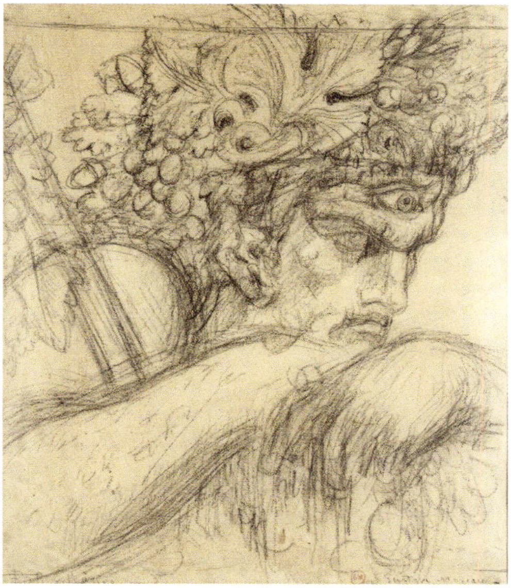

8.
9.

9. Étude de Polyphème pour *Galatée*
Pierre noire sur papier calque contrecollé
H. 39,8 ; L. 35 (vue)
S. b. dr. : - *Gustave Moreau* -
Inscr. b. g. : *Polyphème*
Paris, musée Gustave-Moreau, Des. 3230

10. Étude pour Polyphème en rapport avec *Galatée* et tête de vieillard de profil
Plume, encre noire, mine de plomb sur papier calque
H. 20,5 ; L. 25,9 (vue)
S. h. g. : - *Gustave Moreau* -
Monogrammé b. dr. : - *GM* -
Paris, musée Gustave-Moreau, Des. 3260

11. Étude de Polyphème pour *Galatée*
Plume, encre brune sur papier calque
H. 24 ; L. 19 (vue)
Paris, musée Gustave-Moreau, Des. 3281

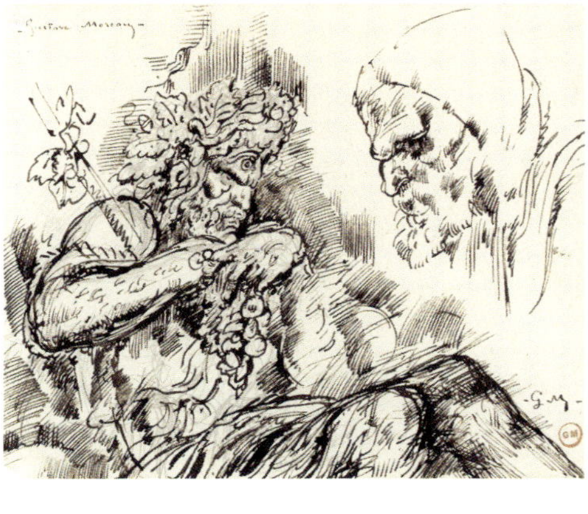

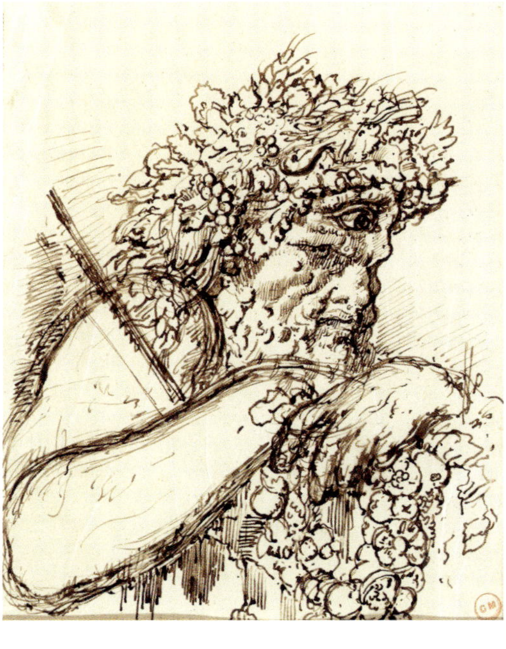

10.
11.

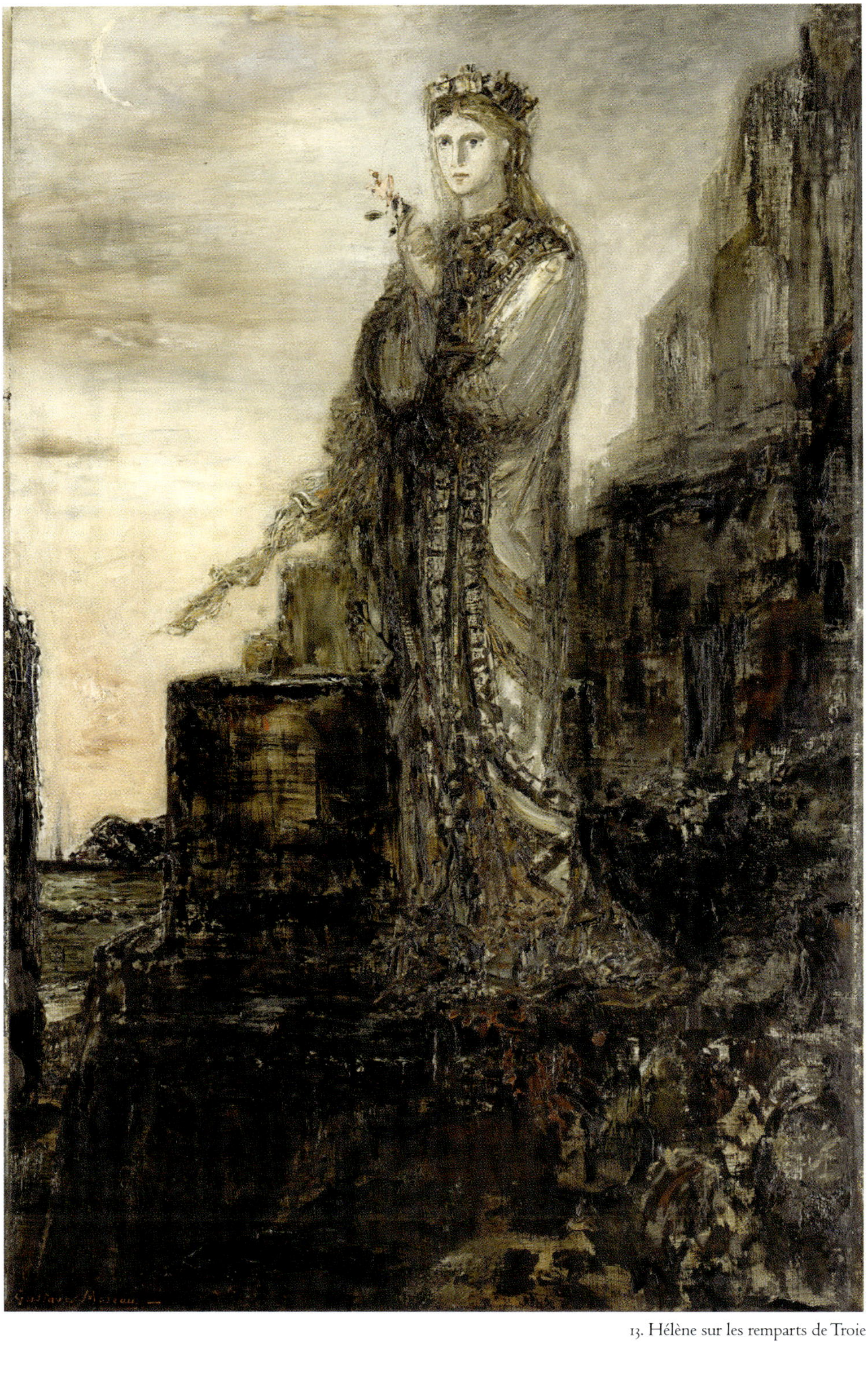

13. Hélène sur les remparts de Troie

HÉLÈNE

Comme *Galatée, Hélène* a été exposée pour la première fois au Salon de 1880. Cette œuvre de la maturité de l'artiste a appartenu à la collection Jules Beer. Elle a été vendue 27 500 francs à la galerie Georges Petit, le 29 mai 1913, au décès du collectionneur. On ignore qui en fut l'acquéreur et on en a perdu la trace. Nous ne la connaissons que par des reproductions en noir et blanc qui éteignent sa palette, gomment ses aspérités et ne laissent rien supposer de l'animation de sa surface[18]. Ary Renan la décrit en ces termes dans l'importante étude qu'il consacre à Gustave Moreau en 1900 :

> Le tableau est une pure œuvre romantique, la dernière fleur du romantisme peut-être. Il a toute la saveur d'un vitrail ; il est peint de premier jet, avec de franches coulées, des empâtements, des accents généreux, largement affirmés ; ces bruns chauds, qui sont la ressource du chiaroscuro, servent de base tonique à la fougueuse symphonie et, d'un angle à l'autre, on sent que l'inspiration a soufflé dans le cœur du poète et dans l'esprit du peintre une ardeur peu commune en leur œuvre[19].

L'artiste a réalisé de nombreuses variantes d'*Hélène.* Toutes sont conservées au musée Gustave-Moreau, à l'exception de trois. La première connue, un dessin daté de 1881, reprend dans un format plus réduit les directions de l'œuvre du Salon. Le peintre en fit don à Jean Bourdeau[20]. La seconde, *Hélène sur les remparts de Troie,* une aquarelle, fut la propriété de la comédienne Julia Bartet, avec laquelle le peintre était lié. De la troisième, il n'existe aucune reproduction, sa trace ayant été perdue après la vente du 27 juin 1924 à l'hôtel Drouot, où elle fut achetée 6000 francs.

De même que *Galatée, Hélène* fut très commentée. Philippe de Chennevières, directeur des Beaux-Arts, y voit une figure tragique :

> Quand à l'Hélène promenant sa mélancolique et fatale beauté sur les murs de Troie dont les fossés sont comblés par les entassements des nobles cadavres de héros morts pour elle, sorte de statue du destin ému de ses involontaires ravages, je ne connais point d'image plus terrible et plus tragique[21].

Dans une éloquente apologie de l'art de Moreau, Louis de Fourcaud livre une analyse de la psychologie d'un peintre perçu comme d'un idéalisme forcené, peu soucieux du vulgaire, mais incarnant, au-delà de ses bizarreries, les inquiétudes de son époque[22].

Gustave Moreau, au début de sa carrière, en 1854, avait réalisé deux œuvres de même dimension, se faisant pendant, et constituant un prélude au tableau du Salon de 1880 : la première, évoquée par Ary Renan, est « un curieux *Jugement de Pâris* (à M. Bessoneau d'Angers), composition très peuplée et riche en épisodes ; – traitée dans le goût de l'école de Fontainebleau[23] » ; la seconde, intitulée l'*Enlèvement d'Hélène,* illustre le rapt qui provoqua la guerre de Troie. Pour concevoir *Hélène,* qui se situe dans leur prolongement narratif, Moreau s'inspire du livre III de l'*Iliade*[24]. Hélène, présente sur les remparts, vient d'apprendre l'imminence du duel qui doit opposer son époux Ménélas, roi de Sparte, à son ravisseur troyen, Pâris. Grecs et Troyens ont cessé le combat et, sur les hauteurs de la forteresse, les vieillards se sont assemblés :

> Dès qu'Hélène parut aux regards de ces Sages,
> Une tendre surprise enflamma leurs visages.
> « Qui pourroit s'étonner, se disoient-ils entr'eux,
> Qu'ici depuis neuf ans tant de Héros fameux
> Disputent sa conquête et combattent pour elle ?
> Sur le trône des Cieux, Vénus n'est pas plus belle.
> Mais, quel que soit l'amour qu'inspirent ses
> attraits, Puisse Ilion bientôt la perdre pour Jamais !
> Qu'elle parte, et qu'enfin à son époux rendue,
> Elle éloigne la mort sur ces lieux suspendue[25].

Les vers d'Homère, dont s'inspire Moreau, disent la beauté fatale de la fille de Zeus et de Léda, et font d'elle une figure puissamment tragique. Mais cet antique portrait d'Hélène ne suffit pas : Moreau le confronte à celui, plus moderne, de Goethe dans le second *Faust* [26]. Pierre Pinchon a finement analysé la portée universelle que Moreau donne à Hélène : elle incarne, selon le souhait de Goethe, l'Éternel féminin[27].

« Je suis obligé de tout inventer, ne voulant sous aucun prétexte me servir de la vieille friperie grecque classique[28] », écrit Moreau, dont la phrase s'applique à *Hélène*. Il invente, en effet, une figure atemporelle mais qui possède des caractères qui la rendent emblématique de ce XIXe siècle finissant. Le peintre Jules Breton salue la modernité d'un coloriste dans lequel les artistes du XXe siècle se reconnaîtront :

> Plus imaginatif par la couleur que par la forme, il interprète en coloriste précieux et dramatique en même temps, les mythes antiques qu'il déforme en y introduisant des symboles modernes. Car il est très moderne, ce byzantin dont la fantaisie mêle des étrangetés très neuves à des aspirations vers je ne sais quelle Inde monstrueuse, cet artiste bizarre, sorte de nécromant qui évoque les morts en invoquant l'avenir[29].

Moreau conçoit une Hélène hiératique, d'une idéale beauté, debout sur les remparts où gisent les corps des guerriers, parmi lesquels on reconnaît des personnages qui reviennent de manière récurrente dans son œuvre : le roi, le soldat, le poète, identifiables à leurs attributs, la couronne, le bouclier, la lyre.

Comme *Galatée*, *Hélène* a séduit les poètes, Albert Samain, Jules Laforgue, Robert de Montesquiou, Julián del Casal, Théodore de Banville et Jean Lorrain[30]. Huysmans, dans son « Salon officiel de 1880 », la décrit comme « une divinité malfaisante qui empoisonne, sans même qu'elle en ait conscience, tout ce qui l'approche ou tout ce qu'elle regarde et touche[31] ». Il n'y a rien d'étonnant à ce qu'il en fasse la sœur de Salammbô, l'héroïne de Flaubert. Dans son commentaire, il rejoint la description que Moreau a lui-même laissée de Salomé : même hiératisme, même vêtement qui est « comme une châsse ». De femmes, elles deviennent de funestes idoles qui traversent la vie la fleur à la main. Réinventer des sujets classiques, voilà la grande force de Moreau, de celui qui revendique, toute sa vie, le titre de peintre d'histoire.

12. Hélène sur les remparts de Troie (ill. p. 74)
Huile sur toile
H. 63 ; L. 30
Monogramme b. dr. : *G M.*
Paris, musée Gustave-Moreau, Cat. 135

13. Hélène sur les remparts de Troie (ill. p. 42)
Huile sur toile
H. 95 ; L. 50
S. b. g. : *- Gustave Moreau -*
Paris, musée Gustave-Moreau, Cat. 205

14. Hélène sur les remparts de Troie
Aquarelle
H. 33 ; L. 24,5
S. b. g. : *- Gustave Moreau -*
Inscr. b. dr. à la peinture rouge : *- HÉLÈNE -*
Paris, musée Gustave-Moreau, Cat. 483

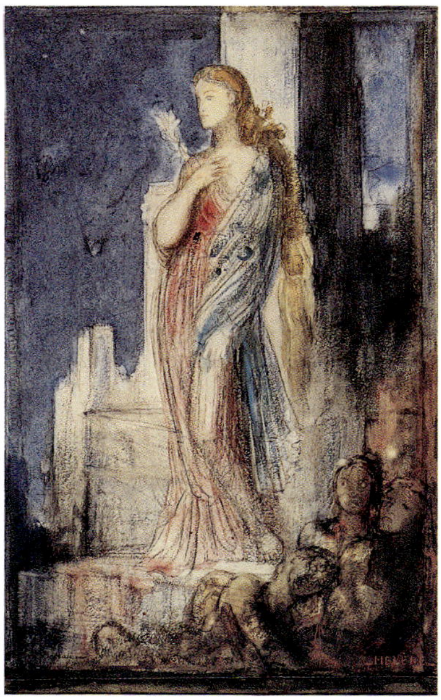

14.

15. a. Étude d'Hélène en rapport avec *Hélène*
Mine de plomb sur papier quadrillé
H. 12 ; L. 5,6
Paris, musée Gustave-Moreau, Des. 575

15. b. Étude pour Hélène. Composition d'ensemble
Plume et encre brune, mine de plomb
H. 25,3 ; L. 15,4 (vue)
Paris, musée Gustave-Moreau, Des. 576

15. c. Étude d'Hélène sur les remparts de Troie en rapport avec *Hélène*
Mine de plomb sur papier quadrillé
H. 12 ; L. 5,5
Paris, musée Gustave-Moreau, Des. 577

15. d. Étude d'Hélène sur les remparts de Troie en rapport avec *Hélène*
Mine de plomb sur papier quadrillé
H. 12,5 ; L. 6,2
Paris, musée Gustave-Moreau, Des. 578

15. e. Étude d'Hélène sur les remparts de Troie en rapport avec *Hélène*
Mine de plomb sur papier crème
H. 15,2 ; L. 7,9
Paris, musée Gustave-Moreau, Des. 579

15. f. Étude d'Hélène pour *Hélène*
Plume et encre brune, mine de plomb
H. 31,7 ; L. 15,4 (vue)
S. b. c. à l'encre brune : - *Gustave Moreau*.-
Inscr. b. g. à l'encre brune : *Hélène*
Paris, musée Gustave-Moreau, Des. 580

15. g. Étude inversée d'Hélène sur les remparts de Troie en rapport avec *Hélène*
Plume et encre brune sur calque contrecollé
H. 32 ; L. 13 (vue)
Paris, musée Gustave Moreau, Des. 581

15. h. Étude d'Hélène sur les remparts de Troie en rapport avec *Hélène*
Plume et encre brune sur calque contrecollé
H. 33 ; L. 14,4 (vue)
Paris, musée Gustave-Moreau, Des. 582

16. Étude d'Hélène en buste en rapport avec *Hélène*
Plume et encre noire sur papier
H. 30 ; L. 19,6
Paris, musée Gustave-Moreau, Des. 12861

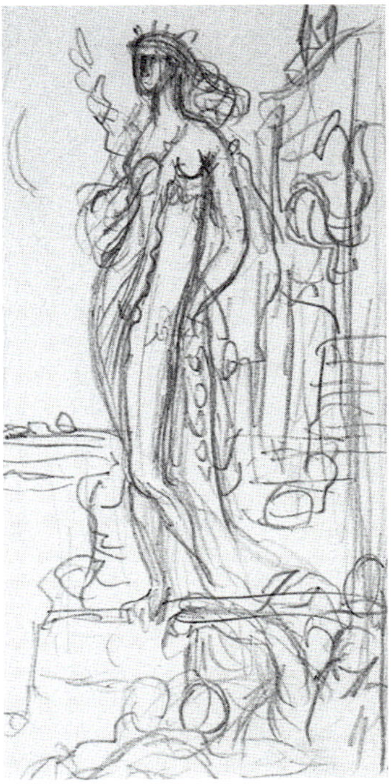

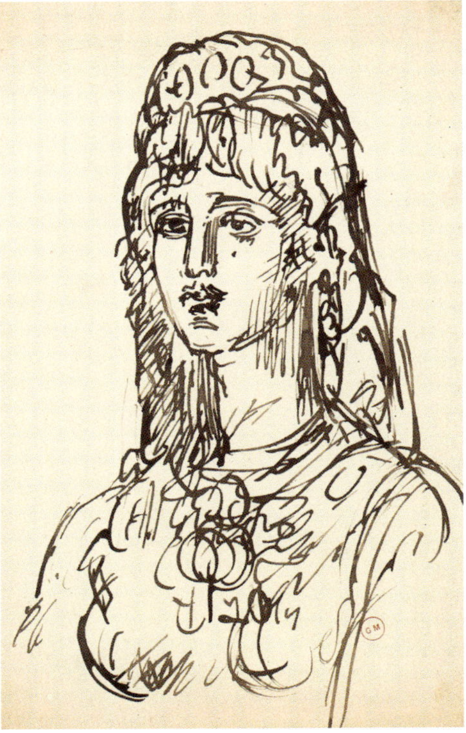

15e.
16.

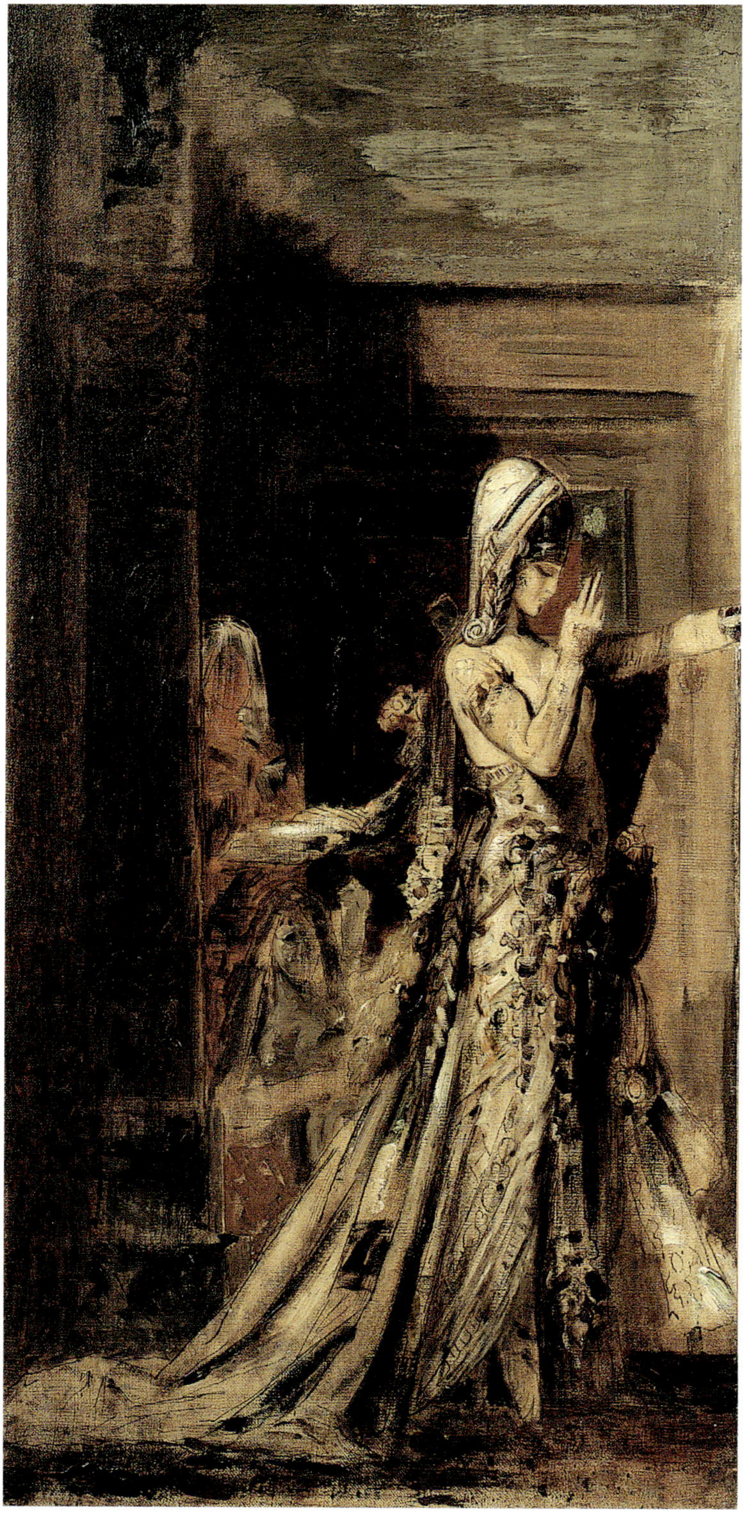

17. Salomé

Salomé, L'Apparition

Huysmans, *À rebours*, [mai] 1884.

Le chapitre V d'*À rebours* consacre *Salomé* (Los Angeles, The Armand Hammer Museum of Art and Cultural Center) et *L'Apparition* (Paris, musée du Louvre, département des arts graphiques, fonds du musée d'Orsay. Ill. hors catalogue, p. 81). La contemplation des deux œuvres, accrochées dans son cabinet de travail, plonge des Esseintes, le héros du roman, dans un ravissement quasi mystique. Leur description est un véritable poème en prose où les rêves, les cauchemars, mais aussi les fantasmes de l'auteur et de son personnage fusionnent. La cruelle ballerine hante Des Esseintes, l'obsède, comme en témoigne ce retour sur image au chapitre XIV :

> Combien de soirs, sous la lampe éclairant de ses lueurs baissées la silencieuse chambre, ne s'était-il point senti effleuré par cette Hérodiade qui, dans l'œuvre de Gustave Moreau maintenant envahie par l'ombre, s'effaçait plus légère, ne laissant plus entrevoir qu'une confuse statue, encore blanche, dans le brasier éteint des pierres[32] !

Salomé et *L'Apparition* ont été exposées, pour la première fois, au Salon de 1876 où Moreau fait un retour fracassant après six années de silence. Si rien n'atteste que Huysmans ait pu les admirer à cette date, nous avons en revanche la certitude, par son compte rendu du « Salon de 1880 » publié le 1er juin 1880 dans *La Réforme*, qu'il les a vues en 1878, à l'Exposition universelle.

Qu'ils soient hostiles ou enthousiastes, les critiques apparaissent troublés, ou décontenancés, devant ces œuvres, où Moreau déploie ses sortilèges, conçoit des images énigmatiques pour lesquelles les mots font défaut. Salomé est sans doute, à cet égard, l'une des créations les plus abouties du peintre, qui fait jouer toutes les ressources de son art, en particulier celles de la suggestion, prônée par Mallarmé. Pour Émile Blavet, sa technique est un mystère qui attise l'intérêt :

> Comment procède l'artiste pour obtenir ces dégradations infinies de teintes, ces splendeurs voilées qu'aucune distance n'affadit et ne détrempe ? Il couture, il gaufre de pâtes sèches, surempâte, sculpte, nielle, que sais-je encore. C'est riche de tous les trésors de Golconde et de l'Himalaya sertis là par des sorciers ivres de féeries[33].

Moreau réinvente un épisode dont maints artistes avant lui s'étaient emparés avec talent. Comme eux, il est probablement revenu aux Évangiles de Matthieu et de Marc[34]. Tous deux évoquent la mort de saint Jean-Baptiste. Le premier la narre en ces termes :

> Or, un jour de la naissance d'Hérode, la fille d'Hérodiade dansa au milieu de sa cour, et plut à Hérode. De sorte qu'il lui promit avec serment de le lui donner tout ce qu'elle demanderoit. Elle, poussée par sa mère : Donnez-moi, dit-elle, ici dans un bassin, la tête de Jean-Baptiste. Et le roi contristé ; mais à cause du serment et de ceux qui étoient à table avec lui, il commanda qu'on la lui donnât. Et il envoya décoller Jean dans sa prison. Et sa tête, apportée dans un bassin, fut donnée à la jeune fille, qui la porta à sa mère.

Saint Marc fait un récit assez semblable, sobre et peu détaillé. Salomé apparaît chez les deux évangélistes comme un personnage subalterne ;

18.
Salomé
(variante)

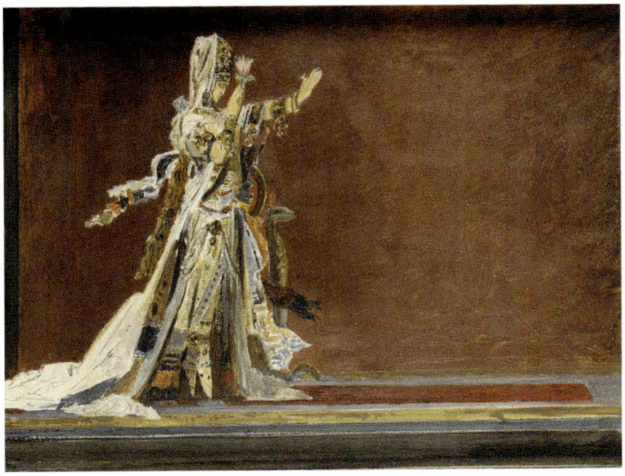

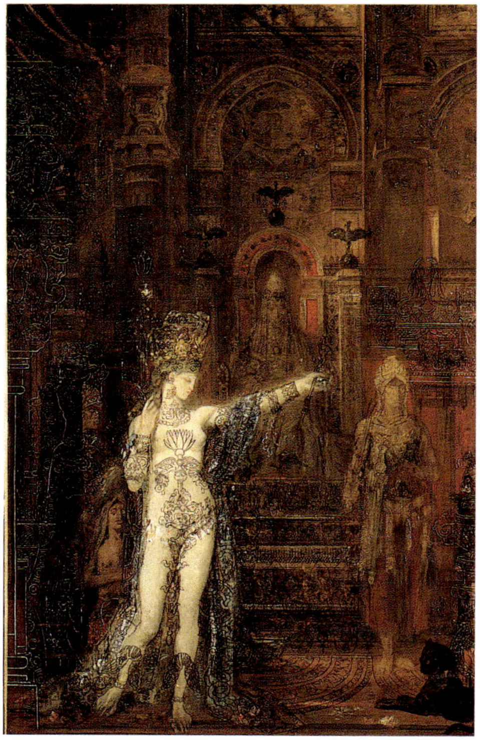
20.

elle n'est pas l'instigatrice du crime et n'est pas même nommée. Il faut chercher son nom dans l'*Histoire ancienne des Juifs* de Flavius Josèphe, qui restitue, en outre, sa généalogie et nous apprend que Salomé est issue de la dynastie des Hérodiens et qu'Hérodiade, sa mère, a transgressé la loi en épousant le frère de son premier mari. La dénonciation publique de ce sacrilège par saint Jean-Baptiste aboutit à l'emprisonnement du prophète, puis à sa décollation.

Avec *L'Apparition*, devenue l'icône du symbolisme, Moreau s'écarte délibérément de l'iconographie traditionnelle, subvertit les donnés bibliques et offre un prolongement à la scène de la danse, dans *Salomé*, où le drame est latent. Dans *L'Apparition*, le drame éclate, violent, terrifiant, fascinant. Cette œuvre est à l'origine d'une abondante littérature. De nombreux poètes en ont célébré les mystères, parmi lesquels Julián del Casal, Henri Cazalis, Stuart Merril, Albert Samain[35]. Jean Lorrain, visitant le 1er février 1899 le musée du Luxembourg où l'aquarelle est exposée, exprime son enthousiasme :

> voici la merveille des merveilles, la fameuse aquarelle de *L'Apparition*, la *Salomé dansant devant Hérode* dans sa nudité cuirassée de joyaux, le geste fatidique de son bras tendu vers la tête décollée du prophète, et l'énigmatique et muette figure voilée du bourreau : figure sombre, comme tout l'Orient mystérieux de la Bible et que nous retrouvons dans une autre petite aquarelle voisine, comme dans toute cette architecture de splendeur et de rêve, empruntée on dirait à un prestigieux Saint-Marc : voûtes de porphyre, de métal et de jaspe sous lesquels Gustave Moreau aime à asseoir la songerie accablée de ses rois[36].

Henri de Régnier a, lui aussi, commenté *L'Apparition*, dans une page de son journal, en mai 1887 :

> *L'Apparition*, Huysmans l'a décrite en mots inoubliables, seulement il a rendu le tableau plus étincelant qu'il n'est. [...] La tête du saint est terrible – La chevelure tombante se prolonge en mèches et, autour d'un nimbe de mosaïques, rayonne la vertigineuse auréole, blanche, et qui semble tourner comme une roue vibrante[37].

Même si le roman se détache des théories de l'école de Zola, Huysmans utilise toujours, pour décrire le chef-d'œuvre de Moreau, la méthode naturaliste, fondée sur la recherche documentaire. Afin d'offrir une description fidèle de Salomé, il en acquiert une reproduction, dès 1882[38]. Dix ans plus tard, le 13 janvier 1892, l'abbé Mugnier écrit dans son journal qu'il a vu la reproduction de *L'Apparition* accrochée à côté d'une *Chimère volante* du même Moreau, dans l'appartement de Huysmans, rue de Sèvres[39]. Huysmans déplore encore, en 1899, dans *Les Gobelins*, l'état déplorable de l'aquarelle donnée par Charles Hayem au musée du Luxembourg[40].

L'intérêt de Huysmans pour *Salomé* et pour *L'Apparition* vient sans doute du fait que ces deux œuvres hors du temps – Ary Renan parle de « mirage[41] » – lui permettent de conjurer son dégoût de l'existence. Mais au-delà de ces fins quasi thérapeutiques, c'est la difficulté à les appréhender qui attise encore son intérêt. Leur caractère érudit et accumulatif ne pouvait que séduire un écrivain critique d'art. L'audacieux Moreau se fait archéologue d'un Orient imaginaire. Donnant sa propre vision d'un orientalisme omniprésent, il affiche son désintérêt de l'exotisme. Il affirme avoir voulu réinventer le sujet en lui donnant un caractère délibérément mystérieux : « dans ma Salomé, je voulais rendre une figure de sibylle et d'enchanteresse religieuse avec un caractère de mystère. J'ai alors conçu le costume qui est comme une châsse[42]. » Dans ses « Notes sur le monde mystérieux de Gustave Moreau », Proust écrit que pour le peintre : « Un tableau est une sorte d'apparition d'un coin d'un monde mystérieux dont nous connaissons quelques autres fragments, qui sont les toiles du même artiste[43]. » Les critiques de l'époque sont décontenancés. Zola, qui commente le Salon de 1876, parle de « devinettes[44] ». Exaspéré, il analyse ce tableau, qu'il est lui-même incapable de décrire, comme une réaction au monde moderne. Dès 1876, le désaccord avec Huysmans est donc latent. Deux ans plus tard, dans son commentaire du Salon de 1878, il anticipe Huysmans : « On ne saurait le comparer à personne », écrit-il en parlant de Moreau, « il n'a pas eu de maître et n'aura pas de disciple[45]. » Huysmans, dans *À rebours*, après avoir cherché les maîtres qui auraient pu présider à l'éclosion d'un tel talent, capitule et fait de Moreau un artiste *unique* : « Sans ascendant véritable, sans descendant possible, il demeurait, dans l'art contemporain, unique[46]. » La seule et furtive rencontre entre les deux hommes a lieu en 1885, grâce à Jean Lorrain. En 1904, vingt ans après la publication d'*À rebours*, Huysmans reste, dans la préface qu'il joint à la nouvelle édition, fidèle au peintre : « La préface de Gustave Moreau, les gravures de Luyken, les lithographies de Bresdin et de Redon sont telles que je les vois encore. Je n'ai rien à modifier dans l'ordonnance de ce petit musée. »

Salomé

17. Salomé (ill. p. 46)
Huile sur toile
H. 80 ; L. 40
Paris, musée Gustave-Moreau, Cat. 880

18. Salomé (variante) (ill. p. 47)
Huile sur bois
H. 23 ; L. 31
Paris, musée Gustave-Moreau, Cat. 611

19. Salomé dansant devant Hérode
Huile sur bois
H. 92 ; L. 61
Paris, musée Gustave-Moreau, Cat. 83

20. Salomé dansant dit Salomé tatouée
Huile sur toile
H. 92 ; L. 60
Paris, musée Gustave-Moreau, Cat. 211

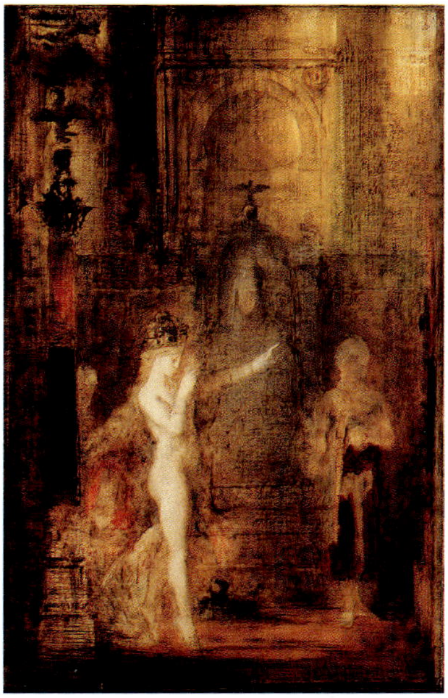
19.

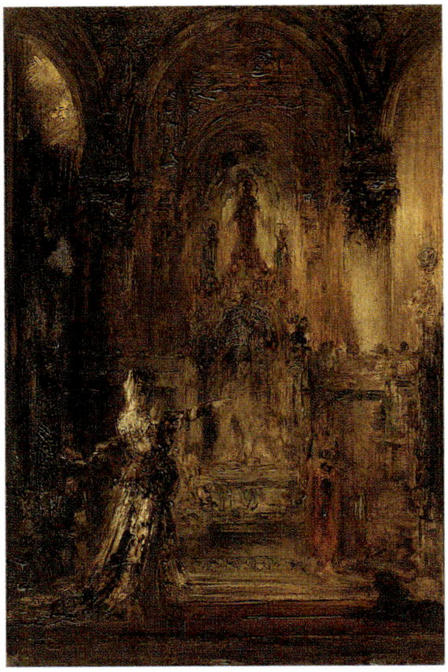

21.
23.

21. Salomé dansant devant Hérode
Huile sur bois
H. 32 ; L. 23,5
Paris, musée Gustave-Moreau, Cat. 751

22. Salomé dansant devant Hérode
Gouache
H. 18,5 ; L. 12,2 (vue)
Paris, musée Gustave-Moreau, Cat. 541

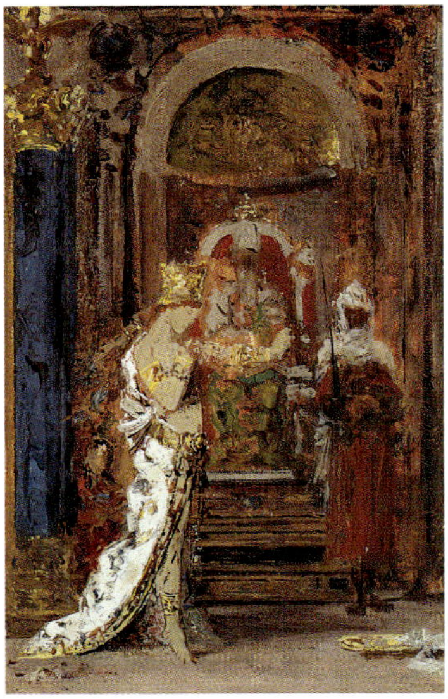

22.
24b.
25.
26b.

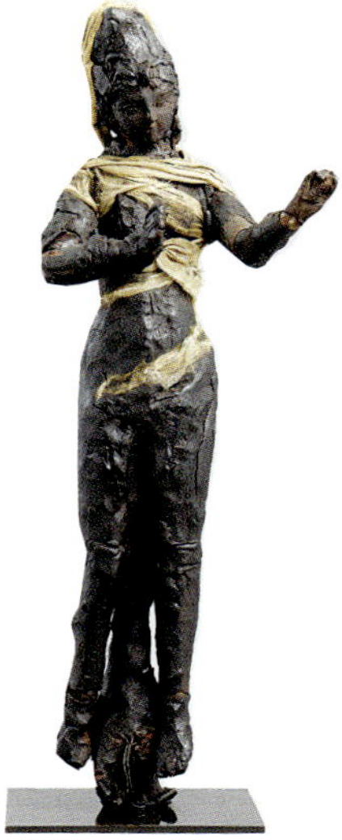

23. Salomé
Mannequin articulé en bois,
cire et tissus
H. 48,2 ; L. 16 ; Ép. 13,4
Paris, musée Gustave-Moreau,
Inv. 14138

24. a. Étude de Salomé pour *Salomé*
Plume et encre noire
sur papier calque contrecollé
H. 43,3 ; L. 27,9 (vue)
Monogrammé b. dr. à la
plume et encre noire : *GM.*
Inscr. b. g. à la plume et encre
noire : *- Salomé -*
Paris, musée Gustave-Moreau,
Des. 2278

24. b. Étude de bourreau pour *L'Apparition*
Mine de plomb sur papier
jaune. Mise au carreau à la mine de plomb
H. 29,7 ; L. 12,9 (vue)
Monogrammé b. g. : *GM.*
S. b. g. : *- Gustave Moreau -*
Inscr. b. dr. : *- Salomé -*
Paris, musée Gustave-Moreau, Des. 2279

25. Étude d'Hérode pour *Salomé*
Pierre noire, mine de plomb, encre noire
sur papier calque contrecollé
H. 35,7 ; L. 22,9 (vue)
S. b. g. à la mine de plomb : *- Gustave Moreau -*
Monogrammé b. dr. à la plume et encre noire : *.GM.*
Inscr. b. g. à la plume et encre noire : *Salomé -*
Paris, musée Gustave-Moreau, Des. 2314

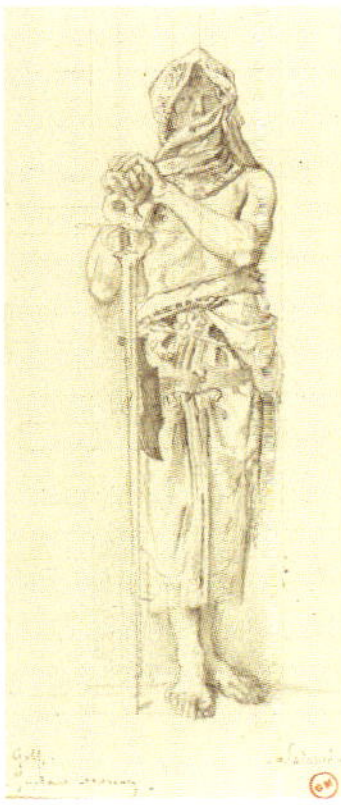

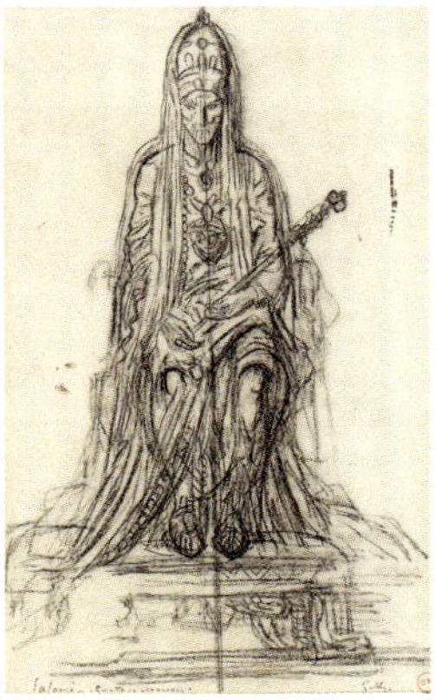

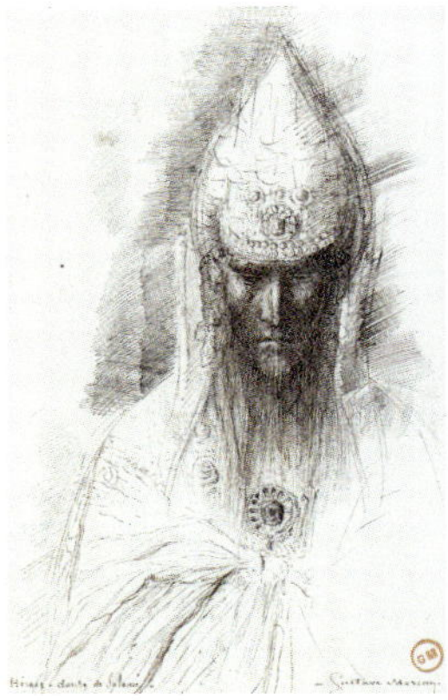

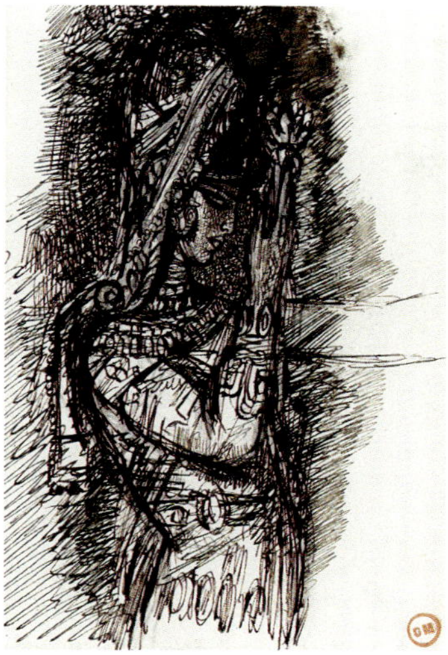

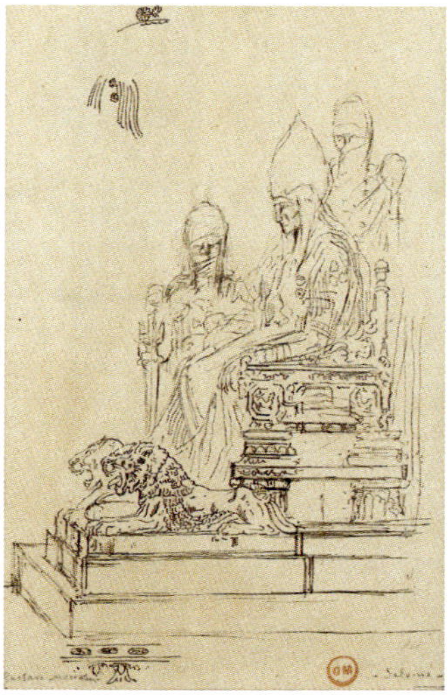

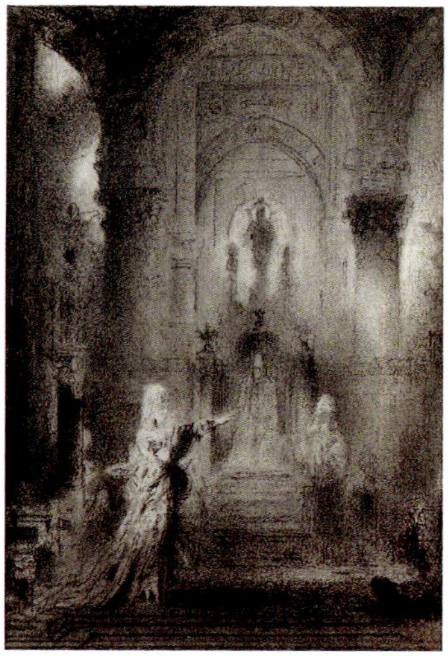

27.
28b.
29d.

26. a. Étude de Salomé pour *Salomé*
Plume et encre noire, mine de plomb sur papier
H. 18,9 ; L. 13,9 (vue)
Paris, musée Gustave-Moreau, Des. 2349

26. b. Étude d'Hérode à mi-corps pour *Salomé*
Plume, encre noire, encre brune
H. 22,8 ; L. 14,9 (vue)
S. b. dr. à la plume et encre brune : *- Gustave Moreau.*
Inscr. b. g. à la plume et encre brune :
- Hérode - danse de Salomé -
Paris, musée Gustave-Moreau, Des. 2350

27. Étude de Salomé à mi-corps de profil pour *Salomé*
Plume et encre noire, mine de plomb
H. 21,6 ; L. 14,8 (vue)
Paris, musée Gustave-Moreau, Des. 2354

28 a. Étude d'Hérode à mi-corps pour *Salomé*
Mine de plomb
H. 19,4 ; L. 13,9 (vue)
Paris, musée Gustave-Moreau, Des. 2365 (NR?

28. b. Étude d'Hérode et deux bourreaux
Plume et encre noire sur papier calque contrecollé
H. 23,4 ; L. 15,4 (vue)
S. b. g. à la mine de plomb : *Gustave Moreau.*
Inscr. b. dr. à la mine de plomb : *- Salomé -*
Paris, musée Gustave-Moreau, Des. 2366
Ce dessin est à rapprocher d'une variante de la *Salomé* du Salon de 1876 (voir catalogue n° 5). Ce groupe de personnages y figurait, faisant face à Salomé, comme en atteste une photographie ancienne (Inv. 16914-6).

29. a. Étude pour *Salomé*. Composition d'ensemble
Mine de plomb. H. 13,5 ; L. 9,9 (vue)
Paris, musée Gustave-Moreau, Des. 2404

29. b. Étude pour *L'Apparition*. Composition d'ensemble
Pierre noire, mine de plomb
H. 11,5 ; L. 8,4 (vue)
Paris, musée Gustave-Moreau, Des. 2405

29. c. Étude pour *Salomé*. Composition d'ensemble
Mine de plomb
H. 16 ; L. 10,6 (vue)
Paris, musée Gustave-Moreau, Des. 2406

29. d. Étude pour *Salomé*. Composition d'ensemble
Pierre noire
H. 22,1 ; L. 14,8 (vue)
Paris, musée Gustave-Moreau, Des. 2407

29. e. Étude pour *L'Apparition*
Plume et encre noire
H. 18,4 ; L. 12,1 (vue)
Paris, musée Gustave-Moreau, Des. 2408

29. f. Étude pour *Salomé*.
Composition d'ensemble avec cadre
Mine de plomb
H. 15,9 ; L. 12,1 (vue)
Paris, musée Gustave-Moreau, Des. 2409

30. a. Étude pour *Salomé*.
Composition d'ensemble avec cadre
Mine de plomb, pierre noire sur papier
H. 13,4 ; L. 12
Paris, musée Gustave-Moreau, Des. 12857

30a.
32.
33.

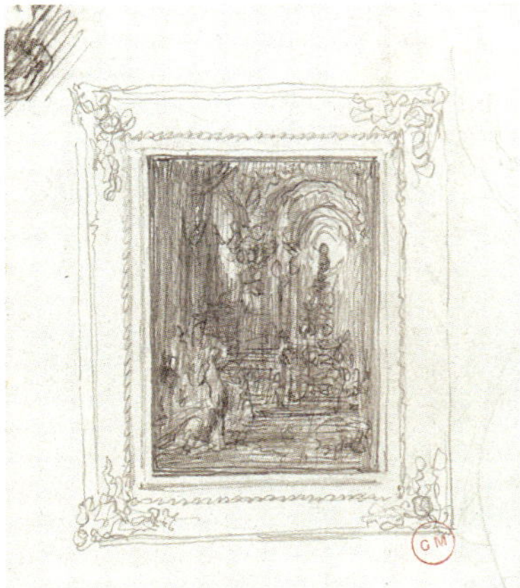

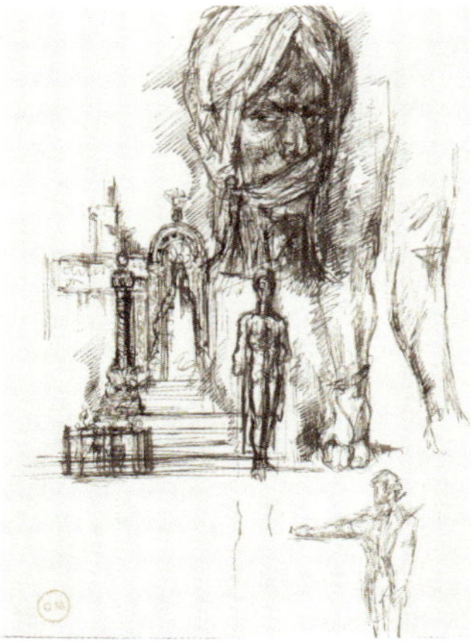

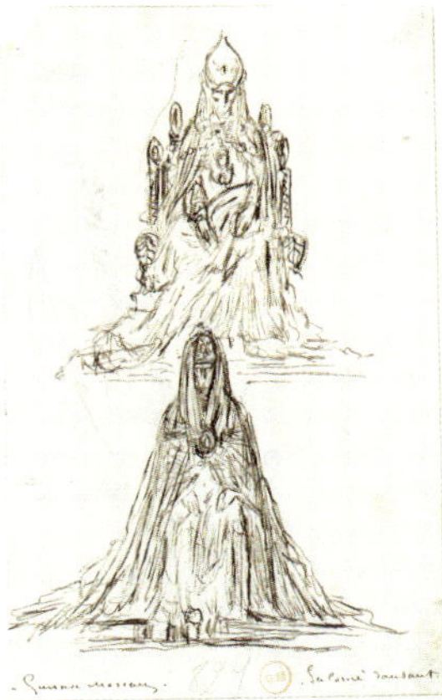

30. b. Étude pour *Salomé*. Composition d'ensemble
Pierre noire sur papier
H. 20,4 ; L. 12,3
Paris, musée Gustave-Moreau, Des. 12958

30. c. Étude pour *Salomé*. Composition d'ensemble
Pierre noire sur papier. Verso : mine de plomb sur papier. H. 13,3 ; L. 10,6
Paris, musée Gustave-Moreau, Des. 13305 recto

31. Étude de Salomé à mi-corps de profil pour *Salomé*
Plume et encre noire, huile sur papier calque contrecollé sur papier
H. 24,9 ; L. 18
Paris, musée Gustave-Moreau, Des. 4840

32. Feuille d'études pour *Salomé* : Hérode assis sur son trône, bourreau debout, tête de bourreau, deux études de jambe, personnage debout bras droit tendu
Plume et encre noire sur papier
H. 14,9 ; L. 19,4
Paris, musée Gustave-Moreau, Des. 10920

33. Deux études d'Hérode pour *Salomé*
Plume et encre noire sur papier
H. 21,7 ; L. 13,9
S. b. g. à la plume et encre noire : - *Gustave Moreau* -
Inscr. c. à la mine de plomb : 827
Inscr. b. dr. à la plume et encre noire : - *Salomé dansant* -
Paris, musée Gustave-Moreau, Des. 10915

34. Étude de Salomé pour *Salomé* (ill. p. 12)
Fusain, sanguine sur papier vergé
H. 63 ; L. 43,8
Inscr. b. g. à la mine de plomb sur une étiquette bordée de bleu : *1097*
Paris, musée Gustave-Moreau, Des. 11966

L'APPARITION

35. L'Apparition (ill. p. 8)
Huile sur toile. H. 142 ; L. 103
Paris, musée Gustave-Moreau, Cat. 222

36. L'Apparition
Cire sur socle en bois
H. 38,2 ; L. 13,5 ; Pr. 13,4
Paris, musée Gustave-Moreau, Inv. 14139

37. Étude pour *L'Apparition*. Composition d'ensemble
Plume et encre noire, mine de plomb sur papier à lettre de deuil
H. 20,9 ; L. 13,2
Paris, musée Gustave-Moreau, Des. 13298

38. Eugène Gaujean (1850-1900) d'après Gustave Moreau *L'Apparition*
Eau-forte
H. 29,4 ; L. 20,1
H. 34,2 ; L. 25,5 (cuvette)
H. 41,3 ; L. 29,6 (feuille)
H. 63 ; L. 48,1 (montage)
Inscr. b. dr. dans la cuvette : *Gaujean sc.*
Paris, Bibliothèque nationale de France, AA 3
Cette eau-forte paraît pour la première fois dans *L'Art*, t. XIII, 1878.

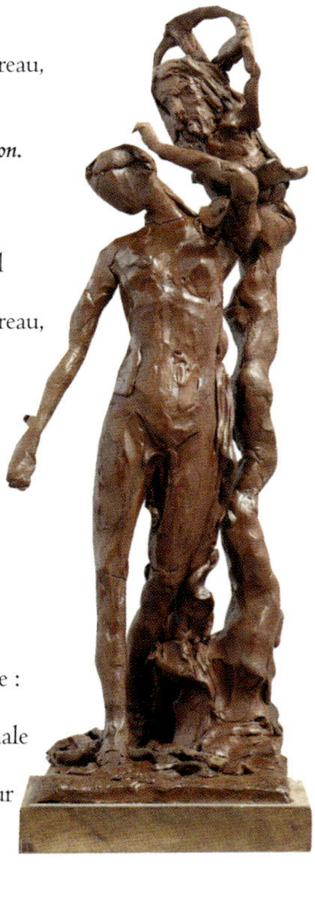

36.

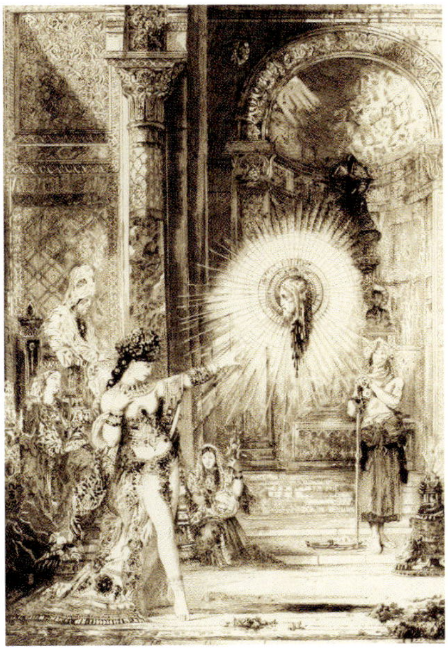

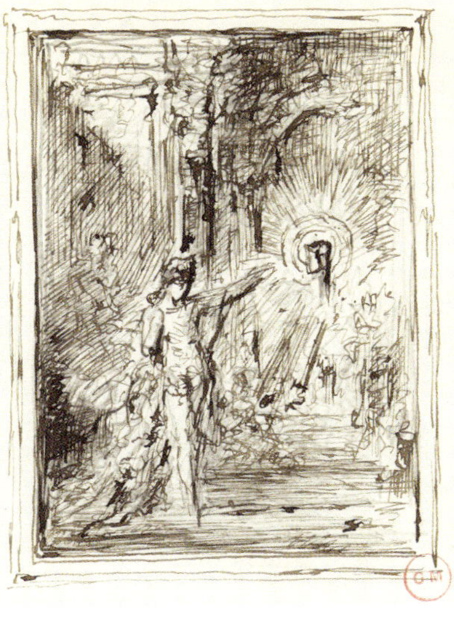

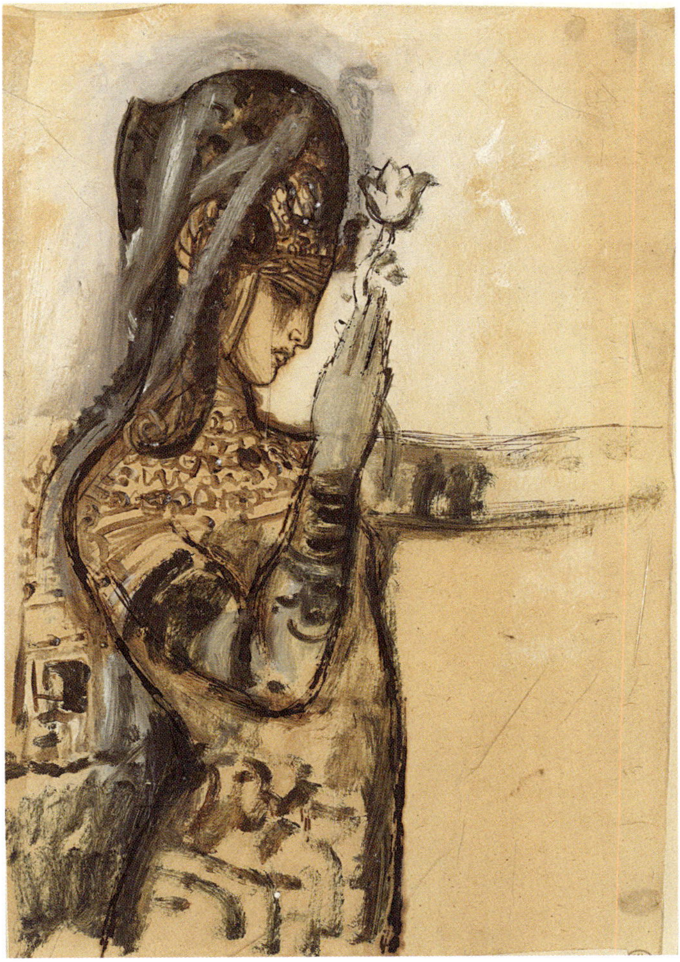

38. 31.
37.

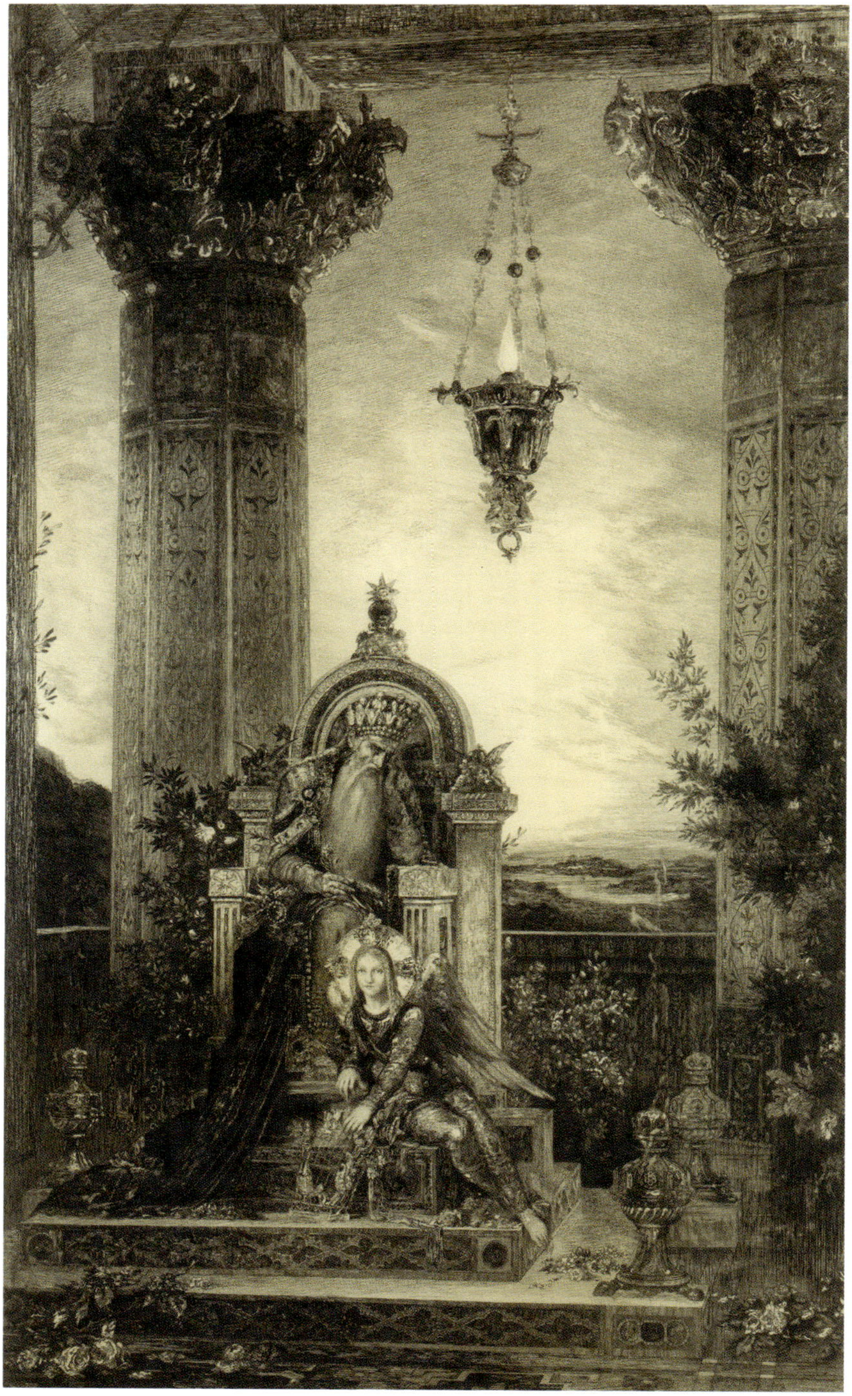

39. Félix Bracquemond (1893-1914), *Le Roi David,* d'après *David* de Gustave Moreau.
Eau-forte. Gravure : H. 60,5 ; L. 37. Gravure + marge : H. 66,8 ; L. 40,4.
Cadre : H. 110 ; L. 83. S. b. cr. : *Gustave Moreau*
Sous la gravure b. dr. : *In progress for popriétor G. Petit.*
Cette eau-forte, exposée au Salon de 1884, valut à Félix Bracquemond une médaille d'honneur.
Paris, musée Gustave-Moreau, Cat. 6.

Le Roi David

Huysmans, « Le Salon officiel de 1884 », *La Revue indépendante*, juin 1884.

Le *David* (Los Angeles, The Armand Hammer collection, UCLA at the Armand Hammer Museum of Art and Cultural Center) de Gustave Moreau est sans doute l'une des plus belles figures de la mélancolie que nous ait léguée le XIXe siècle. C'est à lui peut-être que songe le poète Albert Samain lorsque, le 6 février 1900, méditant sur les œuvres du peintre symboliste, il écrit : « Il y a dans cet art royal, sacerdotal, des mélancolies somptueuses qui me vont très loin. C'est lourd, splendide et triste ; on dirait de l'or qui souffre[47]. »

Accrochée pour la première fois à l'Exposition universelle de 1878, cette peinture est acquise par le marchand Georges Petit. Elle a servi de modèle à une eau-forte de vaste dimension due au talent de Félix Bracquemond (Paris, musée Gustave-Moreau, ill. ci-contre). Pour son élaboration, Bracquemond a bénéficié des conseils de Moreau, à qui il écrit le 20 février 1883 :

> Je viens de terminer d'après votre tableau – *David* – la préparation de la gravure que m'a commandée MM. Petit et Savary. J'ai le plus grand désir d'avoir votre avis pour continuer mon travail, voulez-vous me permettre de vous soumettre mon eau-forte et voulez-vous avoir la bonté de me dire quand je pourrais avoir l'honneur de vous voir[48] ?

Le travail du graveur se poursuit avec rapidité, et le 5 février 1884, il sollicite un nouveau rendez-vous pour soumettre au peintre une épreuve de sa gravure en cours d'exécution. L'eau-forte est achevée peu après et exposée au Salon des artistes français. Elle y est accueillie avec enthousiasme et vaut à Bracquemond la médaille d'honneur. Le 28 mai 1884, il fait part à Moreau de son éclatante réussite et lui restitue l'honneur d'avoir imaginé des formes et des couleurs qu'il n'a fait qu'imiter.

En 1885, cette œuvre est exposée au Salon des XX à Bruxelles. Elle figure également en 1900 à la Centennale de l'Exposition universelle à Paris. Elle a beaucoup contribué au renom de l'aquafortiste. Maurice Barrès évoquant sa jeunesse, se souvient :

> On allait à la vitrine du marchand du boulevard Saint-Germain admirer *La Vieillesse du roi David* gravée par Bracquemond, d'après le tableau de Gustave Moreau et que Gabriel Sarrazin admirait si fort que ses amies se cotisèrent pour la lui offrir. J'ai beaucoup aimé cela [...][49].

Le travail de Bracquemond suscite aussi l'admiration du peintre Henri de Groux. Le 10 février 1910, il note dans son journal :

> Curiosité grande sur l'œuvre totale de Gustave Moreau [...]. Jusqu'à présent je ne connais que très peu d'œuvres originales de ce grand artiste [...]. Mais les choses qui m'ont jusqu'ici le plus impressionné sont les œuvres gravées par ce magnifique Bracquemond, sous l'étonnant burin duquel je ne serais même nullement étonné qu'elles aient gagné quelque chose, – surtout en couleur[50] !

Sarah Bernhardt possédait un exemplaire du *David* gravé, fixé sur l'un des murs de son hôtel particulier. Jean Lorrain, dans un article qu'il consacre à l'actrice, publié dans *L'Événement* le 3 novembre 1887, le remarque et en donne une brève description[51]. Moreau possédait trois épreuves de la luxueuse eau-forte. Deux sont accrochées, de part et d'autre d'une crédence, dans la salle à manger de sa maison, rue de la Rochefoucauld ; la troisième garde le souvenir d'un état antérieur.

Le peintre, pour concevoir son tableau, s'est inspiré du Premier Livre des Rois (chap. 1, v. 1-4), dans lequel est évoquée la vieillesse du roi David aux côtés de la Shounamite Abisag (ou Avishag), une jeune femme d'une grande beauté, qui le distrait de sa solitude, mais qu'il ne « connaît » point. Il s'est également souvenu de Joseph de Maistre, qui, dans *Les Soirées de Saint-Pétersbourg*, consacre à l'auteur des *Psaumes* des pages passionnées : « La terreur chez lui se mêle donc constamment à la confiance ; et jusque dans les transports de l'amour, dans l'extase de l'admiration, dans les plus touchantes effusions d'une reconnaissance sans bornes, la pointe acérée du remord se fait sentir comme l'épine à travers les touffes vermeilles du rosier[52]. » L'une des nombreuses études que réalise Moreau pour son David porte l'inscription suivante, qui confirme qu'au moment où il conçoit son tableau, l'artiste s'intéresse bien aux écrits de Maistre : « voir second V[olume] de de Maistre *Soirées de S[ain]t-Pétersbourg* / David pleurant dans son palais ses fautes et ses crimes[53] ». En septembre 1884 il a établi une « liste des livres brochés donnés à relier[54] » où figurent *Les Soirées de Saint-Pétersbourg*. L'édition de 1870, chez Pélagaud- Roublot, en deux tomes, ainsi que les *Lettres et opuscules inédits*[55], figuraient dans sa bibliothèque.

Le peintre a écrit plusieurs textes concernant *David* [56]. Tous se font l'écho de son pessimisme. L'un d'eux, écrit pour sa mère sourde, est chargé de désespoir :

> David, poète-roi, ayant épuisé toutes les formes de la poésie terrestre et ne trouvant dans son âme qu'un vide immense et qu'une soif inassouvie et inextinguible d'idéal et de divin, tombe dans une mélancolie profonde [...]. Un ange emblème de son âme et de ses dons de poète et de chantre, tient attristé la harpe brisée à ses pieds. C'est sa plainte son inspiration rendue visible. C'est l'éternelle souffrance du poète et du penseur sur la terre, aux heures de découragement et de tristesse[57].

Dans la figure du psalmiste, Moreau s'est symboliquement portraituré. Il apparaît, la tête douloureusement posée sur la main. Dans une belle étude exécutée à la mine de plomb, il a ajouté à cette symbolique de la mélancolie en faisant planer une chauve-souris au-dessus de la tête du roi[58]. Le funeste animal qui « s'en va battant les murs de son aile timide[59] » semble échappé de la célèbre gravure de Dürer ; *Melancholia I*, datée de 1514, dont Moreau possédait une photographie[60].

Moreau évoque son œuvre en ces termes : « Le *David*, la sombre mélancolie de l'âge passé et la tradition si chère aux grands esprits pleurant sur la grande décomposition moderne, l'ange à ses pieds prêt à rendre l'inspiration si l'on consent à écouter Dieu[61]. » Stylistiquement, cette peinture, d'une grande richesse chromatique, doit beaucoup à l'art de Rembrandt, que Moreau a toujours admiré. Une œuvre du maître néerlandais, *Jérémie pleurant la destruction de Jérusalem* (Amsterdam, Rijksmuseum), peut en être rapprochée également. Chez les deux peintres, on constate le même amour des étoffes précieuses, les empâtements généreux, les objets délicatement ciselés.

Il faut compter Huysmans parmi les admirateurs de Bracquemond, dont l'eau-forte est, pour le critique d'art, l'une des rares œuvres à échapper au naufrage que constitue pour lui le Salon de 1884. Dans le compte rendu qu'il publie en juin dans *La Revue indépendante*, il affirme :

> le plus simple maintenant est de se réfugier loin de la peinture au lin dans les salles vides du blanc et du noir où rayonne une superbe gravure d'après le *David* de M. G. Moreau. Dans cette planche M. Bracquemond est parvenu à rendre le mystérieux enchantement de ce grand peintre, la hiératique grandeur du méditant David qui trône dans un palais tapissé avec des fastes fébriles d'une Byzance[62] !

Dans un chapitre de *Certains* intitulé « Des prix », l'écrivain ressuscite le souvenir de l'eau-forte de Bracquemond, qu'il fait figurer dans son musée idéal :

> Puis, dans la salle de blanc et noir des fusains de Redon ; les admirables eaux-fortes de Whistler ; les bonnes pierres du pauvre Bresdin ; les anciens Legros ; *Les Sataniques* de Rops, des Chéret ; enfin avec le battant de porte et la superbe interprétation du *David*, de Moreau par Bracquemond, les scènes intimes de Bonvin[63].

Fables de La Fontaine

Huysmans, *Certains*, [novembre] 1889.

Les aquarelles inspirées des *Fables* de La Fontaine sont au nombre de soixante-cinq[64]. Elles ont été exécutées entre 1879 et 1884, à partir d'une commande du collectionneur marseillais Antony Roux, dont Gustave Moreau fit probablement la connaissance grâce à son ami Élie Delaunay, au cours du premier semestre 1879[65]. Elles ont fait l'objet de multiples études à la plume ou à la mine de plomb qui fournissent de précieux renseignements sur leur genèse. Les animaux mis en scène ont été scrupuleusement étudiés « d'après nature », au Jardin des Plantes, ou d'après des photographies. Certains personnages ou animaux évoluent dans des intérieurs dignes des vieux maîtres flamands, d'autres habitent de beaux paysages champêtres parés de couleurs chatoyantes, d'autres encore sont comme enchâssés dans d'improbables décors d'un luxe délicieusement suranné, pour lesquels l'artiste emprunte aux civilisations et aux époques les plus diverses. Chaque œuvre fourmille de détails puisés, pour certains, dans son abondante documentation. Il cultive avec bonheur l'éclectisme pour projeter le spectateur hors du temps, dans les sphères du rêve. Chacune est peinte autant qu'elle est dessinée. La gouache, l'aquarelle, la mine de plomb, l'encre, l'or même s'y mêlent ! Sur une surface délibérément réduite, l'artiste cherche à exprimer la quintessence des vers du fabuliste. À Antony Roux, il confie dans une lettre du 30 novembre 1880, le défi que cette commande représente à ses yeux :

> Dans tout le courant de cette besogne, j'ai été surtout préoccupé de traiter invariablement chaque sujet en sous-entendu, et pour l'idée et pour l'exécution, mon grand souci a été de ne rien trop souligner ou affirmer [...] C'était déjà bien assez de risquer de mécontenter le rare génie qu'on traduisait en paraphrasant matériellement son style ailé, il ne fallait pas mettre le comble à son imitation par trop de pédantisme et de gravité pesante[66].

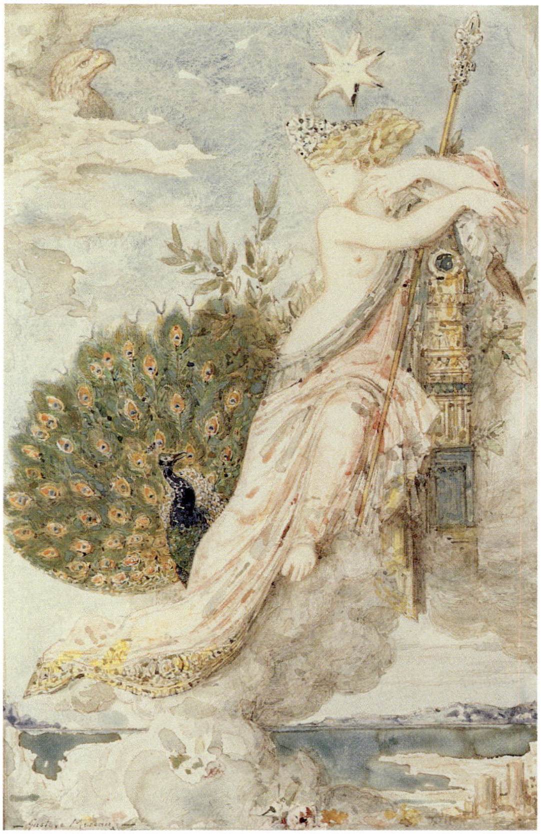

48.
Le Paon se plaignant à Junon,

L'ensemble des *Fables*, telles qu'elles ont été livrées à Antony Roux, est aujourd'hui conservé dans une collection particulière. L'une d'elles seulement – *Le Paon se plaignant à Junon* (Paris, musée Gustave-Moreau, ill. ci-dessus) – a été distraite de l'ensemble et offerte au musée Gustave-Moreau. Six ont été retenues par Félix Bracquemond pour la réalisation d'eaux-fortes éditées le 1er octobre 1886 à Londres. Elles ont été exposées en 1887 au Salon des artistes français. Une septième fable – *La Cigale et la Fourmi* – est restée inachevée.

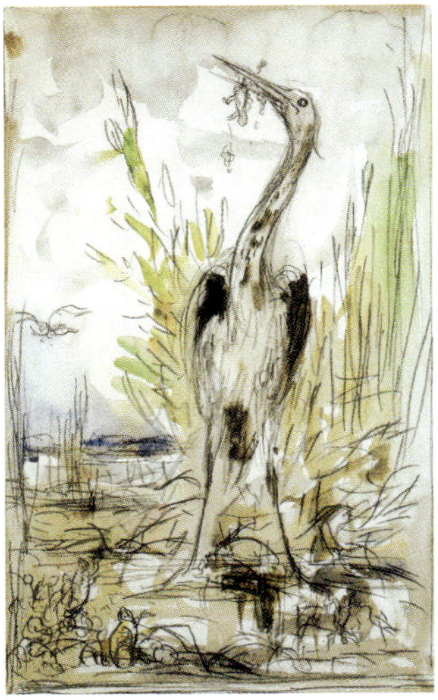
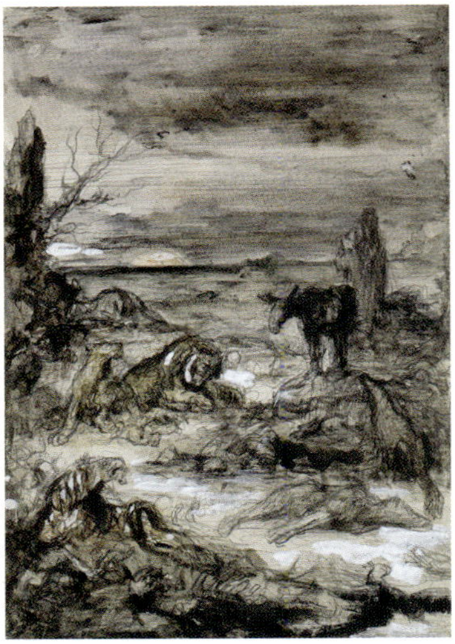
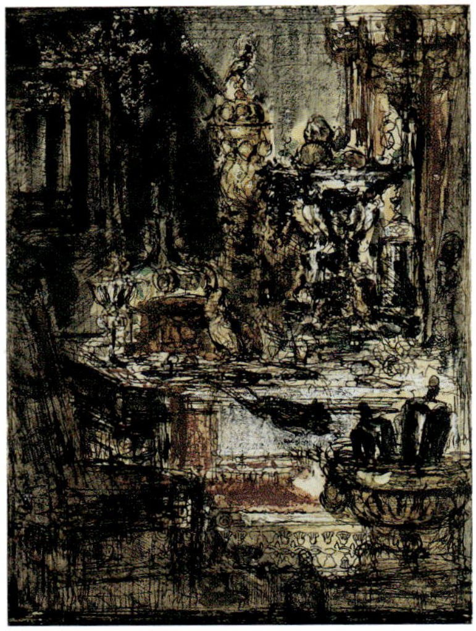

40.
41.
42.

Le 10 mai 1881 s'ouvre dans les locaux de la Société des aquarellistes, chez Durand-Ruel, 16, rue Lafitte, une exposition rassemblant vingt-cinq aquarelles de Gustave Moreau, présentées parmi un ensemble d'environ cent cinquante œuvres d'artistes divers dont Gustave Doré, Giuseppe De Nittis, Élie Delaunay, Aimé Morot, Paul Baudry, Jules Bastien-Lepage. Toutes ont pour sujet une fable. Antony Roux est le propriétaire de cet ensemble, dont il souhaite se servir pour illustrer une nouvelle édition du chef-d'œuvre de La Fontaine. Mais le projet n'aboutit pas, ce dont, dans un article publié dans *Le Figaro,* se réjouit Albert Wolff, pour qui de tels chefs-d'œuvre ne pouvaient qu'être dépréciés par la reproduction[67].

Les envois de Moreau sont parmi les plus remarqués. Charles Blanc, pour qui les aquarelles de l'artiste font pâlir les autres, s'enflamme :

> Une distinction suprême, un luxe asiatique dans le déploiement de toutes les richesses, une exaltation de la pensée qui monte parfois jusqu'au sublime, les plus hautes intentions du style combinées, chose étrange, chose inouïe, avec la curiosité du détail, le mélange d'un sentiment fier avec la coquetterie des costumes et le précieux des broderies et l'opulence féerique des intérieurs : voilà ce qui fait de Gustave Moreau un artiste profondément singulier, digne de courtiser les Muses, et, dans la sphère qu'habite son esprit, hors de pair[68].

Le succès de Moreau convainc Antony Roux de lui laisser seul le soin de poursuivre la série. Le peintre s'y emploie avec zèle. Quarante nouvelles aquarelles inspirées du fabuliste sortent bientôt de son atelier. Antony Roux possède donc, en 1886, soixante-cinq *Fables,* auxquelles viennent s'ajouter six autres aquarelles de Moreau, qu'il a acquises : *Le Sphinx, Ganymède, L'Éléphant sacré, Le Poète arabe, Bethsabée* et *Salomé au jardin.* Conscient du caractère exceptionnel de cet ensemble, il accepte la proposition, faite par les propriétaires de la galerie Goupil (Boussod et Valadon), de prêter sa collection pour une nouvelle exposition, qui s'ouvre le 27 mars 1886, au 9, rue Chaptal (dans le IXe arrondissement). L'accueil favorable que lui réservent le public et la critique encourage les galeristes à lui donner un prolongement dans leur succursale londonienne. Seules les *Fables* sont exposées à Londres.

Huysmans exprime tardivement son avis sur les *Fables,* qu'il a vues chez Goupil en 1886. Plus de deux ans se sont écoulés lorsqu'il écrit à Arij Prins, le 10 mars 1888 :

je vais faire un volume d'art – les quelques-uns bons articles de *La Revue indépendante* – puis à faire : étude sur Rops, Chéret, Wisthler [*sic*] – en repassant par Moreau – avec notes sur autres peintres. Ça complèterait mon livre de l'art moderne. Ça me séduit assez : bien que ça recule mon roman, mais j'en suis au second chapitre à peine[69].

Le volume d'art dont il est question, *Certains*, paraît chez Stock en 1889. Le nom de Gustave Moreau apparaît dès le début de l'ouvrage au milieu d'une diatribe contre Puvis de Chavannes :

> M. Gustave Moreau a rajeuni les vieux suints des sujets par un talent tout à la fois subtil et ample ; il a repris les mythes éculés par les rengaines des siècles et les a exprimés dans une langue persuasive et superbe, mystérieuse et neuve[70].

Huysmans rapporte ensuite ses souvenirs de l'exposition de 1886. Les *Fables*, *Salomé*, toutes les œuvres se mêlent dans son esprit ; les visions qu'elles suscitent encore en lui tiennent du rêve et du cauchemar. S'il s'attache à faire ressortir l'incomparable coloriste que fut Moreau, sa descrip-
43. 45. tion des femmes « accoutrées d'étoffes serties de
46. cabochons comme des reliures d'évangéliaires[71] » trahit à l'évidence ses propres préoccupations : conjurer le monde moderne, fuir ce qu'Albert Aurier, théoricien du symbolisme, nommera « les marécages matérialistes[72] ». Il est ébloui, comme ivre. La peinture est un expédient, un alcool, un stupéfiant, un antidote au poison de la réalité. Dans des notes préparatoires à *Certains*, il dresse le portrait moral de Moreau qui pourrait bien être aussi une forme d'autoportrait :

> *C'est une nature d'exception.*
> Un abstracteur de joies voluptueuses et de douleurs.
> [...]
> L'œuvre de Moreau est indépendante du temps – tout se passe d[an]s sa cervelle d[an]s l'intérieur de ses districts.
> Il a évid[emmen]t une sensibilité exaspérée nerveuse – qui l'isole d'un temps où les bas instincts ont dû le blesser [...][73].

40. Les Grenouilles qui demandent un roi
Aquarelle, pierre noire, mine de plomb
H. 31,3 ; L. 19,9 (vue)
Paris, musée Gustave-Moreau, Cat. 448

41. Les Animaux malades de la peste
Aquarelle, mine de plomb
H. 29,7 ; L. 21,2 (vue)
S. b. g. à la gouache rouge : - *Gustave Moreau* -
Paris, musée Gustave-Moreau, Cat. 424

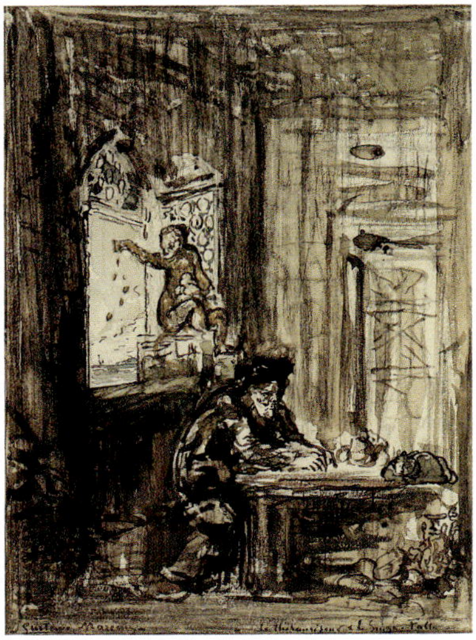

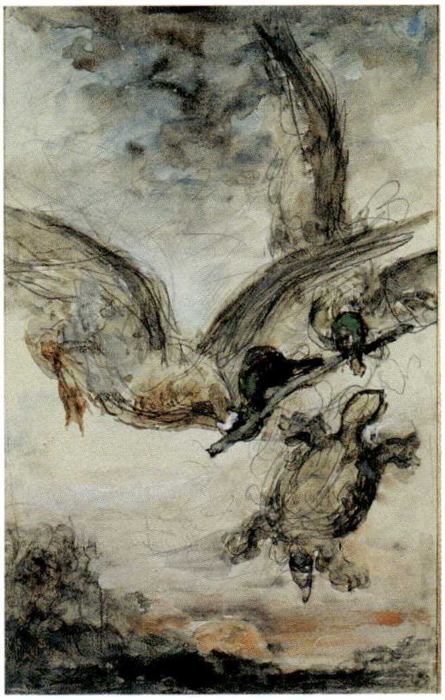

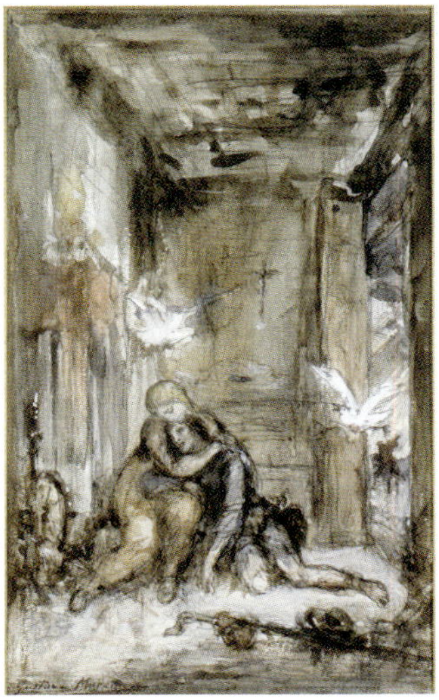

42. Le Rat de ville et le Rat des champs (ill. p. 58)
Aquarelle, plume et encre noire
H. 28,5 ; L. 21,4 (vue)
Paris, musée Gustave-Moreau, Cat. 428

43. Le Thésauriseur et le Singe (ill. p. 59)
Aquarelle, lavis d'encre brune, pierre noire
H. 27,6 ; L. 20,6 (vue)
S. b. g. à la plume et encre brune : - *Gustave Moreau* -
B. dr. à la plume et encre brune : - *Le thésauriseur & le singe. Fable*
Paris, musée Gustave-Moreau, Cat. 506

44. Le Lion amoureux (ill. p. 4)
Aquarelle, gouache, plume et encre noire
H. 28,2 ; L. 20, 3 (vue)
S. b. dr. à la plume et encre noire : - *Gustave Moreau* -
Paris, musée Gustave-Moreau, Cat. 512

45. La Tortue et les deux Canards (ill. p. 59)
Aquarelle, mine de plomb
H. 28,3 ; L. 18 (vue)
Paris, musée Gustave-Moreau, Cat. 498

46. Les Deux Pigeons (ill. p. 59)
Aquarelle, mine de plomb
H. 30 ; L. 18,8. (vue)
S. b. g. à la gouache brune : - *Gustave Moreau* -
Paris, musée Gustave-Moreau, Cat. 290

47. Le Loup et l'Agneau
Aquarelle, mine de plomb
H. 28,4 ; L. 19,3 (vue)
Paris, musée Gustave-Moreau, Cat. 300

48. Le Paon se plaignant à Junon (ill. p. 57, 2 : détail)
Aquarelle
H. 31 ; L. 21
S. b. g. : *Gustave Moreau*
Paris, musée Gustave-Moreau, Cat. 566 bis

49 a. L'Ours et l'Amateur de jardins
Aquarelle, pierre noire
H. 29,9 ; L. 19 (vue)
Paris, musée Gustave-Moreau, Des. 939

49 b. Démocrite et les Abdéritains
Aquarelle
H. 11,5 ; L. 13,1 (vue)
Paris, musée Gustave-Moreau, Des. 938

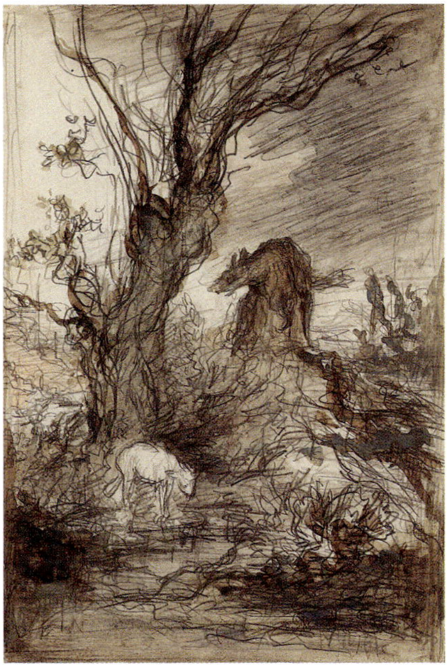

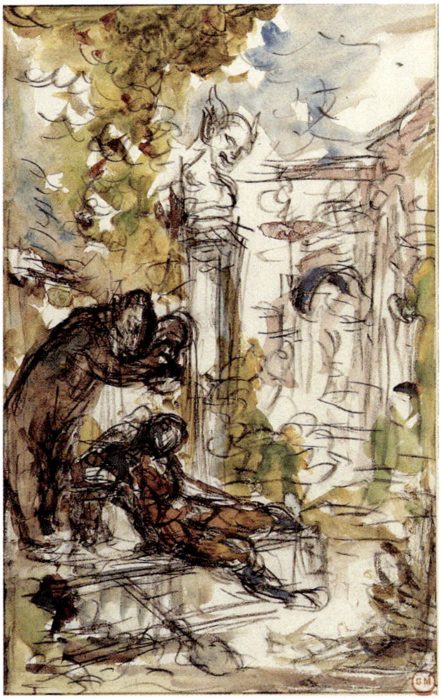

47.
49a.

Le Poète et la Sirène

Huysmans, « Les Gobelins », *L'Écho de Paris*, 18 janvier 1899 ; recueilli dans *De tout*, Stock, 1902.

Dans le *Dictionnaire de la fable*, que Gustave Moreau consulte fréquemment, François Noël présente ainsi les sirènes :

> Filles du fleuve Acheloüs et de la muse Calliope. On en compte ordinairement trois [...] Les Sirènes selon l'opinion des anciens, ou avaient la tête et le corps de femme jusqu'à la ceinture, et la forme d'oiseau de la ceinture en bas ou elles avaient tout le corps d'oiseau et la tête de femme. Quelques auteurs modernes ont prétendu que les Sirènes avaient la forme de poisson de la ceinture en bas [...] D'autres disent que les sirènes étaient des femmes de mauvaise vie [...] On prétend même que le nombre et le nom des trois sirènes ont été inventés par la triple volupté des sens, la musique, le vin et l'amour qui sont les attraits les plus puissants pour enchaîner les hommes. C'est pourquoi on a tiré l'étymologie de *Sirène*, du mot grec *seira*, qui signifie une chaîne ; comme pour dire qu'il était en quelque sorte impossible de se tirer de leur lien, et de se détacher de leurs attraits[74].

Dotées d'une voix mélodieuse, ces terribles créatures attiraient les marins par leurs chants, causant de nombreux naufrages. Au chant XII de l'*Odyssée*, Circé, la magicienne, met en garde Ulysse contre leurs sortilèges :

> Les Sirènes d'abord vont, sur votre chemin,
> Essayer le pouvoir de leur charme inhumain.
> Malheur à tout Mortel, qui, sans expérience,
> Ose les aborder, éprouver leur puissance,
> Écouter à loisir leurs perfides accents,
> Subtils poisons du cœur et délices des sens !
> Enivré des plaisirs qui subjuguent son âme,
> Il ne reverra plus ses enfants ni sa femme.
> Assises dans des prés toujours semés de fleurs
> Elles remplissent l'air de leurs sons séducteurs,
> Tandis que le trépas que leur bouche respire,
> D'ossements et de mort couvre tout leur empire
> Ne vous arrêtez point, fuyez loin de ces lieux[75].
> [...]

Ulysse n'échappe à ces enchanteresses qu'en bouchant les oreilles de ses compagnons avec de la cire. Lui peut écouter fasciné ce chant mortifère, puisqu'il a pris le soin de se faire solidement lier au mât de son navire. Gustave Moreau a composé plusieurs œuvres fidèles au récit homérique. Dans d'autres, seules les sirènes l'ont retenu. Il les représente assises ou allongées sur un rocher sous un ciel incendié des lueurs du soleil couchant ou dressées sur leurs queues serpentines, comme dans une splendide aquarelle datée de 1881, conservée au Fogg Art Museum à Cambridge : elles représentent, selon Paul Leprieur, la volupté perfide et l'inquiétant pouvoir des femmes[76]. La sirène est pour Moreau un archétype de la femme qui, usant de ses charmes, cherche à avilir l'homme. Ragnar von Holten, proche des surréalistes, interprète cette scène sous l'angle du pouvoir où l'homme incarnerait les forces bienveillantes et la femme le mal[77]. La domination de la femme est un sujet récurrent dans l'œuvre de Moreau ; elle a trouvé sa première expression en 1857, dans *Hercule et Omphale* (Paris, musée Gustave-Moreau).

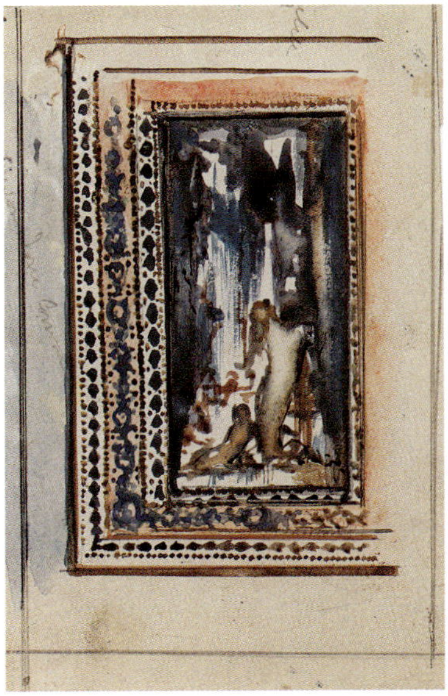

51.
Étude pour
*Le Poète
et la Sirène*

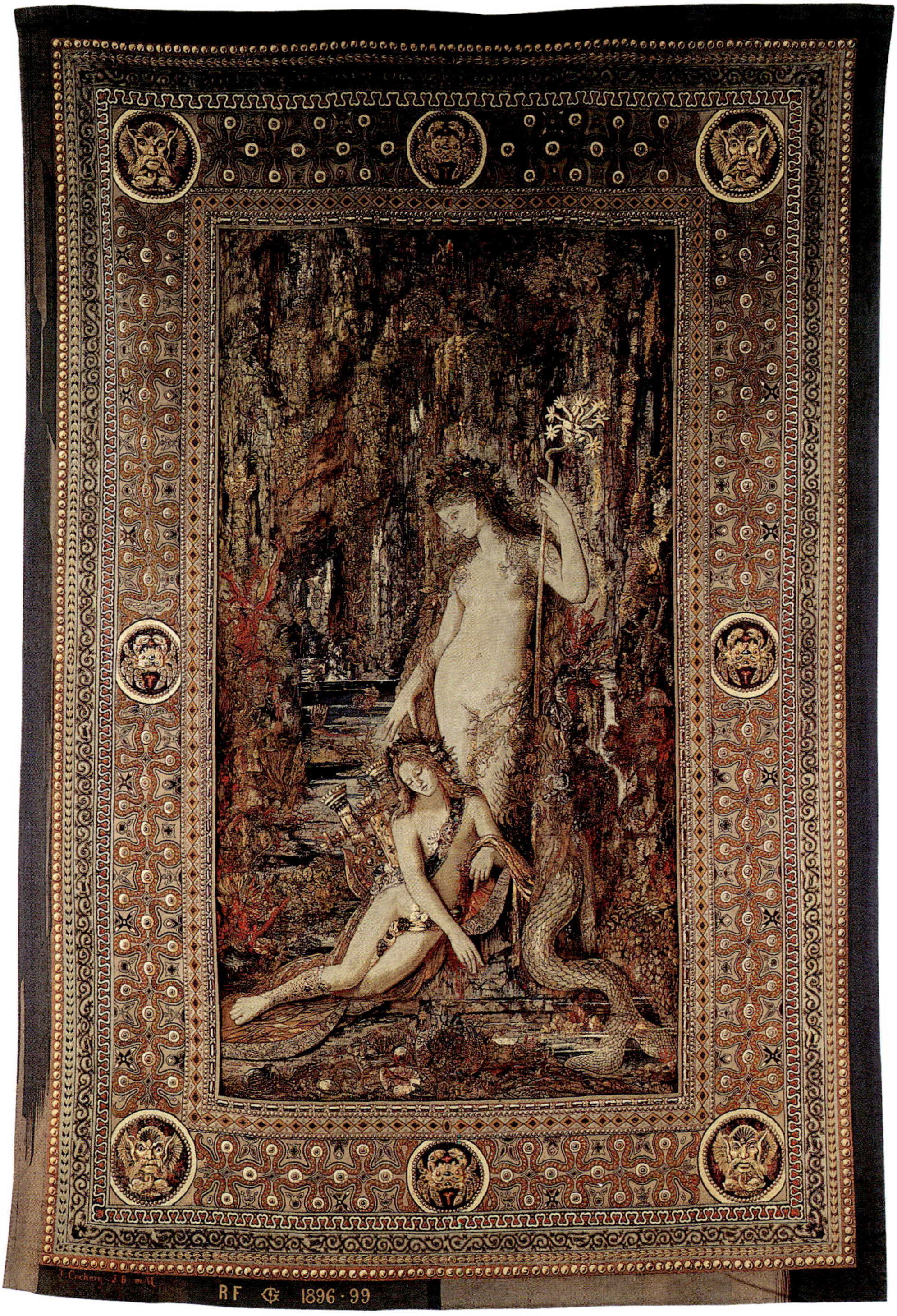
J. Cochery
RF 1896·99

Le Poète et la Sirène (Japon, collection Hiroshi Matsuo) – une peinture exécutée en 1892-1893 pour André Warain – offre une première variante de ce motif. Ici, l'artiste invente une iconographie originale dans laquelle une sirène, dont le corps hybride se déploie sur toute la hauteur du tableau, pose despotiquement la main sur la tête d'un poète endormi à ses pieds. Il en modifie la physionomie dans une imposante peinture, *Le Poète et la Sirène*[78] (Poitiers, musée Sainte-Croix). Cette œuvre exécutée pour la manufacture des Gobelins est la seule incursion de l'artiste dans le domaine des arts décoratifs. Elle sert de modèle à une tapisserie de haute lisse (Paris, Mobilier national, ill. ci-contre), où le geste de la femme-poisson est moins dominateur que protecteur : son regard a la même fixité mais semble moins menaçant.

C'est Édouard Gerspach, l'administrateur des Gobelins, qui a sollicité Moreau pour la réalisation d'un carton de tapisserie. Dans une lettre datée du 15 novembre 1889, il lui fait part de son souhait :

> J'ai l'extrême désir de laisser ici, comme la trace la plus saillante de mon passage quelques ouvrages dus à votre talent. Votre peinture est faite pour la tapisserie, son interprétation textile serait un véritable plaisir pour nos tapissiers que je ramène à une technique sobre et franche[79].

Les années s'écoulent et le peintre finit par exaucer ce vœu. Ce n'est pas sous l'autorité de Gerspach que le travail s'effectue, mais sous celle de son successeur, Jules Guiffrey. Dans une lettre du 24 juillet 1893, Guiffrey demande à Moreau de passer à la manufacture pour arrêter les clauses du contrat. Un modèle est présenté le 17 mai 1894 devant la commission de perfectionnement des Gobelins. Le 12 juin 1894, Henri Roujon, directeur des Beaux-Arts, annonce à Moreau que le ministre le charge d'exécuter un modèle de tapisserie pour la manufacture. La commande est officialisée le 14 juin 1894. Jules Guiffrey s'enquiert régulièrement de l'évolution du travail de l'artiste. Il lui propose bientôt de faire transporter sa peinture en cours d'exécution dans un atelier des Gobelins. C'est là que l'artiste l'achève début 1896. Le 30 juillet de la même année, Guiffrey écrit de nouveau à Moreau, qui s'apprête, en compagnie de son ami Louis Chabrier, à partir pour Évian. Il souhaite avoir son avis sur la tapisserie en cours d'exécution. Leur correspondance se termine sur cette demande. Moreau a-t-il honoré Guiffrey d'une visite avant son départ ? Nous l'ignorons et l'on ne sait si, pendant les quelque vingt mois qui lui restent à vivre, il a continué de s'intéresser au sort de sa tapisserie. Lorsqu'il meurt, le 18 avril 1898, elle n'est pas achevée. Elle le sera, le 29 avril 1899. Présentée le 15 février 1900 à la commission de perfectionnement des Gobelins, elle est ensuite envoyée à l'Exposition universelle.

52.
Le Poète et la Sirène,
Tapisserie

Dans un discours prononcé le 17 juin 1890, le critique Roger Marx fulminait :

> Vit-on jamais si sot penchant à renier son époque, à tenir en mépris ceux qui lui ont fait honneur ? Plutôt que de s'attarder à cette stérile évocation du passé, c'est aux Puvis de Chavannes, aux Gustave Moreau, aux Cazin, aux Besnard, aux Galland, aux Carrière, aux Chéret, aux Quost, aux Willette, aux Grasset, qu'il faut s'adresser sans délai pour soustraire encore la tapisserie du XIXe siècle à la domination franche ou inavouée des âges disparus, pour lui assigner un caractère, une date, en l'obligeant à refléter la ressemblance de notre temps, à enfermer dans sa trame l'idéal moderne[80].

Nous citons à dessein ce fragment. D'abord parce qu'il y est question de Moreau, ensuite parce que Huysmans en a amalgamé la dernière partie à son article sur « Les Gobelins », paru dans *L'Écho de Paris*, le 18 janvier 1899, puis recueilli dans *La Bièvre et Saint-Séverin*, aux Éditions de la Société de propagation du livre d'art, en 1901. Le 16 juillet

1901, l'écrivain signale à Arij Prins : « Je vais faire paraître en [octo]bre le recueil de mes articles de *L'Écho* ; le volume sera assez amusant, avec des tableaux – et quelques coins, tels que Lübeck, Hambourg et l'aquarium de Berlin[81]. » À cette date, il peaufine *De tout*, qui paraît en novembre de la même année et rassemble des articles publiés dans *L'Écho de Paris* ainsi que plusieurs inédits. Il compte y insérer « Les Gobelins ». La Société des bibliophiles du Pavillon de Hanovre, avec qui Huysmans est en pourparlers, ayant fait faillite, c'est Pierre-Victor Stock, son éditeur habituel qui, fermant les yeux sur son infidélité, se charge en novembre 1901 de faire paraître l'ouvrage.

Dans « Les Gobelins », Huysmans raconte sa visite à la célèbre manufacture à une date hélas indéterminée. Il a la joie d'y découvrir sur le métier la tapisserie de Moreau, *Le Poète et la Sirène*. Cette œuvre, en forme de kakémono, l'enthousiasme. « Mais », écrit-il,

> pour confesser toute la vérité, j'étais moins venu pour visiter les œuvres des Gobelins – car j'ignorais que *Le Poète et la Sirène* fussent sur le chantier – que pour apercevoir encore ma malheureuse Bièvre et la surprendre dans les préaux où elle est enfermée, là où l'on ne peut d'habitude la voir[82].

Huysmans souligne la parenté de cette œuvre avec *Salomé* et *Galatée*. D'après lui, elle les dépasse par son caractère fantastique, notamment grâce au décor improbable de la grotte, traitée par l'artiste à la manière d'un « lapidaire », selon le mot de Robert de Montesquiou. Anticipant *La Charmeuse de serpent* du douanier Rousseau (Paris, musée d'Orsay), la femme devient, avec son regard fixe et envoûtant, une ensorceleuse. Désirable et dangereuse, comme souvent chez le peintre, elle réussit ici à assoupir la conscience du poète auquel Moreau s'est si souvent identifié. Huysmans ne verra jamais la tapisserie achevée. Lors de la présentation de l'œuvre à l'Exposition universelle en 1900, il a déjà quitté Paris pour vivre à Ligugé, dans la maison Notre-Dame, qu'il s'est fait construire près de l'abbaye Saint-Martin.

50. *Le Poète et la Sirène*
Huile sur toile
H. 158 ; L. 115
Paris, musée Gustave-Moreau, Cat. 66

51. Étude pour *Le Poète et la Sirène* (ill. p. 61)
Aquarelle, mine de plomb, plume et encre brune sur papier
H. 15,7 ; L. 10,2
Paris, musée Gustave-Moreau, Inv. 16013

52. *Le Poète et la Sirène* (ill. p. 62)
Tapisserie de haute lisse de la manufacture des Gobelins ; laine et soie ; neuf fils de chaîne au centimètre.
H. 349 ; L. 250
S. d. b. g. du sujet central : *Gustave Moreau 1895*.
D. s. sur la lisière inférieure du nom du chef de pièce et des initiales des tapissiers : *J. Cochery*, *J. B.* [Jules Baumann], *M.* [Miguet], A. [Auclair], *L.* [Laurent], ainsi que la marque des Gobelins : *RFG* [avec la broche] *1896-99*
Paris, Mobilier national et Manufactures nationales des Gobelins, de Beauvais et de la Savonnerie, GOB 469

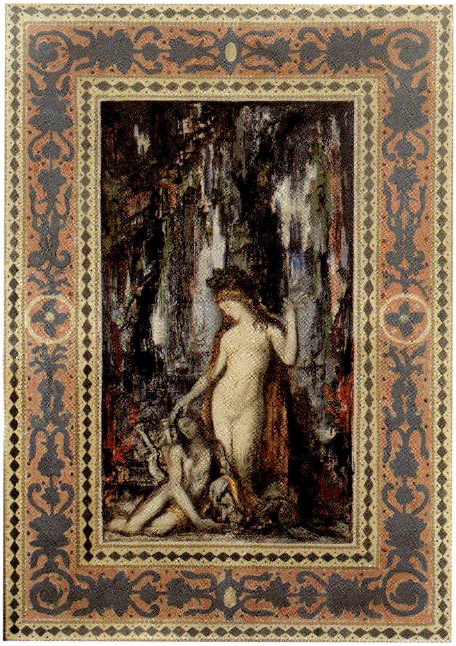
50.

Le Cantique des cantiques

Huysmans, *L'Oblat*, [mars] 1903.

En 1853, Gustave Moreau expose au Salon deux œuvres de grande dimension, *Le Cantique des cantiques* (Dijon, musée des Beaux-Arts, ill. hors catalogue) et *Darius fuyant après la bataille d'Arbelles* (Paris, musée Gustave-Moreau). Le ministère d'État lui avait commandé, le 22 novembre 1852, la première pour une somme de 2000 francs et en dote le musée des Beaux-Arts de Dijon. La seconde revient peu après dans l'atelier de l'artiste et reste inachevée après une importante modification de sa composition. Dans les deux tableaux, l'influence du romantisme tardif est évidente et les critiques ne manquent pas de le signaler. L'un d'eux, à propos du *Cantique des cantiques*, parle d'un « assez brillant amalgame de la manière de M. Chassériau et de celle de M. Delacroix[83] ».

Moreau, à cette époque, fréquente Théodore Chassériau, qui possède avenue Frochot un atelier proche du sien. Il reçoit ses conseils, et son style s'en ressent. Quant à Delacroix, son influence est soulignée avec raison. Patente dans la *Pietà* (non localisée), exposée par Moreau en 1852, elle est ici plus diffuse. Gustave Larroumet note :

> Il est visible que le débutant est déjà imprégné d'art et de poésie romantique. C'est un esprit mélancolique et rêveur, il a donc subi l'influence d'une école qui parle si fortement à la sensibilité [...] Dans la disposition, à la fois violente et équilibrée du groupe, l'harmonie classique est traversée par le désordre romantique. Pour peindre cette toile il faut avoir vu les tableaux de Delacroix : de là viennent ce ciel et ces ténèbres transparentes[84].

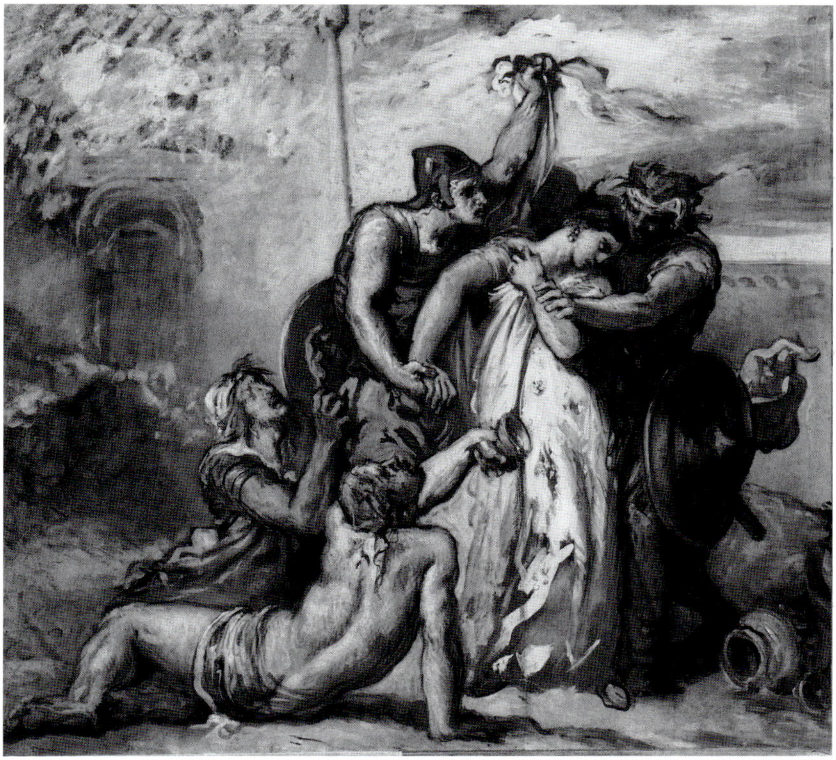

56.
Le Cantique des cantiques dit La Sulamite (grisaille)

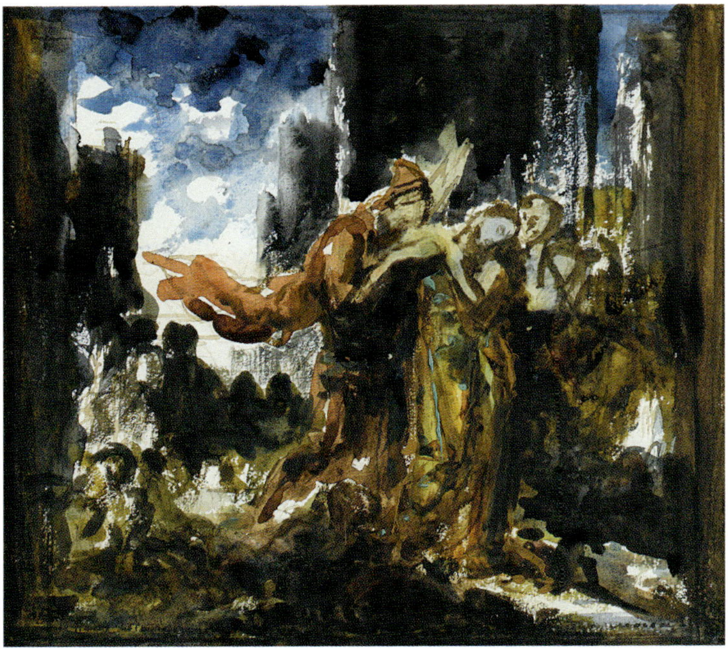

55.

Henri Focillon, fait la même analyse dans la poétique étude qu'il a consacrée à Gustave Moreau :

> Mais il fut peintre, et non seulement poète en peinture, surtout dans ses commencements. *Le Cantique des cantiques* est un Delacroix, par la tendresse farouche, par l'orientalisme pathétique, par la chaleur du ton, par le gras du modelé[85].

Le Cantique des cantiques est un long poème, non dénué d'érotisme, attribué à Salomon[86]. Moreau s'attache à un bref épisode violent, qui tient dans un seul verset dont le livret du Salon fournit le texte : « les gardes qui font le tour de la ville m'ont rencontrée, ils m'ont frappée et maltraitée. Ceux qui gardent les murailles m'ont ôté mon voile[87]. » La femme violentée par la soldatesque est l'épouse, nommée aussi la Sulamite, sortie nuitamment à la recherche de son bien-aimé. Pour nombre d'exégètes de la Bible, l'époux, c'est le Christ, et l'épouse personnifie l'Église. Gustave Larroumet est le premier à insister sur l'importance du *Cantique des cantiques*, mais son interprétation du tableau est loin de toute mystique :

> La figure douloureuse qu'il a évoquée, les yeux baissés et la bouche craintive, est celle de toute femme que domine l'instinct mystérieux, et qui, à demi consciente, à demi irresponsable, suit l'impulsion d'un désir combattu. Ainsi le tableau ne représente pas seulement une aventure biblique ; il traduit une loi fatale de la nature. Tous les tableaux du débutant produiront désormais une impression de ce genre, d'autant plus précise qu'il verra plus clair dans son esprit et sera plus maître de sa facture[88].

Pendant l'été de 1895, Huysmans visite Dijon avec Gustave Boucher. Il écrit le 15 juillet à Arij Prins : « J'ai profité de ce voyage pour aller à Paray-le-Monial, Cluny, Brou, Dijon, prendre des notes sur les cathédrales dont j'ai besoin pour mon prochain livre[89]. » Durant son escale dijonnaise, Huysmans visite la cathédrale et le musée des Beaux-Arts. Sans doute a-t-il découvert *Le Cantique des cantiques* dès ce moment, mais sans laisser de commentaire à son sujet. En revanche, les notes qu'il prend dans un carnet, lorsqu'il retourne à Dijon, en juin 1901, en quête d'informations pour *L'Oblat*, sont conservées. Un passage concerne Moreau :

D[an]s le moderne – la panne des expositions. Un portrait grandeur nature de Carnot, en habit noir, d'Yvon - un g^{al} Vaillant d'Horace Vernet - la main appuyée sur des cuirasses de cuirassier soutenues par des fagots de bois p[ou]r arriver à sa taille. Comme c'est nature ! Un Gustave Moreau idiot < envoi de l'état de 1853 > : Le *Cantique des cantiques* < du sous-Chassériau > mais de tout ce moderne, une œuvre réelle, très belle un Alphonse Legros – Salon de 1861 – né à Dijon – don de l'auteur – titre *L'Ex Voto*[90].

Seul *L'Ex Voto* de Legros échappe ici aux anathèmes de Huysmans, qui ne goûte pas le charme oriental du *Cantique des cantiques*. L'auteur, plus tard, fera usage de ces notes dans *L'Oblat*, qui paraît en mars 1903. Somme vigoureuse sur la mystique du Moyen Âge, *L'Oblat* achève l'épopée spirituelle de Durtal, inaugurée dans *Là-bas*, poursuivie dans *En route* et *La Cathédrale*. Le protagoniste s'est installé dans un monastère bénédictin, le Val des Saints, que Huysmans situe près de Dijon. La situation géographique de ce monastère fictif va permettre la visite de Durtal au musée de la ville et fournir l'occasion de quelques lignes sévères :

> Durtal parcourut les galeries de peinture contemporaines où se prélassaient, en bonne place, un hivernal portrait du pluvieux Carnot, par Yvon – un maréchal Vaillant par Horace Vernet [...] – puis, une œuvre de jeunesse de Gustave Moreau, *Le Cantique des cantiques*, une toile plus que médiocre, du genre Chassériau, qui ne permettait guère de soupçonner le futur talent du peintre de l'Hérodiade[91].

Huysmans poursuit l'évocation des œuvres de ses contemporains par un commentaire virulent d'une peinture d'Anatole Desvoges[92], puis par une description passionnée de *L'Ex Voto* d'Alphonse Legros, artiste qu'il distinguait déjà dans *Certains*, en 1889[93]. Malgré son opinion réservée dans *L'Oblat*, l'auteur déclarera à Georges Rouault : « Gustave Moreau aurait pu être un grand peintre chrétien, un Angelico moderne, s'il s'était épanoui uniquement en ce sens[94]. »

53. Étude pour *Le Cantique des cantiques*. Composition d'ensemble
Mine de plomb, plume et encre noire sur papier. Mise au carreau numérotée à la mine de plomb
H. 21,9 ; L. 20,5
Inscr. b. g. à la plume et encre noire : *La Sulamite - Cantique des Cantiques*
Monogramme b. dr. à la mine de plomb : *GM.*
Paris, musée Gustave-Moreau, Des. 12872

54. Le Cantique des cantiques dit La Sulamite (ill. p. 17)
Huile sur toile
H. 114,2 ; L. 104,2
Paris, musée Gustave-Moreau, Cat. 210

55. Le Cantique des cantiques dit La Sulamite
Aquarelle
H. 24,1 ; L. 27,4
S. b. dr. à l'encre brune : *Gustave Moreau*
Inscr. b. g. à l'encre brune : *Cantique des Cantiques*
Paris, musée Gustave-Moreau, Cat. 324

56. Le Cantique des cantiques dit La Sulamite (grisaille) (ill. p. 65)
Huile sur papier marouflé sur toile
H. 65 ; L. 70
Paris, musée Gustave-Moreau, Cat. 867

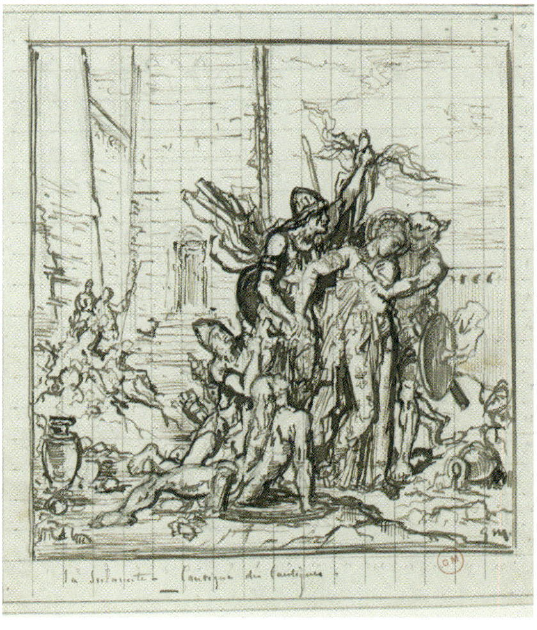
53.

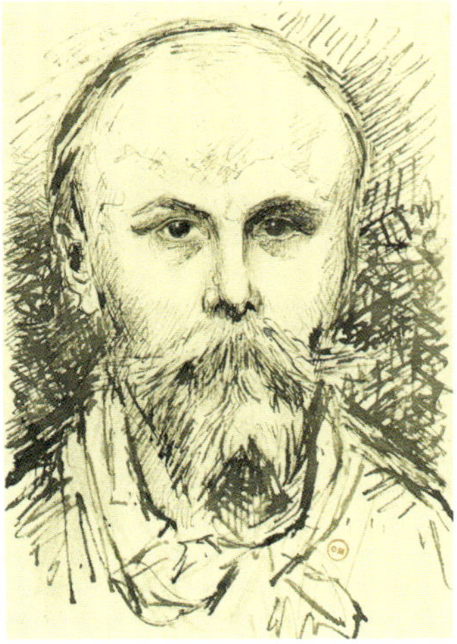

58.

Portraits de Gustave Moreau et J.-K. Huysmans

**57. André Taponier (1869-1930)
et Fred Boissonnas (1858-1946). J.-K. Huysmans**
(ill. p. 6)
Épreuve gélatino-argentique. H. 22,5 ; L. 16,5
Inscr. imprimée sur le montage : *Boissonnas & Taponier, 12, rue de la Paix, Paris*
S. b. dr. sur la photographie : *Taponier*
Collection particulière

58. Autoportrait
Plume et encre noire, pierre noire, gouache blanche sur papier jaune. H. 31,3 ; L. 21,1
Montage ancien : H. 48,4 ; L. 31,3
Paris, musée Gustave-Moreau, Des. 13025

59. Eliza de Romilly. Gustave Moreau (ill. p. 6)
Tirage albuminé. H. 13,7 ; L 9,3
Au dos de la photographie h. g. à l'encre brune : *octobre 1876*
Paris, musée Gustave-Moreau, Inv. 16047-A

Georges Rouault, Souvenirs intimes (Frapier, 1926)

En 1926, Georges Rouault publie *Souvenirs intimes*, une galerie de portraits accompagnée de lithographies en hommage à ses maîtres ou amis défunts : Moreau, Bloy, Huysmans, Baudelaire, Daumier, Cézanne, Renoir, Degas.

Moreau et Huysmans occupent, chacun à sa façon, une place importante dans la vie de Rouault. Élève préféré du peintre à l'école des Beaux-Arts, où celui-ci enseigne de 1892 jusqu'à sa mort en 1898, Rouault deviendra le premier conservateur du musée Gustave-Moreau, de 1902 à 1928. Plusieurs textes témoignent de sa vénération pour son maître, notamment sa correspondance avec André Suarès où une lettre du printemps 1926 témoigne de la rédaction passionnée des *Souvenirs intimes* et de la patience avec laquelle l'artiste élabore ses lithographies[95]. Rouault fait revivre dans l'ouvrage la figure aimée de son mentor. Son portrait lithographique de Moreau semble avoir été inspiré par une photographie représentant le peintre à un enterrement au côté d'Ernest Legouvé[96].

La rencontre de Rouault avec Huysmans prolonge sa rencontre avec Moreau. Traversant une grave crise spirituelle depuis la mort de son maître, Rouault cherche le réconfort dans la religion. En 1901, il rejoint Antonin Bourbon, un autre élève de Moreau, à Saint-Martin de Ligugé, l'abbaye bénédictine où vit alors Huysmans et où il souhaite fonder une communauté d'artistes catholiques. Dans ses *Souvenirs intimes*, Rouault dresse le portrait physique et moral d'un écrivain distant, toujours sur ses gardes, mais à qui il rend l'hommage d'avoir, le premier, révélé Cézanne au public, dans *Certains*. Sa lithographie transcrit fidèlement un portrait photographique lui ayant appartenu[97]. Elle présente, comme celui de Moreau, un cadrage serré concentré sur le seul visage de profil.

**60. Georges Rouault (1871-1958)
Gustave Moreau à la barbe blanche** (ill. p. 92)
Lithographie. H. 33 ; L. 25,5
S. b. g. : *Georges Rouault*
Inscr. b. dr. : *Gustave Moreau*
Paris, Fondation Rouault, OG 315

**61. Georges Rouault (1871-1958)
Joris-Karl Huysmans** (ill. p. 92)
Lithographie. H. 32,7 ; L. 25,3
Monogrammé b. dr. : *G R*
Inscr. b. g. : *J K Huysmans*
Paris, Fondation Rouault, OG 313

Lettres

62. Jean Lorrain à Gustave Moreau
Lettre datée du 2 juin 1885
Plume et encre violette sur papier
Lettre pliée : H. 18,1 ; L. 11,6
Lettre ouverte : H. 18,1 ; L. 23,2
Paris, Archives du musée Gustave-Moreau

Imprimé sur le papier à lettre à l'encre bleue : Divina belluis

Cher maître

Vous savez quel prix j'attache à votre appréciation, c'est vous dire que je suis récompensé au-delà de mon espérance si ce que j'ai voulu faire vous a plu.

Maintenant serai-je par trop indiscret en vous demandant une faveur ! Il m'en coûte fort d'adresser cette demande au délicat et au maître, car je veux, je voudrais presque forcer votre porte.

J'ai passé une partie de la journée de dimanche avec Joris-Karl Huysmans et forcément nous avons beaucoup parlé de vous.

Huysmans considérerait comme un grand honneur et une grande faveur si vous consentiez à bien vouloir le recevoir, il a le plus grand culte pour vous et en même temps la plus grande crainte d'être importun et indiscret, c'est lui-même un discret et un délicat et il a une telle horreur de la parade et du tréteau qu'il lui répugne d'être considéré comme *un curieux* quand il n'est qu'un charmé, un attiré, je pourrais dire un envoûté, puisqu'il s'agit de votre œuvre, cher maître, ensorcelante, harmonieuse et pénétrante comme une évocation et une magie.

Il a bu le philtre et voudrait connaître l'enchanteur, je n'ai pu rien lui permettre sachant combien vous vivez retiré, encore tout douloureux de malheurs récents, et dans la terreur du bruit et des inconnus, aussi votre réponse serait-elle pour nous une décision, sur laquelle nous n'essayerons, M. Huysmans et moi de revenir.

Enfin si vous voulez bien dire oui, vous aurez fait un heureux de plus et je crois pouvoir le dire, heureux un homme qui mérite son bonheur

Veuillez cher maître, me croire toujours
votre très *vôtre*

Lorrain Jean
2 juin 85

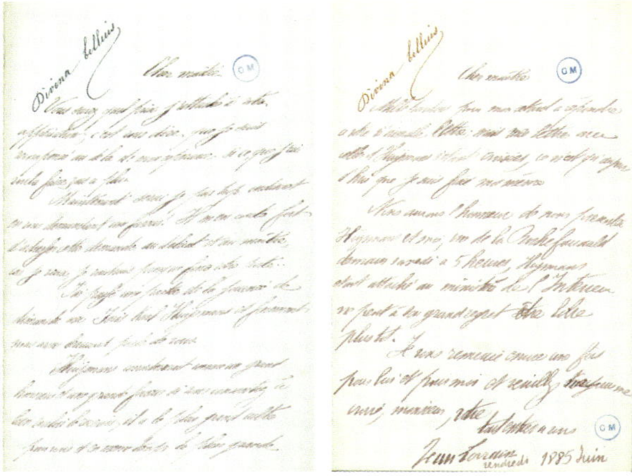

62. 63.

63. Jean Lorrain à Gustave Moreau
Lettre datée du vendredi [5] juin 1885
H. 18,3 ; L. 11,6
Paris, Archives du musée Gustave-Moreau

Imprimé sur le papier à lettre à l'encre rouge : Divina belluis

Vendredi 5 juin

Cher maître,

Mille pardons pour mon retard à répondre à votre si aimable lettre ; mais mes lettres avec celles d'Huysmans s'étant croisées, ce n'est qu'aujourd'hui que je suis fixé moi-même.

Nous aurons l'honneur de nous présenter Huysmans et moi, rue de La Rochefoucauld demain samedi à 5 heures, Huysmans étant attaché au ministère de l'Intérieur ne peut à son grand regret être libre plus tôt.

Je vous remercie encore une fois pour lui et pour moi et veuillez, me toujours croire, monsieur, votre
tout entier à vous

Jean Lorrain

64. J.-K. Huysmans à Robert Caze
[Jeudi 4 juin 1885] (ill. p. 18)
Plume et encre noire sur papier vergé
Lettre pliée H. 15,2 ; L. 9,7
Lettre ouverte : H. 15,2 ; L. 19,4
Paris, collection Éric Walbecq

Mon cher Caze,

J'ai un rendez-vous, samedi à 5 ½ avec Gustave Moreau –

J'irai en sortant de chez lui manger chez vous de la bonne soupe – ce dont les restaurants que j'ai le malheur de fréquenter, me privent.

Voulez-vous me donner jusqu'à 7 heures ¼ pour arriver – car j'ai peur d[an]s tout cela – de retard.

Rien de neuf au bureau, sinon que des bruits bizarres courent – pas bien favorables – enfin – Nous causerons de cela.

Je n'ai point terminé encore les tableaux et notes du Paris vivant.

Mais il y en a un surtout, la dame du matin qui est superbement cruel et austèrement cruel. Nous en parlerons.

À demain donc, mon cher ami, et une bonne poignée de main

Huysmans

Je cuis ! je cuis ! dans ma castrolle de la rue de Sèvres. Je suis un gratin, avec du feu en dessous, et dessus, sur le couvercle de zinc !

Oh cent pieds de neige !

65. Brouillon d'une lettre de Gustave Moreau à J.-K. Huysmans
Lettre datée du 4 octobre 1891
Plume et encre noire sur papier de deuil
Lettre pliée : H. 16,3 ; L. 10,9
Lettre ouverte : H. 18,2 ; L. 23,2
Paris, musée Gustave-Moreau

Monsieur,

Je ne vous ai jamais remercié, et pourtant que ne vous dois-je pas ? à vous qui m'avez donné une des plus précieuses récompenses de ma vie de travailleur. Votre sympathie d'artiste, à vous qui avez si magnifiquement pénétré et mis en lumière mes modestes inventions, et qui les avez comme créées à nouveau de votre merveilleux et incomparable outil.

Mais vraiment j'avais toujours hésité craignant de ne pouvoir vous exprimer ma reconnaissance comme je l'eusse voulu.

Et puis l'avouerai-je je me plaisais à croire qu'il y avait déjà comme un lien entre nous, l'amour des beaux rêves et des choses mystérieuses de l'art. Avais-je tort de penser que cela suffisait.

Enfin pris de remords d'être si en retard avec vous, je viens aujourd'hui, monsieur, vous apporter tous mes remerciements, et du fond du cœur pour tant de témoignages de votre bienveillante sympathie, vous priant, en outre, de croire à l'admiration et à la haute estime que j'ai pour votre talent et votre caractère.

Gustave Moreau
4 octobre 1891

PS. Je ne dois pas oublier Monsieur, que je suis chargé par Monsieur Julián del Casal de la Havanne [*sic*], un de vos fervents admirateurs, de vous bien remercier de l'obligeance si gracieuse que vous avez mise à être un trait d'union entre lui et moi.

65 bis. J.-K. Huysmans à Gustave Moreau
Lettre datée du 16 septembre 1893
Plume et encre noire sur papier
Lettre pliée : H. 12,9 ; L. 9,9
Lettre ouverte : H. 12,9 ; L. 19,8
Paris, musée Gustave-Moreau.

Paris, 16 [septem]bre [18]93

Monsieur,

Merci du bon souvenir que vous avez bien voulu m'envoyer et des termes trop élogieux dans lesquels vous l'avez conçu.

Ai-je besoin d'ajouter que venant de vous dont les œuvres si à l'écart m'ont tant hanté, rien ne pouvait me toucher plus.

Veuillez donc, je vous prie, Monsieur, prendre ici avec toute l'expression de ma gratitude l'assurance de mes meilleurs sentiments.

Huysmans

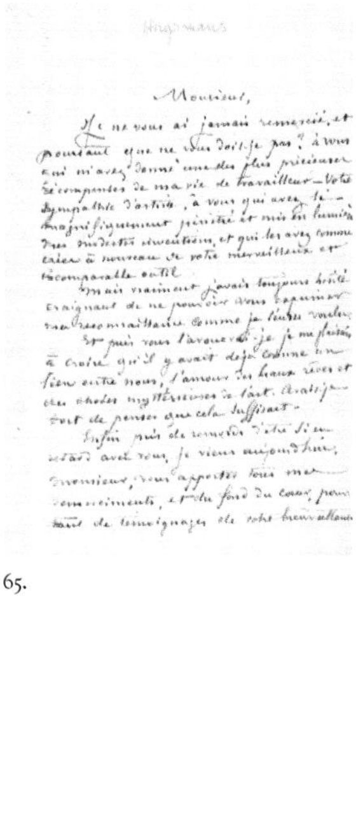
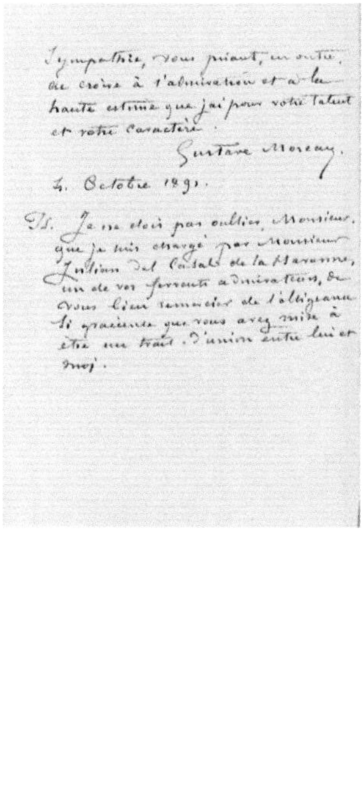

65.

Manuscrit et livres

66. J.-K. Huysmans
Manuscrit d'*À rebours*
(fol. 29 recto, 31 recto et verso) (ill. p. 105-107)
Plume et encre noire sur papier
H. 31 ; L. 26 ; épaisseur : 2,5
Paris, Bibliothèque nationale de France, N. a. fr. 15761

67. J.-K. Huysmans
***Certains*, Tresse et Stock, 1894.**
Livre fermé : H. 19 ; L. 12,3
Paris, Musée Gustave-Moreau, Inv. 13275

68. J.-K. Huysmans
***À rebours*, Charpentier, 1884.**
Livre fermé : H. 18,7 ; L. 12,1
Paris, musée Gustave-Moreau, Inv. 13273

69. J.-K. Huysmans
***Là-bas*, Tresse et Stock, 1891.**
Livre fermé : H. 18,7 ; L. 12,1
Paris, musée Gustave-Moreau, Inv. 13274

70. J.-K. Huysmans
***De tout*, Stock, 1902.**
Livre fermé : H. 18,2 ; L. 12,1
Paris, Société J.-K. Huysmans

71. J.-K. Huysmans
***L'Art moderne*, Charpentier, 1883.**
Livre fermé : H. 18,1 ; L. 11,9
Paris, collection Philippe Barascud

Notes

1. Voir son article « Au Salon – Scènes héroïques – Gustave Moreau », *Le Gaulois*, 20 juin 1880.
2. Robert de Montesquiou évoque Galatée dans *Cœlentéré* et *Nymphe*, deux poèmes de son recueil *Le Chef des odeurs suaves* (Richard, 1893, p. 129-131 ; MGM. Inv. 14790) ; un sonnet de Jean Lorrain, dans *L'Ombre ardente*, a pour titre *Galatée* (Charpentier et Fasquelle, 1897, p. 177 ; MGM. Inv.14710); Pierre Delarue a adressé à Gustave Moreau, le 25 février 1887, une transcri-ption du poème resté inédit d'Henri de Régnier (MGM, correspondance Delarue) ; voir enfin le poème de Julián del Casal, publié dans *La Habana elegante* (La Havane), n° 31, 30 août 1891, p. 5 ; Geneviève Lacambre a regroupé ces poèmes dans « La *Galatée* de Gustave Moreau entre au musée d'Orsay », *48/14. La revue du musée d'Orsay*, n° 6, printemps 1998, p. 58-61).
3. André Breton, *L'Art magique*, Les Amis du Club français du livre, 1957, p. 224.
4. Théocrite, *Bucoliques grecs*, texte établi et traduit par Ph.-E. Legrand, Les Belles Lettres, t. I, 1972, p. 70-77.
5. Chateaubriand, *Génie du christianisme* ; *Œuvres complètes*, Pourrat, t. XV, 1836, p. 80-84 (MGM. Inv. 13931).
6. Ovide, *Les Métamorphoses, divisées en XV livres avec de nouvelles explications historiques, morales et politiques sur toutes les fables, chacune selon son sujet, par Pierre de Ryer*, Sommamville, 1660 (MGM. Inv. 14698).
7. Ovide, *Les Métamorphoses*, traduction française de Gros refondue avec les plus grands soins par M. Cabaret-Dupaty et précédée d'une notice sur Ovide par M. Charpentier, Garnier Frères, 1877 (MGM. Inv. 13528).
8. François Noël, *Dictionnaire de la fable*, Le Normand, 1801 (MGM, Inv. 16185-1 et 2).
9. *Ibid.*, p. 16.
10. Georges Bataille, *Les Larmes d'Éros*, Jean-Jacques Pauvert, 1971, p. 111.
11. Ovide, *Les Métamorphoses* [1877], *op. cit.*, p. 523.
12. Gustave Moreau, *Écrits sur l'art*, présentés et annotés par Peter Cooke, préface de Geneviève Lacambre, Fontfroide, Bibliothèque artistique et littéraire, t. I, 2002, p. 140.
13. Geneviève Lacambre, « La *Galatée* de Gustave Moreau entre au musée d'Orsay », art. cit., p. 52.
14. Voir la lettre de Huysmans à Arij Prins, 14 mai 1889 ; *Lettres inédites à Arij Prins. 1885-1907*, publiées et annotées par Louis Gillet, Genève, Droz, 1977, p. 163-164.
15. Lettre de Jean Lorrain à Gustave Moreau, juin 1893 ; Jean Lorrain-Gustave Moreau, *Correspondance et poèmes*, édition établie par Thalie Rapetti, Réunion des musées nationaux, 1998, p. 57.
16. Lettre de Huysmans à Jean Lorrain, [août 1897] ; *Correspondance Jean Lorrain-Joris-Karl Huysmans, suivie de poèmes, dédicaces et articles*, édition présentée et annotée par Éric Walbecq, Tusson, Du Lérot, 2004, p. 63.
17. Dernier vers du sonnet *Galatée*, de Jean Lorrain.
18. Peinture connue par une photogravure de Buloz publiée dans Georges Desvallières, *L'Œuvre de Gustave Moreau*, publié sous le haut patronage du musée national Gustave-Moreau, [1912], n° 14 (repr.) ; et par une photographie publiée dans le *Catalogue de la vente Jules Beer*, Galerie Georges Petit, 29 mai 1913, n° 17 (repr.).
19. Ary Renan, *Gustave Moreau* (1826-1898), Éditions de la *Gazette des beaux-arts*, 1900, p. 81.
20. Jean Bourdeau (1848-1928), exégète et traducteur de Schopenhauer, et traducteur de Heine, offrit à Gustave Moreau la troisième édition de sa traduction des *Pensées et fragments* de Schopenhauer (Germer Baillière, 1881 ; MGM. Inv. 14743).
21. Philippe Chennevières, « Le Salon de 1880 », *Gazette des beaux-arts*, 1er juin 1880, p. 502-503.
22. Voir Louis de Fourcaud, « Au Salon – Scènes héroïques – M. Gustave Moreau », art. cit.
23. Ary Renan, *Gustave Moreau, op. cit.*, p. 132.

24. Gustave Moreau possédait l'édition suivante de l'œuvre d'Homère : *Iliade*, traduite en vers par François de Rochefort, Imprimerie royale, 1781 (MGM. Inv. 13934).
25. *Ibid.* p. 77-78.
26. Gustave Moreau possédait dans sa bibliothèque la traduction d'Henri Blaze du *Faust* de Goethe (précédée d'un essai sur Goethe, accompagnée de notes et de commentaires, et suivie d'une étude sur la mystique du poème, Charpentier, 1840 ; MGM. Inv. 14679).
27. Pierre Pinchon, « D'Hélène de Troie à Julia Bartet : vers une définition de l'éternel féminin selon Gustave Moreau », *Bulletin de la Société de l'histoire de l'art français*, 2001, p. 239.
28. Gustave Moreau, *Écrits sur l'art*, éd. cit., t. I, p. 99.
29. Jules Breton, *Nos peintres du siècle*, Société d'édition artistique-Pavillon de Hanovre, [1899], p. 215.
30. La première version d'*Hélène*, d'Albert Samain, a été publiée en 1894, la seconde en 1897 dans une nouvelle édition augmentée du *Jardin de l'Infante* (voir Léon Bocquet, *Autour d'Albert Samain*, Mercure de France, 1933, p. 131-132). Le sonnet *Sur l'Hélène de Gustave Moreau* de Jules Laforgue a été publié à titre posthume dans les *Poésies complètes* (édition établie par Pascal Pia, Le Livre de Poche, 1970, p. 413). Robert de Montesquiou fit parvenir au peintre son poème intitulé *Vesprée* (voir MGM, correspondance Robert de Montesquiou ; le musée conserve deux copies autographes du poème non daté), avant de le publier dans *Les Paons* (Fasquelle, 1901). Le poème de Julián del Casal *Elena* parut pour la première fois dans *La Habana elegante* (La Havane), n° 31, 30 août 1891, p. 5, avant d'être repris dans son recueil *Nieve* (La Havane, Imprenta la Moderna Compostela, 1892, p. 34 ; MGM. 14619). Théodore de Banville, qui avait vu *Hélène* dans l'atelier de l'artiste, en a tiré un sonnet (voir MGM, correspondance Théodore de Banville). Le poème de Jean Lorrain, *Hélène* (le titre est transcrit en lettres grecques), figure dans la section *Les Captives*. Il a été publié dans *Le Sang des dieux* (Lemerre, 1882, p. 51 ; MGM. Inv. 14709).
31. *L'Art moderne*, Charpentier, 1883, p. 137.
32. *À rebours*, présentation, notes, dossier, chronologie, bibliographie par Daniel Grojnowski, [dossier constitué en collaboration avec Benoîte de Montmorillon], Flammarion, coll. GF, 2004, p. 224.
33. Émile Blavet, *Le Gaulois*, 2 juin 1876.
34. Moreau possédait la traduction de Lammenais. Les passages en question figurent, dans l'Évangile selon saint Matthieu, chap. XIV, v. 1-12 (*Les Évangiles*, traduction nouvelle [de Lammenais] avec notes et réflexions à la fin de chaque chapitre, Pagnerre et Perrotin, 1846, p. 47 ; MGM., Inv. 13495), et, dans Évangile selon saint Marc, chap. VI, v. 14-29 (*ibid.*, p. 129-130).
35. Julián del Casal a publié *La Aparición* dans *La Habana elegante* (La Havane), n° 31, 30 août 1891, p. 5. Le poème d'Henri Cazalis intitulé *Salomé*, publié dans son recueil *L'Illusion* en 1875, évoque à la fois *Salomé* et *L'Apparition*. Le sonnet de Stuart Merril s'intitule *Ballet* et s'inspire à la fois de *L'Apparition* et de *Salomé* ; celui d'Albert Samain, intitulé *Hérode*, a été publié dans son recueil *Le Chariot d'or* en 1901, et s'inspire librement des *Salomé* de Moreau. Les poèmes d'Henri Cazalis, de Stuart Merril et d'Albert Samain sont reproduits dans *Gustave Moreau et ses contemporains*, préface de Bernard Noël, édition établie et annotée par Frédéric Chaleil, Les Éditions de Paris, 1998, p. 17-18, 66, 107.
36. Jean Lorrain, *Poussières de Paris*, choix, présentation et notes par Jacques Dupont, Klincksieck, 2006, p. 91-92. L'« autre petite aquarelle » dont il est question a pour titre *Salomé à la fleur de Lotus* ou *Salomé dansant* (musée du Louvre, Département des arts graphiques, fonds du musée d'Orsay) et fait partie, comme *L'Apparition*, du don Charles Hayem au musée du Luxembourg.
37. Henri de Régnier, *Les Cahiers inédits. 1887-1936*, édition établie par David J. Niederauer et François Broche, Pygmalion - Gérard Watelet, 2002, p. 79-80.
38. Voir lettre du 11 novembre à Mallarmé (*Bulletin de la Société J.-K. Huysmans*, n° 33, 1957, p. 89).
39. Abbé Mugnier, *Journal (1879-1939)*, texte établi par Marcel Billot, préface de Ghislain de Diesbach, notes de Jean d'Hendecourt, Mercure de France, coll. Le Temps retrouvé, 1985, p. 70.
40. *De tout*, Stock, 1902 [novembre 1901], p. 67-68.
41. Ary Renan, « Gustave Moreau », *Gazette des beaux-arts*, 1er mai 1886, p. 392.
42. Gustave Moreau, *Écrits sur l'art*, éd. cit., t. I, p. 99.
43. Marcel Proust, « Notes sur le monde mystérieux de Gustave Moreau », *Contre Sainte-Beuve*, précédé de *Pastiches et mélanges* et suivi d'*Essais et articles*, édition établie par Pierre Clarac, avec la collaboration d'Yves Sandre, Gallimard, coll. Bibliothèque de la Pléiade, 1971, p. 669.
44. Émile Zola, *Écrits sur l'art*, édition établie, présentée et annotée par Jean-Pierre Leduc-Adine, Gallimard, coll. Tel, 1991, p. 343.
45. *Ibid.*, p. 390.
46. *À rebours*, éd. cit., p. 95.
47. Lettre d'Albert Samain à M. E. Roucher, 6 février 1900 ; Léon Boquet, *Autour d'Albert Samain*, Mercure de France, 1933, p. 218.
48. MGM, Correspondance Félix Bracquemond.
49. Maurice Barrès, « Mes mémoires », *Mes cahiers. 1896-1923*, Plon, 1963, p. 14-15.
50. Henry de Groux, *Journal*, texte établi et annoté par Pierre Pinchon, Rodolphe Rapetti, Thomas Schlesser et Pierrre Wat, Kimé-INHA, 2007, p. 104.
51. Jean Lorrain-Gustave Moreau, *Correspondance et poèmes*, éd. cit., p. 55 et 89.
52. Joseph de Maistre, *Les Soirées de Saint-Pétersbourg, ou Entretiens sur le gouvernement temporel de la Providence suivies d'un Traité sur les sacrifices*, Lyon-Paris, Pélagaud-Roublot, t. II, 1870, p. 64-65. Le roi David, outre le lys, tient dans sa main droite une rose. Des roses croissent également en buisson derrière son trône, et effeuillées, flétries, jonchent le sol autour de lui.
53. MGM. Des. 433.
54. MGM. Arch. GM 542.
55. Joseph de Maistre, *Lettres et opuscules inédits*, Vaton, 1873 (MGM, Inv. 14678- 1 et 2).
56. Gustave Moreau, *Écrits sur l'art*, éd. cit., t. I, p. 103-107.
57. *Ibid.*, p. 104-105.

58. MGM. Des. 3896.
59. Vers du quatrième *Spleen* des *Fleurs du mal.* Moreau possédait une édition du recueil avec un envoi de Caroline Dufays-Aupick, la mère de Baudelaire (Michel Lévy, 1869, p. 202-203 ; MGM. Inv. 14746).
60. MGM. Inv. 11931-47.
61. Gustave Moreau, *Écrits sur l'art*, éd. cit., t. I, p. 111.
62. « Le Salon officiel de 1884 », *La Revue indépendante*, juin 1884.
63. *Ibid.*, p. 121.
64. Gustave Moreau possédait deux éditions des *Fables* de La Fontaine : *Fables, avec des notes de tous les commentateurs*, Firmin Didot, 1859 (MGM. Inv. 14646), et *Fables*, nouvelle édition, revue, mise en ordre, et accompagnée de notes par C. A. Walckenaer, Lefèvre, 1822 (MGM. Inv. 13868).
65. Sur Antony Roux (1833-1913), voir les deux études de Dominique Lobstein : « Antony Roux, Gustave Moreau et les *Fables* de La Fontaine », *Paragone - Arte*, n° 28 (597), novembre 1999, p. 75-88, et « Anthony Roux. Portrait d'un collectionneur et mécène », *Dossier de l'art*, n° 51, octobre 1998, p. 58-65.
66. Cité d'après Pierre-Louis Mathieu, *Gustave Moreau, sa vie, son œuvre. Catalogue raisonné de l'œuvre achevée*, Fribourg, Office du livre, 1976, p. 149.
67. Les articles de journaux relatifs à l'exposition des *Fables* ont été rassemblés dans un cahier par Gustave Moreau (MGM. Inv. 14582). Il a parfois omis de préciser la date de leur parution et leur titre. C'est le cas pour l'article d'Albert Wolff.
68. Charles Blanc, *Le Temps*, 15 mai 1881.
69. *Lettres inédites à Arij Prins*, éd. cit., p. 113-114.
70. *Certains*, éd. cit., p. 16.
71. *Ibid.*, p. 19.
72. Albert Aurier, *Textes critiques. 1889-1892. De l'impressionnisme au symbolisme*, École nationale supérieure des beaux-arts, 1995, p. 105.
73. Ces commentaires figurent dans une série de notes préparatoires pour *Certains*, conservées à la bibliothèque de l'Arsenal (fonds Lambert 26) et ont été publiées par Daniel Grojnowski dans les « Documents » ajoutés à son article « Salomé, l'art et l'argent », dans *Huysmans. Cahier de l'Herne*, n° 47, dirigé par Pierre Brunel et André Guyaux, 1985, p. 165-179, ici p. 174-175.
74. François Noël, *Dictionnaire de la fable*, *op. cit.*, p. 543-544 (MGM. Inv. 16185-2).
75. Homère, *L'Odyssée*, traduite en vers français par M. de Rochefort, Imprimerie royale, 1782, p. 339 (MGM. Inv. 13935).
76. Paul Leprieur, *Gustave Moreau et son œuvre*, Aux bureaux de l'artiste, 1889, p. 32.
77. Ragnar von Holten, *L'Art fantastique de Gustave Moreau*, Jean-Jacques Pauvert, 1960, p. 29-30.
78. Cette peinture à l'huile sur toile est le carton auquel se sont sans cesse référés les ouvriers chargés de tisser la tapisserie. Entrée au musée du Luxembourg le 18 janvier 1901, elle est depuis 1951 conservée au musée de Poitiers.
79. Dans une petite chemise recouverte de toile, Moreau a rassemblé toutes les lettres relatives à la commande du carton pour la tapisserie. Elle porte l'inscription suivante de la main de l'artiste : « 50 / Tapisserie des Gobelins / travail offert par M. Némot / pour la Sorbonne / Ste Geneviève. » (MGM. Correspondance Marchands de tableaux. Les lettres qui sont évoquées ensuite figurent toutes dans ce dossier.)
80. Roger Marx, *La Décoration et l'art industriel à l'Exposition universelle de 1889*, conférence faite au Congrès de la Société centrale des architectes français le 17 juin 1890, Quantin - May et Motteroz, 1890, p. 30.
81. *Lettres inédites à Arij Prins*, éd. cit., p. 357-358.
82. *De tout*, Stock, 1902, p. 68.
83. *Le Constitutionnel*, 1853. Cet article a été, avec d'autres, collé par Gustave Moreau dans un cahier (voir MGM. Inv. 14580). Le nom de l'auteur de l'article n'est pas précisé, pas plus que la date exacte de sa publication.
84. Gustave Larroumet, *Études de littérature et d'art*, 4e série, Hachette, 1896, p. 260 (MGM. Inv. 14739).
85. Henri Focillon, *La Peinture au XIXe siècle. Du réalisme à nos jours* [1927], Flammarion, t. II 1991, p. 88.
86. Le Cantique des cantiques débute par ces mots : « Le plus beau chant – de Salomon ». L'attribution du poème au roi Salomon est fondée sur un verset du Premier Livre des Rois : « Il prononça trois mille proverbes et ses chants sont au nombre de mille cinq » (1 Rois, chap. V, v. 12). Elle est cependant contestée par certains exégètes de la Bible.
87. Le Cantique des cantiques, chap. V, v. 7.
88. Gustave Larroumet, *Études de littérature et d'art*, *op. cit.*, p. 260.
89. *Lettres inédites à Arij Prins*, éd. cit., p. 277. Le livre que prépare alors Huysmans est *La Cathédrale*, qui paraîtra en janvier 1898.
90. *Visite au musée de Dijon*, carnet autographe, bibliothèque de l'Arsenal, fonds Lambert, Ms Lambert 18. Le *Portrait de Sadi Carnot, Président de la République* par Adolphe Yvon (1817-1893), qui date de 1888, et fut exposé cette année-là au Salon (n° 2566), a été légué en 1898 au musée des Beaux-Arts de Dijon par Mme Sadi Carnot. Le *Portrait du maréchal Vaillant* par Horace Vernet (1789-1863), qui date de 1854 et fut présenté à l'Exposition universelle de 1855 (n° 4163), a été légué au musée des Beaux-Arts de Dijon en 1872 par le maréchal Vaillant lui-même. *L'Ex Voto* d'Alphonse Legros (1837-1911), qui date de 1860 et a été expose au Salon de 1861 (n° 1900), a été donné par l'artiste au musée des Beaux-Arts de Dijon en 1868.
91. *L'Oblat*, édition établie par Denise Cogny, préface de Pierre Cogny, Saint-Cyr-sur-Loire, Christian Pirot, 1992, p. 217.
92. *Hercule et Phillo* par Anatole Desvosge (1770-1850). Peinture exposée au Salon de 1812 (n° 311). Don du Conseil général de la Côte d'Or en 1825.
93. Voir *Certains*, éd. cit., p. 122.
94. Voir Georges Rouault, « Gustave Moreau », *L'Art et les artistes*, avril 1926, p. 238. Rouault ne précise pas la date à laquelle Huysmans lui fit cette déclaration.
95. Georges Rouault - André Suarès, *Correspondance*, introduction par Marcel Arland, Gallimard, 1960, p. 211-212.
96. Reproduite dans *Rouault. Première période. 1903-1920*, Musée national d'art moderne, 27 février-4 mai 1992, p. 180.
97. Il est conservé à la Fondation Rouault.

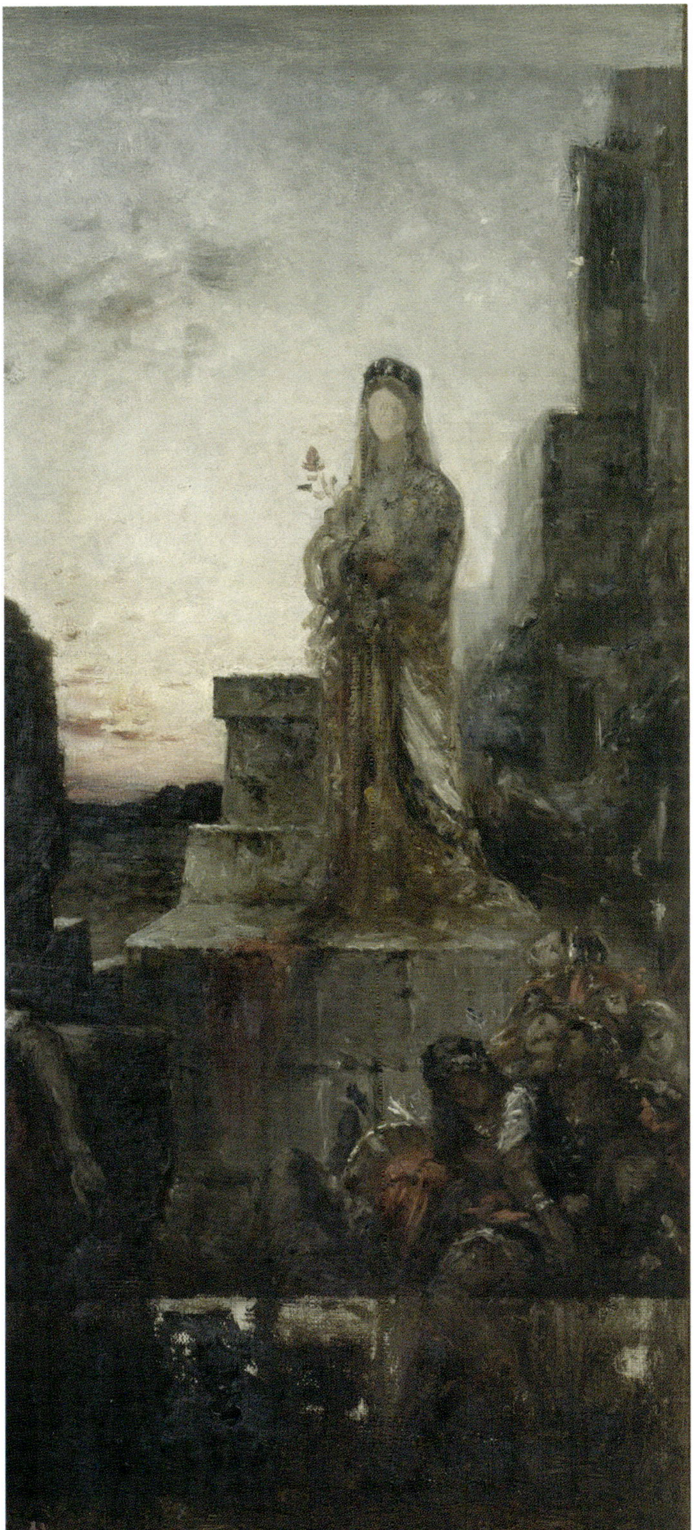

12.
Hélène
sur les remparts
de Troie

Textes de Huysmans sur Gustave Moreau[1]

réunis par Philippe Barascud

« Le Salon officiel de 1880 »

M. Gustave Moreau est un artiste extraordinaire, unique. C'est un mystique enfermé, en plein Paris, dans une cellule où ne pénètre même plus le bruit de la vie contemporaine qui bat furieusement pourtant les portes du cloître. Abîmé dans l'extase, il voit resplendir les féeriques visions, les sanglantes apothéoses des autres âges.

Après avoir été hanté par le Mantegna, et par le Vinci dont les troublantes princesses passent dans de mystérieux paysages noirs et bleus, M. Moreau s'est épris des arts hiératiques de l'Inde et des deux courants de l'art italien et de l'art indou ; il a, éperonné aussi par les fièvres de couleurs de Delacroix, dégagé un art bien à lui, créé un art personnel, nouveau, dont l'inquiétante saveur déconcerte d'abord.

C'est qu'en effet ses toiles ne semblent plus appartenir à la peinture proprement dite. En sus de l'extrême importance que M. Gustave Moreau donne à l'archéologie dans son œuvre, les méthodes qu'il emploie pour rendre ses rêves visibles paraissent empruntées aux procédés de la vieille gravure allemande, à la céramique et à la joaillerie ; il y a de tout là-dedans, de la mosaïque, de la nielle, du point d'Alençon, de la broderie patiente des anciens âges et cela tient aussi de l'enluminure des vieux missels et des aquarelles barbares de l'antique Orient.

Cela est plus complexe encore, plus indéfinissable. La seule analogie qu'il pourrait y avoir entre ces œuvres et celles qui ont été créées jusqu'à ce jour n'existerait vraiment qu'en littérature. L'on éprouve, en effet, devant ces tableaux, une sensation presque égale à celle que l'on ressent lorsqu'on lit certains poèmes bizarres et charmants, tel que le rêve dédié, dans *Les Fleurs du mal*, à Constantin Guys, par Charles Baudelaire[2].

Voir les notes page 110.

Et encore le style de M. Moreau se rapprocherait-il plutôt de la langue orfévrie des De Goncourt. S'il était possible de s'imaginer l'admirable et définitive *Tentation* de Gustave Flaubert, écrite par les auteurs de *Manette Salomon*, peut-être aurait-on l'exacte similitude de l'art si délicieusement raffiné de M. Moreau.

La *Salomé* qu'il avait exposée, en 1878, vivait d'une vie surhumaine, étrange ; les toiles qu'il nous montre, cette année, ne sont ni moins singulières, ni moins exquises. L'une représente *Hélène*, debout, droite, se découpant sur un terrible horizon éclaboussé de phosphore et rayé de sang, vêtue d'une robe incrustée de pierreries comme une châsse ; tenant à la main, de même que la Dame de Pique des jeux de cartes, une grande fleur ; marchant, les yeux larges ouverts, fixes, dans une pose cataleptique. À ses pieds gisent des amas de cadavres percés de flèches, et, de son auguste beauté blonde, elle domine le carnage, majestueuse et superbe comme la Salammbô apparaissant aux mercenaires, semblable à une divinité malfaisante qui empoisonne, sans même qu'elle en ait conscience, tout ce qui l'approche ou tout ce qu'elle regarde et touche.

L'autre toile nous montre *Galatée*, nue, dans une grotte, guettée par l'énorme face de Polyphème. C'est ici surtout que vont éclater les magismes du pinceau de ce visionnaire.

La grotte est un vaste écrin où, sous la lumière tombée d'un ciel de lapis, une flore minérale étrange croise ses pousses fantastiques et entremêle les délicates guipures de ses invraisemblables feuilles. Des branches de corail, des ramures d'argent, des étoiles de mer, ajourées comme des filigranes et de couleur bise, jaillissent en même temps que de vertes tiges supportant de chimériques et réelles fleurs, dans cet antre illuminé de pierres précieuses comme un tabernacle et contenant l'inimitable et radieux bijou, le corps blanc, teinté de rose aux seins et aux lèvres, de la Galatée endormie dans ses longs cheveux pâles !

Que l'on aime ou que l'on n'aime pas ces féeries écloses dans le cerveau d'un mangeur d'opium, il faut bien avouer que M. Moreau est un grand artiste et qu'il domine aujourd'hui, de toute la tête, la banale cohue des peintres d'histoire.

La Réforme, 1er juin 1880 ; recueilli dans *L'Art moderne*, Charpentier, 1883, p. 135-138.

[Le Salon officiel de 1882]

Qui a vu l'une a vu l'autre ; les expositions officielles se suivent et se ressemblent ; un artiste obtient un succès, une année : vous pouvez être sûr que tous les peintres, à la queue-leu-leu, imiteront le tableau de cet artiste, l'année suivante.

Cette fois, ce sont MM. Cazin, Puvis de Chavannes, Bastien-Lepage qui servent de modèles. Les laitages contenus dans les moules en bois de M. Puvis, les jolies chloroses de

M. Cazin, les patientes minauderies de M. Lepage s'étalent sur toutes les cloisons, diminués ou grandis, selon les moyens du copiste, ou le plus ou moins de crédit qu'il possède chez son encadreur.

Ajoutez à cela l'indéracinable séquelle des gens qui persistent à psalmodier l'histoire, selon le rituel de l'école ; tenez compte, si vous voulez, des guitaristes qui continuent à brailler, sur un mode aigu, les habaneira de Fortuny ; notez encore un petit groupe qui s'essaye, sans succès du reste, à rappeler les troublantes délices des œuvres de G. Moreau, vous pourrez vous faire une idée assez nette de la réunion des toiles exposées au Salon de 1882.

[...]

Enfin, à côté de ces créatures de démence [celles des planches du *Rêve* de Redon], se posait l'apparition tranquille d'une femme étrusque, à l'attitude rigide, presque hiératique ; et, tenant tout à la fois des Vierges des Primitifs et des inquiétantes déesses de G. Moreau, une blanche figure de fée jaillissait, comme un lys, dans un ciel noir.

Il serait difficile de définir l'art surprenant de M. Redon ; au fond, si nous exceptons Goya dont le côté spectral est moins divaguant et plus réel, si nous exceptons encore Gustave Moreau dont M. Redon est, en somme, dans ses parties saines, un bien lointain élève, nous ne lui trouverons d'ancêtres que parmi des musiciens peut-être et certainement parmi des poètes.

« Appendice », *L'Art moderne*, Charpentier, 1883, p. 270-271, p. 276.

À rebours

Charpentier, 1884

En même temps que s'appointait son désir [le désir de Des Esseintes] de se soustraire à une haïssable époque d'indignes muflemens[3], le besoin de ne plus voir de tableaux représentant l'effigie humaine tâchant à Paris entre quatre murs, ou errant en quête d'argent par les rues, était devenu pour lui plus despotique.

Après s'être désintéressé de l'existence contemporaine, il avait résolu de ne pas introduire dans sa cellule des larves de répugnances ou de regrets ; aussi, avait-il voulu une peinture subtile, exquise, baignant dans un rêve ancien, dans une corruption antique, loin de nos mœurs, loin de nos jours.

Il avait voulu, pour la délectation de son esprit et la joie de ses yeux, quelques œuvres suggestives le jetant dans un monde inconnu, lui dévoilant les traces de nouvelles conjectures, lui ébranlant le système nerveux par d'érudites hystéries, par des cauchemars compliqués, par des visions nonchalantes et atroces.

Entre tous, un artiste existait dont le talent le ravissait en de longs transports, Gustave Moreau.

Il avait acquis ses deux chefs-d'œuvre et, pendant des nuits, il rêvait devant l'un deux, le tableau de la Salomé, ainsi conçu :

Un trône se dressait, pareil au maître-autel d'une cathédrale, sous d'innombrables voûtes jaillissant de colonnes trapues ainsi que des piliers romans, émaillées de briques polychromes, serties de mosaïques, incrustées de lapis et de sardoines, dans un palais semblable à une basilique d'une architecture tout à la fois musulmane et byzantine.

Au centre du tabernacle surmontant l'autel précédé de marches en forme de demi-vasques, le Tétrarque Hérode était assis, coiffé d'une tiare, les jambes rapprochées, les mains sur les genoux.

La figure était jaune, parcheminée, cannelée[4] de rides, décimée par l'âge ; sa longue barbe flottait comme un nuage blanc sur les étoiles en pierreries qui constellaient la robe d'orfroi plaquée sur sa poitrine.

Autour de cette statue, immobile, figée dans une pose hiératique de dieu hindou, des parfums brûlaient, dégorgeant des nuées de vapeurs que trouaient, de même que des yeux phosphorés de bêtes, les feux des pierres enchâssées dans les parois du trône ; puis la vapeur montait, se déroulait sous les arcades où la fumée bleue se mêlait à la poudre d'or des grands rayons de jour, tombés des dômes.

Dans l'odeur perverse des parfums, dans l'atmosphère surchauffée de cette église, Salomé, le bras gauche étendu, en un geste de commandement, le bras droit replié, tenant à la hauteur du visage, un grand lotus, s'avance lentement sur les pointes, aux accords d'une guitare dont une femme accroupie pince les cordes.

La face recueillie, solennelle, presque auguste, elle commence la lubrique danse qui doit réveiller les sens assoupis du vieil Hérode ; ses seins ondulent et, au frottement de ses colliers qui tourbillonnent, leurs bouts se dressent ; sur la moiteur de sa peau les diamants, attachés, scintillent ; ses bracelets, ses ceintures, ses bagues, crachent des étincelles ; sur sa robe triomphale, couturée de perles, ramagée d'argent, lamée d'or, la cuirasse des orfèvreries dont chaque maille est une pierre, entre en combustion, croise des serpenteaux de feu, grouille sur la chair mate, sur la peau rose thé, ainsi que des insectes splendides aux élytres éblouissants, marbrés de carmin, ponctués de jaune aurore, diaprés de bleu d'acier, tigrés de vert paon.

Concentrée, les yeux fixes, semblable à une somnambule, elle ne voit ni le Tétrarque qui frémit, ni sa mère, la féroce Hérodias, qui la surveille, ni l'hermaphrodite ou l'eunuque qui se tient, le sabre au poing, en bas du trône, une terrible figure, voilée jusqu'aux joues, et dont la mamelle de châtré pend, de même qu'une gourde, sous sa tunique bariolée d'orange.

Ce type de la Salomé si hantant pour les artistes et pour les poètes, obsédait, depuis des années, des Esseintes. Combien de fois avait-il lu dans la vieille Bible de Pierre Variquet, traduite par les docteurs en théologie de l'université de Louvain, l'évangile de saint Mat[t]hieu qui raconte en de naïves et brèves phrases, la décollation du Précurseur ; combien de fois avait-il rêvé, entre ces lignes :

> Au jour du festin de la Nativité d'Hérode, la fille d'Hérodias dansa au milieu et plut à Hérode.
> Dont lui promit, avec serment, de lui donner tout ce qu'elle lui demanderait.
> Elle donc, induite par sa mère, dit : Donne-moi, en un plat, la tête de Jean-Baptiste.
> Et le roi fut marri, mais à cause du serment et de ceux qui étaient assis à table avec lui,
> il commanda qu'elle lui fût baillée.
> Et envoya décapiter Jean, en la prison.
> Et fut la tête d'icelui apportée dans un plat et donnée à la fille ; et elle la présenta à sa mère.

Mais ni saint Mat[t]hieu, ni saint Marc, ni saint Luc, ni les autres évangélistes ne s'étendaient sur les charmes délirants, sur les actives dépravations de la danseuse. Elle demeurait effacée, se perdait, mystérieuse et pâmée, dans le brouillard lointain des siècles, insaisissable pour les esprits précis et terre à terre, accessible seulement aux cervelles ébranlées, aiguisées, comme rendues visionnaires par la névrose ; rebelle aux peintres de la chair, à Rubens qui la déguisa en une bouchère des Flandres, incompréhensible pour tous les écrivains qui n'ont jamais pu rendre l'inquiétante exaltation de la danseuse, la grandeur raffinée de l'assassine.

Dans l'œuvre de Gustave Moreau, conçue en dehors de toutes les données du Testament, des Esseintes voyait enfin réalisée cette Salomé, surhumaine et étrange qu'il avait rêvée. Elle n'était plus seulement la baladine qui arrache à un vieillard, par une torsion corrompue de ses reins, un cri de désir et de rut ; qui rompt l'énergie, fond la volonté d'un roi, par des remous de seins, des secousses de ventre, des frissons de cuisse ; elle devenait, en quelque sorte, la déité symbolique de l'indestructible Luxure, la déesse de l'immortelle Hystérie, la Beauté maudite, élue entre toutes par la catalepsie qui lui raidit les chairs et lui durcit les muscles ; la Bête monstrueuse, indifférente, irresponsable, insensible, empoisonnant, de même que l'Hélène antique, tout ce qui l'approche, tout ce qui la voit, tout ce qu'elle touche.

Ainsi comprise, elle appartenait aux théogonies de l'Extrême-Orient ; elle ne relevait plus des traditions bibliques, ne pouvait même plus être assimilée à la vivante image de Babylone, à la royale Prostituée de l'Apocalypse, accoutrée, comme elle, de joyaux et de pourpre, fardée comme elle ; car celle-là n'était pas jetée par une puissance fatidique, par une force suprême, dans les attirantes abjections de la débauche.

Le peintre semblait d'ailleurs avoir voulu affirmer sa volonté de rester hors des siècles, de ne point préciser d'origine, de pays, d'époque, en mettant sa Salomé au milieu de cet extraordinaire palais, d'un style confus et grandiose, en la vêtant de somptueuses et chimériques robes, en la mitrant d'un incertain diadème en forme de tour phénicienne tel qu'en porte la Salammbô, en lui plaçant enfin dans la main le sceptre d'Isis, la fleur sacrée de l'Égypte et de l'Inde, le grand lotus.

Des Esseintes cherchait le sens de cet emblème. Avait-il cette signification phallique que lui prêtent les cultes primordiaux de l'Inde ; annonçait-il au vieil Hérode, une oblation de virginité, un échange de sang, une plaie impure sollicitée, offerte sous la condition expresse d'un meurtre ; ou représentait-il l'allégorie de la fécondité, le mythe hindou de la vie, une existence tenue entre des doigts de femme, arrachée, foulée par des mains palpitantes d'homme qu'une démence envahit, qu'une crise de la chair égare ?

Peut-être aussi qu'en armant son énigmatique déesse du lotus vénéré, le peintre avait songé à la danseuse, à la femme mortelle, au Vase souillé, cause de tous les péchés et de tous les crimes ; peut-être s'était-il souvenu des rites de la vieille Égypte, des cérémonies sépulcrales de l'embaumement, alors que les chimistes et les prêtres étendent le cadavre de la morte sur un banc de jaspe, lui tirent avec des aiguilles courbes la cervelle par les fosses du nez, les entrailles par l'incision pratiquée dans son flanc gauche, puis avant de lui dorer les ongles et les dents, avant de l'enduire de bitumes et d'essences, lui insèrent, dans les parties sexuelles, pour les purifier, les chastes pétales de la divine fleur.

Quoi qu'il en fût, une irrésistible fascination se dégageait de cette toile, mais l'aquarelle intitulée *L'Apparition* était peut-être plus inquiétante encore.

Là, le palais d'Hérode s'élançait, ainsi qu'un Alhambra, sur de légères colonnes irisées de carreaux moresques, scellés comme par un béton d'argent, comme par un ciment d'or ; des arabesques partaient de losanges en lazuli, filaient tout le long des coupoles où, sur des marqueteries de nacre, rampaient des lueurs d'arc-en-ciel, des feux de prisme.

Le meurtre était accompli ; maintenant le bourreau se tenait impassible, les mains sur le pommeau de sa longue épée, tachée de sang.

Le chef décapité du saint s'était élevé du plat posé sur les dalles et il regardait, livide, la bouche décolorée, ouverte, le cou cramoisi, dégouttant de larmes. Une mosaïque cernait la figure d'où s'échappait une auréole s'irradiant en traits de lumière sous les portiques, éclairant l'affreuse ascension de la tête, allumant le globe vitreux des prunelles, attachées, en quelque sorte crispées sur la danseuse.

D'un geste d'épouvante, Salomé repousse la terrifiante vision qui la cloue, immobile, sur les pointes ; ses yeux se dilatent, sa main étreint convulsivement sa gorge.

Elle est presque nue ; dans l'ardeur de la danse, les voiles se sont défaits, les brocarts ont croulé ; elle n'est plus vêtue que de matières orfévries et de minéraux lucides ; un gorgerin lui

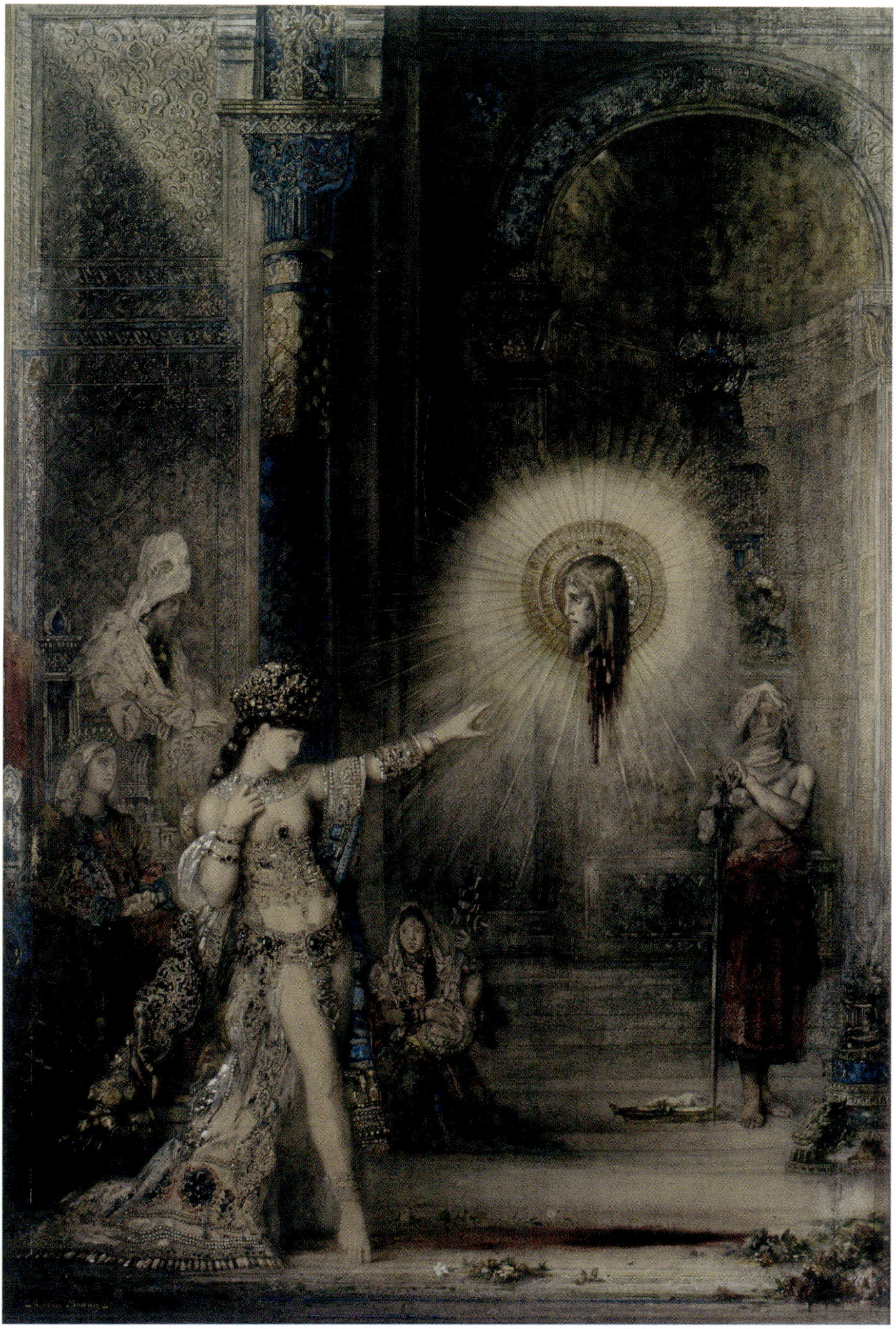

L'Apparition, Salon de 1876 et Exposition universelle de 1878 (Paris, musée du Louvre, département des arts graphiques, fonds du musée d'Orsay) ; évoqué par Huysmans dans *À rebours* (1884). Hors catalogue.

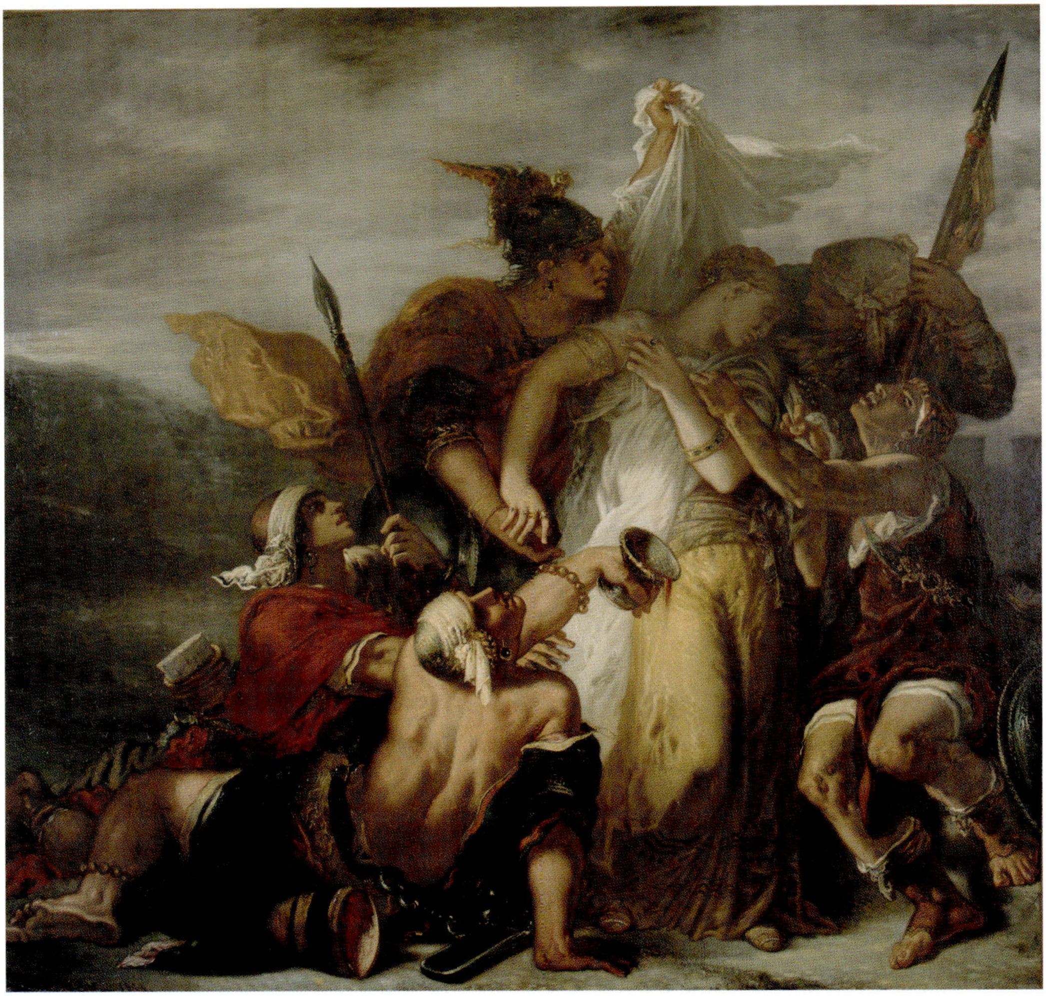

Le Cantique des cantiques, Salon de 1853 (Dijon, musée des Beaux-Arts) ; évoqué par Huysmans dans *L'Oblat* (1903).
Hors catalogue.

serre de même qu'un corselet la taille, et, ainsi qu'une agrafe superbe, un merveilleux joyau darde des éclairs dans la rainure de ses deux seins ; plus bas, aux hanches, une ceinture l'entoure, cache le haut de ses cuisses que bat une gigantesque pendeloque où coule une rivière d'escarboucles et d'émeraudes ; enfin, sur le corps resté nu, entre le gorgerin et la ceinture, le ventre bombe, creusé d'un nombril dont le trou semble un cachet gravé d'onyx, aux tons laiteux, aux teintes de rose d'ongle.

Sous les traits ardents échappés de la tête du Précurseur, toutes les facettes des joailleries s'embrasent ; les pierres s'animent, dessinent le corps de la femme en traits incandescents ; la piquent au cou, aux jambes, aux bras, de points de feu, vermeils comme des charbons, violets comme des jets de gaz, bleus comme des flammes d'alcool, blancs comme des rayons d'astre.

L'horrible tête flamboie, saignant toujours, mettant des caillots de pourpre sombre, aux pointes de la barbe et des cheveux. Visible pour la Salomé seule, elle n'étreint pas de son morne regard, l'Hérodias qui rêve à ses haines enfin abouties, le Tétrarque, qui, penché un peu en avant, les mains sur les genoux, halète encore, affolé par cette nudité de femme imprégnée de senteurs fauves, roulée dans les baumes, fumée dans les encens et dans les myrrhes.

Tel que le vieux roi, des Esseintes demeurait écrasé, anéanti, pris de vertige, devant cette danseuse, moins majestueuse, moins hautaine, mais plus troublante que la Salomé du tableau à l'huile.

Dans l'insensible et impitoyable statue, dans l'innocente et dangereuse idole, l'érotisme, la terreur de l'être humain s'étaient fait jour ; le grand lotus avait disparu, la déesse s'était évanouie ; un effroyable cauchemar étranglait maintenant l'histrionne, extasiée par le tournoiement de la danse, la courtisane, pétrifiée, hypnotisée par l'épouvante.

Ici, elle était vraiment fille ; elle obéissait à son tempérament de femme ardente et cruelle ; elle vivait, plus raffinée et plus sauvage, plus exécrable et plus exquise ; elle réveillait plus énergiquement les sens en léthargie de l'homme, ensorcelait, domptait plus sûrement ses volontés, avec son charme de grande fleur vénérienne, poussée dans des couches sacrilèges, élevée dans des serres impies.

Comme le disait des Esseintes, jamais, à aucune époque, l'aquarelle n'avait pu atteindre cet éclat de coloris ; jamais la pauvreté des couleurs chimiques n'avait ainsi fait jaillir sur le papier des coruscations semblables de pierres, des lueurs pareilles de vitraux frappés de rais de soleil, des fastes aussi fabuleux, aussi aveuglants de tissus et de chairs.

Et, perdu dans sa contemplation, il scrutait les origines de ce grand artiste, de ce païen mystique, de cet illuminé qui pouvait s'abstraire assez du monde pour voir, en plein Paris, resplendir les cruelles visions, les féeriques apothéoses des autres âges.

Sa filiation, des Esseintes la suivait à peine ; çà et là, de vagues souvenirs de Mantegna et de Jacopo de Barbarj ; çà et là, de confuses hantises du Vinci et des fièvres de couleurs à la Delacroix ; mais l'influence de ces maîtres restait, en somme, imperceptible : la vérité était que Gustave Moreau ne dérivait de personne. Sans ascendant véritable, sans descendants possibles, il demeurait, dans l'art contemporain, unique. Remontant aux sources ethnographiques, aux origines des mythologies dont il comparait et démêlait les sanglantes énigmes ; réunissant, fondant en une seule les légendes issues de l'Extrême-Orient et métamorphosées par les croyances des autres peuples, il justifiait ainsi ses fusions architectoniques, ses amalgames luxueux et inattendus d'étoffes, ses hiératiques et sinistres allégories aiguisées par les inquiètes perspicuités d'un nervosisme tout moderne[5] ; et il restait à jamais douloureux, hanté par les symboles des perversités et des amours surhumaines, des stupres divins consommés sans abandons et sans espoirs.

Il y avait dans ses œuvres désespérées et érudites un enchantement singulier, une incantation vous remuant jusqu'au fond des entrailles, comme celle de certains poèmes de Baudelaire, et l'on demeurait ébahi, songeur, déconcerté, par cet art qui franchissait les limites de la peinture, empruntait à l'art d'écrire ses plus subtiles évocations, à l'art du Limosin ses plus merveilleux éclats, à l'art du lapidaire et du graveur ses finesses les plus exquises. Ces deux images de la Salomé, pour lesquelles l'admiration de Des Esseintes était sans borne, vivaient, sous ses yeux, pendues aux murailles de son cabinet de travail, sur des panneaux réservés entre les rayons des livres.

Chap. V, p. 70-80.

Ce fut, durant quelques jours, dans sa cervelle, un grouillement de paradoxes, de subtilités, un vol de poils fendus en quatre, un écheveau de règles aussi compliquées que des articles de codes, prêtant à tous les sens, à tous les jeux de mots, aboutissant à une jurisprudence céleste des plus ténues, des plus baroques ; puis le côté abstrait s'effaça, à son tour, et tout un côté plastique lui succéda, sous l'action des Gustave Moreau pendus aux murs.

Il vit défiler toute une procession de prélats : des archimandrites, des patriarches, levant, pour bénir la foule agenouillée, des bras d'or, agitant leurs barbes blanches dans la lecture et la prière ; il vit s'enfoncer dans des cryptes obscures des files silencieuses de pénitents ; il vit s'élever des cathédrales immenses où tonitruaient des moines blancs en chaire. De même, qu'après une touche d'opium, De Quincey, au seul mot de « Consul Romanus », évoquait des pages entières de Tite-Live, regardait s'avancer la marche solennelle des consuls, s'ébranler la pompeuse ordonnance des armées romaines ; lui, sur une expression théologique, demeurait haletant, considérait des reflux de peuple, des apparitions épiscopales se détachant sur les fonds embrasés des basiliques ; ces spectacles le tenaient sous le charme, courant d'âges en âges, arrivant aux cérémonies religieuses modernes, le roulant dans un infini de musique, lamentable et tendre.

Chap. VII, p. 108-109.

Parmi les onze pièces [de Mallarmé] réunies sous cette couverture, quelques-unes, *Les Fenêtres*, l'*Épilogue*, *[L']Azur*, le requéraient ; mais une entre autres, un fragment de l'*Hérodiade*, le subjuguait de même qu'un sortilège, à certaines heures.

Combien de soirs, sous la lampe éclairant de ses lueurs baissées la silencieuse chambre, ne s'était-il point senti effleuré par cette Hérodiade qui, dans l'œuvre de Gustave Moreau maintenant envahie par l'ombre, s'effaçait plus légère, ne laissant plus entrevoir qu'une confuse statue, encore blanche, dans un brasier éteint de pierres ! L'obscurité cachait le sang, endormait les reflets et les ors, enténébrait les lointains du temple, noyait les comparses du crime ensevelis dans leurs couleurs mortes, et, n'épargnant que les blancheurs de l'aquarelle, sortait la femme du fourreau de ses joailleries et la rendait plus nue.

Invinciblement, il levait les yeux vers elle, la discernait à ses contours inoubliés et elle revivait, évoquant sur ses lèvres ces bizarres et doux vers que Mallarmé lui prête :

Ô miroir !
Eau froide par l'ennui dans ton cadre gelée
Que de fois et pendant des heures, désolée
Des songes et cherchant mes souvenirs qui sont
Comme des feuilles sous ta glace au trou profond,
Je m'apparus en toi comme une ombre lointaine.
Mais, horreur ! des soirs, dans ta sévère fontaine,
J'ai de mon rêve épars connu la nudité[6] !

Ces vers, il les aimait comme il aimait les œuvres de ce poète qui, dans un siècle de suffrage universel et dans un temps de lucre, vivait à l'écart des lettres, abrité de la sottise environnante par son dédain, se complaisant, loin du monde, aux surprises de l'intellect, aux visions de sa cervelle, raffinant sur des pensées déjà spécieuses, les greffant de finesses byzantines, les perpétuant en des déductions légèrement indiquées que reliait à peine un imperceptible fil. Ces idées nattées et précieuses, il les nouait avec une langue adhésive, solitaire et secrète, pleine de rétractions de phrases, de tournures elliptiques, d'audacieux tropes.

Chap. XIV, p. 259-261.

« Puvis de Chavannes[7] »

Un autre rapprochement curieux à noter encore. Une tentative de concubinage essayée, cette fois, par de jeunes écrivains dont la bonne foi ne saurait être mise en doute.

L'accolement « dans le raffiné » des noms de M. Puvis de Chavannes et de M. Moreau.

[...] Comparer M. Puvis et M. Gustave Moreau, les marier[8], alors qu'il s'agit de raffinement, les confondre en une botte d'admiration unique, c'est commettre vraiment une des plus obséquieuses hérésies[9] qui se puissent voir. M. Gustave Moreau a rajeuni les vieux suints des sujets par un talent tout à la fois subtil et ample ; il a repris les mythes éculés par les rengaines des siècles[10] et il les a exprimés dans une langue persuasive et superbe, mystérieuse et neuve. Il a su d'éléments épars créer une forme qui est maintenant à lui[11]. M. Puvis de Chavannes n'a rien su créer. Il ne s'est pas abstenu comme M. Moreau des tricheries académiques, des vénérables dols ; il a détroussé les Primitifs italiens[12], les pastichant même, d'une façon absolue, parfois ; là, où les gens du Moyen Âge étaient croyants et naïfs, il a apporté la singerie de la foi, le retors de la simplesse ; au fond, c'est un bon vivant dont le famélisme de peinture nous dupe[13], c'est un vieux rigaudon qui s'essaie dans les requiem[14] !

Certains, Tresse et Stock, 1889, p. 13-14 et 16-17.

« Gustave Moreau »

Éloigné de la cohue qui nous verse, à chaque mois de Marie, l'ipéca spirituel du grand art, M. Gustave Moreau n'a plus, depuis des années, immobilisé de toiles sous les mousselines qui sèchent, en pavillonnant, de même que de misérables dais, dans les hangars vitrés du palais de l'Industrie.

Il s'est également abstenu des exhibitions mondaines. La vue de ses œuvres, confinées chez quelques commerçants, est donc rare ; en 1886, cependant, une série de ses aquarelles fut exposée par les Goupil dans leurs galeries de la rue Chaptal.

Ce fut dans la salle qui les contint un autodafé de ciels immenses en ignition ; des globes écrasés de soleils saignants, des hémorragies d'astres coulant en des cataractes de pourpre sur des touffes culbutées de nues.

Sur ces fonds d'un fracas terrible, de silencieuses femmes passaient, nues ou accoutrées d'étoffes serties de cabochons comme de vieilles reliures d'évangéliaires, des femmes aux cheveux de soie floche, aux yeux d'un bleu pâle, fixes et durs, aux chairs de la blancheur glacée des laites ; des Salomés tenant, immobiles, dans une coupe, la tête du Précurseur qui rayonnait, macérée dans le phosphore, sous des quinconces aux feuilles tondues, d'un vert presque noir ; des déesses chevauchant des hippogriffes et rayant du lapis de leurs ailes l'agonie des nuées ; des idoles féminines, tiarées, debout sur des trônes aux marches submergées par d'extraordinaires fleurs ou assises, en des poses rigides, sur des éléphants, aux fronts mantelés de verts, aux poitrails chappés d'orfroi, couturés ainsi que de sonnailles de cavalerie, de longues perles, des éléphants qui piétinaient leur pesante image que réfléchissait une nappe d'eau éclaboussée par les colonnes de leurs jambes cerclées de bagues !

Une impression identique surgissait de ces scènes diverses, l'impression de l'onanisme spirituel, répété, dans une chair chaste ; l'impression d'une vierge, pourvue dans un corps d'une solennelle grâce, d'une âme épuisée par des idées solitaires, par des pensées secrètes, d'une femme, assise en elle-même, et se radotant, dans de sacramentelles formules de prières obscures, d'insidieux appels aux sacrilèges et aux stupres, aux tortures et aux meurtres.

Loin de cette salle, dans la morne rue, le souvenir ébloui de ces œuvres persistait, mais les scènes ne paraissaient plus en leur ensemble ; elles se disséminaient, dans la mémoire, en leurs infatigables détails, en leurs minuties d'accessoires étranges. L'exécution de ces joyaux aux contours gravés dans l'aquarelle comme avec des becs écrasés de plumes, la finesse de ces plantes aux hampes enchevêtrées, aux tiges patiemment enlacées, brodées de même que les guipures des rochets autrefois ouvrés pour les prélats, le jet de ces fleurs tenant par leurs formes de l'orfèvrerie religieuse et de la flore d'eau, des nénuphars et des pyxides, des calices et des algues, toute cette surprenante chimie de couleurs suraiguës, arrivées à leurs portées extrêmes, montaient à la tête et grisaient la vue qui titubait, abasourdie, sans les voir, le long des maisons neuves.

À la réflexion, alors qu'on se promenait, que l'œil rasséréné regardait, voyait cette honte du goût moderne, la rue ; ces boulevards sur lesquels végètent des arbres orthopédiquement corsetés de fer et comprimés par les bandagistes des ponts et chaussées, dans des roues de fonte ; ces chaussées secouées par d'énormes omnibus et par des voitures de réclame ignobles ; ces trottoirs remplis d'une hideuse foule en quête d'argent, de femmes dégradées par les gésines, abêties par d'affreux négoces, d'hommes lisant des journaux infâmes ou songeant à des fornications et à des dols le long de boutiques d'où les épient pour les dépouiller, les forbans patentés des commerces et des banques, l'on comprenait mieux encore cette œuvre de Gustave Moreau, indépendante d'un temps, fuyant dans les au-delà, planant dans le rêve, loin des excrémentielles idées, secrétées par tout un peuple.

Et en effet, quand le moment est définitivement venu où l'argent est le Saint des Saints devant lequel toute une humanité, à plat ventre, bave de convoitise et prie ; quand un pays avarié par une politique accessible à tous, suppure par tous les abcès de ses réunions et de sa presse ; quand l'art méprisé se ravale de lui-même au niveau de l'acheteur ; quand l'œuvre artiste, pure, est universellement considérée comme le crime de lèse-majesté d'un vieux monde, soûlé de lieux communs et d'ordures, il arrive fatalement que quelques êtres, égarés dans l'horreur de ces temps, rêvent à l'écart et que de l'humus de leurs songes jaillissent d'inconcevables fleurs d'un éclat vibrant, d'un parfum fiévreux et altier, si triste ! – La théorie du milieu, adaptée par M. Taine à l'art est juste – mais juste à rebours, alors qu'il s'agit de grands artistes, car le milieu agit sur eux alors par la révolte, par la haine qu'il leur inspire ; au lieu de modeler, de façonner l'âme à son image, il crée dans d'immenses Boston, de solitaires Edgar Poe ; il agit par retro, crée dans de honteuses Frances des Baudelaire, des Flaubert, des Goncourt, des Villiers de l'Isle-Adam, des Gustave Moreau, des Redon et des Rops, des êtres d'exception, qui retournent sur les pas des siècles et se jettent, par dégoût des promiscuités qu'il leur faut subir, dans les gouffres des âges révolus, dans les tumultueux espaces des cauchemars et des rêves.

Certains, Tresse et Stock, 1889, p. 17-22.

« Des prix »

Être riche, très riche ! et fonder à Paris, en face de la triomphale ambulance du Luxembourg, un musée public de la peinture contemporaine.

Réunir des œuvres d'art, enfin ! – Acheter et exposer, chaque jour, sans redevance, dans des salles claires : les *Salomés*, l'*Hélène*, la *Galatée*, *L'Hydre de Lerne*[15], de Gustave Moreau ; l'*Olympia* et *Le Toréador mort* de Manet ; des danseuses et des femmes nues de Degas ; le portrait de *Ma mère*[16], le *Carlyle*[17], quelques-uns des nocturnes et des harmonies de James Whistler ; des marines de Claude Monet de la collection Durand-Ruel ; les *Sentes du Chou*[18], de Pissarro ; le *Café* [19] et la *Femme à la fenêtre*[20] de Caillebotte, les premières *Folies-Bergère* et certains intérieurs de J.-L. Forain ; des portraits féminins de l'ancien Renoir ; une ou deux natures mortes de Cézanne ; *La Plaine de Gennevilliers*, la Seine en hiver, de Raffaëlli ; la récréation et le furet, de Bartholomé, quelques Sisley, triés dans son œuvre.

Puis, dans la salle de blanc et de noir des fusains de Redon ; les admirables eaux-fortes de Whistler ; les bonnes pierres du pauvre Bresdin ; les anciens Legros ; *Les Sataniques* de Rops, des Chéret ; enfin avec le battant de porte et la superbe interprétation du *David*, de Moreau, par Bracquemond, les scènes intimes de Bonvin qui furent exposées, en octobre 1887, chez M. Georges Petit et qui décèlent chez ce faux et lent Hollandais, chez ce vulgaire et pénible peintre, un talent d'aquafortiste, noir en chair, décidé, presque bizarre.

La Cravache parisienne, 28 juillet 1888 (sous le titre « Des peintres ») ;
recueilli dans *Certains*, Tresse et Stock, 1889, p. 121-122.

Là-bas

Tresse et Stock, 1891

Lyon est célèbre par ses charcuteries, ses marrons et ses soies ; et aussi par ses églises ! Tous les sommets de ses voies en escalade sont sillonnés par des chapelles et des couvents et Notre-Dame de Fourvière les domine tous. De loin, ce monument ressemble à une commode du XVIIIe siècle, renversée, les pieds en l'air, mais l'intérieur qu'on parachève encore, déconcerte. – Tu devrais aller la visiter, un jour. – Tu y verrais le plus extraordinaire mélange d'assyrien, de roman, de gothique, tout un je ne sais quoi, inventé, plaqué, rajeuni, soudé, par Bossan, le seul architecte qui ait, en somme, su élever un intérieur de cathédrale, depuis cent ans ! Sa nef fulgure d'émaux et de marbres, de bronzes et d'or ; des statues d'anges coupent les colonnes, interrompent avec une grâce solennelle, les eurythmies connues. C'est asiatique et barbare ; cela rappelle les architectures que Gustave Moreau élance, autour de ses Hérodiades, dans son œuvre.

Chap. XX, p. 410-411.

La Cathédrale

Stock, 1898

Eh bien, murmura Durtal, ce n'est pas encore le XIIIe siècle qui nous aura donné un portrait de cette souveraine [la reine de Saba] que l'on se représente, follement parée, se balançant, à dos de chameau dans le désert, marchant en tête d'une caravane, sous l'incendie du firmament, dans le feu des sables. Elle a tenté les écrivains et non les moindres, cette reine Balkis, Makéda ou Candaule, Flaubert, pour en citer un ; mais elle n'a pu s'incorporer dans *La Tentation de saint Antoine* qu'en une créature puérile et falote, en une marionnette qui sautille, en zézayant ; au fond, il n'y a que le peintre des Salomés, Gustave Moreau, qui pourrait la rendre, cette femme vierge et lubrique, casuiste et coquette ; lui seul pourrait, sous l'armature fleurie des robes, sous le gorgerin flambant des gemmes, aviver la chair épicée de cet être, son chef diadémé, étrange, son sourire de sphynge innocente, venue de si loin pour poser des énigmes et fermenter dans le lit d'un roi. Celle-là, elle est trop compliquée pour l'âme et pour l'art ingénus du Moyen Âge.

Chap. XI, p. 330-331.

« Les Gobelins »

[La manufacture des Gobelins] ne fait plus exécuter des œuvres frigides avec des teintes mortes ; elle a remonté tous les tons et n'a plus travaillé pour le lendemain, laissant au temps le soin d'apaiser les nuances trop volontaires, d'assagir le côté trop neuf.

Et, ce faisant, elle a justifié le bon aloi de pressants conseils. Déjà, en 1889, dans sa sagace et dans sa libre étude sur *La Décoration et l'industrie d'art à l'Exposition universelle*, Roger Marx, qui se tient toujours aux avant-postes de l'art, demandait que l'on s'adressât à des peintres tels que Gustave Moreau « pour soustraire la tapisserie du XIXe siècle à la domination franche ou inavouée des âges disparus, pour lui assigner un caractère, une date, en l'obligeant à refléter la ressemblance de notre temps, à enfermer dans sa trame l'idéal moderne[21] ».

Son souhait fut exaucé. Les Gobelins sont maintenant dirigés par M. Guiffrey, un lettré très au courant de la technique de la tapisserie dont il a écrit une histoire ; les ateliers sont sortis de l'ornière dans laquelle ils pataugeaient depuis dix ans, et aujourd'hui, sur les métiers, l'on travaille, d'après un carton qui fut commandé à Gustave Moreau, *Le Poète et la Sirène*, à une très extraordinaire tenture. Pour la première fois, je crois, l'on verra un tissu de ce genre flamber en un autodafé de tons. Cette aquarelle de Moreau rappelle et la Salomé du même peintre et la Galatée, – la Salomé par la pose et par le type de la femme nue, aux chairs épicées de gemmes, fascinant, debout, le poète qui gît à ses pieds, – la Galatée, par le décor, par le fond de grotte marine fleurie de coraux, de mousses en velours de feu, de plantes en dentelle. – Les bleus lapis et les rouges de piment y éclatent, léchant de leurs flammes de couleur la pâle silhouette de la grande sirène aux yeux verts ; et c'est merveille de voir au travers de cette immense harpe aux cordes blanches qu'est l'appareil de la haute lisse, le musicien silencieux de cet art animer l'instrument qui rend peu à peu, dans le va-et-vient des broches, des sons différents de nuances ; et il semble que l'instrument opère, lui aussi, de son côté, sans l'aide humaine des mains, car des bâtons de croisure pendent en haut pour écarter les fils et, lorsqu'ils remuent, l'on songe à de taciturnes archets qui accompagneraient le harpiste, en jouant seuls ; ce spectacle paraît d'autant plus étrange que l'exécutant travaille derrière la grille de son métier, lit en quelque sorte la partition à l'envers, est même obligé de se retourner pour suivre le modèle placé derrière lui.

Le succès de cette copie, lorsqu'elle sera terminée, est certain, car cette transposition est d'une fidélité qu'on n'osait attendre et elle montrera que la vieille manufacture s'est évadée de sa séculaire léthargie et qu'elle a dès lors gardé sa raison d'être.

Le pauvre Moreau ! il est assuré au moins dans ce lieu où l'on n'emploie que des couleurs sûres, où l'on fabrique, de même qu'au bon temps, le jaune avec la gaude, le bleu avec l'indigo, le rouge avec la cochenille et la garance, et où l'on obtient les composés par ces mélanges, de n'être pas trahi, comme il le fut, par les produits inconstants de l'aniline. Il faut se remémorer, en effet, l'affreux mécompte de la Salomé donnée par M. Charles Hayem au musée du Luxembourg. Les carmins jadis à vif se sont mués en de vagues bruns ; les jaunes et les roses se sont à moitié évanouis, ne laissant plus en place que le lazuli des bleus ; c'est triste à dire, cette aquarelle est tournée ; elle n'est plus du tout ce qu'elle fut, grâce à la salauderie de nos marchands de couleurs modernes.

Mais, pour confesser toute la vérité, j'étais moins venu pour visiter les œuvres des Gobelins – car j'ignorais que *Le Poète et la Sirène* fussent sur le chantier – que pour apercevoir encore ma malheureuse Bièvre et la surprendre dans les préaux où elle est enfermée, là où l'on ne peut d'habitude la voir.

[...]

Ces réflexions [sur la probable disparition de la manufacture des Gobelins] m'obsédaient, en revenant par le boulevard de Port-Royal ; puis d'autres se succédèrent. N'avais-je pas vu, en effet, le plus bizarre des contrastes ? Dans une grotte marine parée de joyaux fous, la grande sirène de Moreau, debout, tenant le poète vaincu à ses pieds, tandis qu'autour d'elle des touffes de pierreries montent comme des plantes grimpantes sur les fils blancs des harpes, – et, dans un paysage désolé, aux fleurs de cimetière, la petite servante des tanneurs, la triste Bièvre, assise, épuisée de fatigue, sous un dessous de pont ; – en somme, les deux faces réunies de l'éternelle lutte : la femme captant l'homme par les basses manigances de ses charmes, le mâtant, le rabaissant au rang d'un esclave ; l'homme abusant de sa force, avilissant, traitant telle qu'une paria la femme qui ne sut pas s'imposer, qui ne sut pas lui plaire, – la sirène, se riant de l'être qu'elle a soumis ; la Bièvre, suant à la peine, travaillant pour le compte d'un tyran, dans la pestilence des peaux arrachées à des bêtes mortes.

L'Écho de Paris, 18 janvier 1899 ; recueilli dans *La Bièvre. Les Gobelins. Saint-Séverin*, Société de propagation du livre d'art, 1901, puis dans *De tout*, Stock, 1902, p. 65-68 et 73.

L'Oblat

Stock, 1903

Durtal parcourut les galeries de la peinture contemporaine où se prélassaient, en bonne place, un hivernal portrait du pluvieux Carnot, par Yvon – un maréchal Vaillant d'Horace Vernet où l'ingéniosité de ce teinturier militaire se décelait par ce petit détail : le Maréchal dont la tête était celle d'un notaire à toupet, du temps de Louis-Philippe, ne savait où caser l'un de ses bras et le Vernet avait jugé original de le placer sur un tas de cuirasses qui reposaient, elles-mêmes, sur un tas de fascines jusqu'à la hauteur voulue pour servir d'appuie-main, le tout échafaudé dans un paysage de fantaisie aux couleurs grêles et acides ;

– puis, une œuvre de jeunesse de Gustave Moreau, *Le Cantique des cantiques*, une toile plus que médiocre, du genre Chassériau, qui ne permettait guères de soupçonner le futur talent du peintre de l'Hérodiade ; – enfin, des cocasseries furieuses d'un Anatole Devosge ; celui-là et Monsieur François, son père, étaient les gloires bouffonnes de Dijon et le buste de l'un de ces deux grotesques, avec une physionomie d'huissier et des pattes de lapin, le long des joues, se dressait sur un socle, dans l'une des salles. Cet Anatole Devosge il avait brossé une bâche inouïe ; cela s'appelait *Hercule et Phillo*.

Chap. VIII, p. 218.

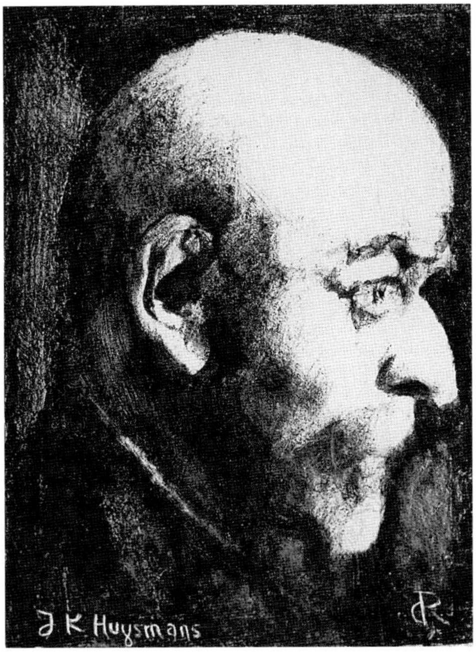

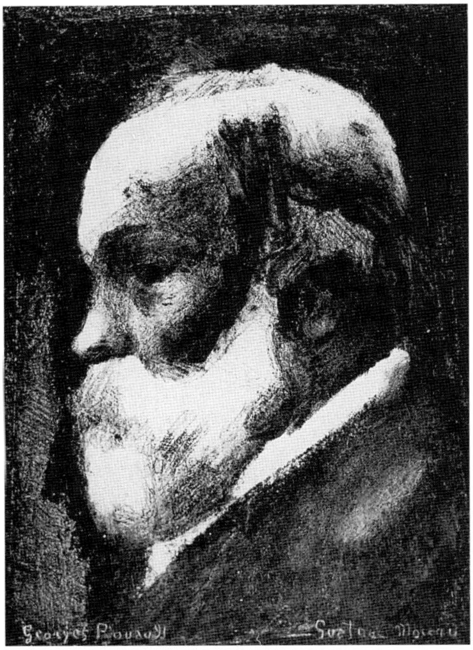

61. Georges Rouault : Joris-Karl Huysmans
60. Georges Rouault : Gustave Moreau à la barbe blanche

Le brouillon d'*À rebours*.
Extrait du chapitre V

texte introduit et établi par Benoîte de Montmorillon

*Le manuscrit d'*À rebours *n'a pas été conservé, ni les épreuves corrigées du roman. De la phase prééditoriale, seule subsiste une première version manuscrite, qui appartint tout d'abord à Léon Hennique (il a transcrit deux feuillets manquants à partir du texte publié). Répertoriée à partir de 1928 dans trois ventes publiques, elle est depuis 1968 conservée à la Bibliothèque nationale de France, site Richelieu, département des manuscrits occidentaux (cote : na.fr. 15761 ; microfilm : M 4608).*

L'autographe de 236 pages recto-verso a été composé sur des feuillets à en-tête du ministère de l'Intérieur ; surchargé de ratures et de variantes, il a dû être rédigé à l'automne 1882, les chapitres les plus anciens remontant peut-être au séjour du romancier à Fontenay-aux-Roses durant l'été 1881. Huysmans rédigea probablement par la suite un deuxième manuscrit qu'il modifia pour aboutir au texte publié en mai 1884.

Demeuré inédit à ce jour, le manuscrit de la Bibliothèque nationale fait l'objet d'une édition critique que nous préparons dans le cadre d'une thèse.

*Nous présentons ici les deux variantes que l'huile et l'aquarelle de Gustave Moreau ont inspirées à l'auteur d'*À rebours. *Une comparaison du manuscrit avec le texte publié soulignera les hésitations et les choix que l'écrivain a opérés, ainsi que ses minutieuses recherches d'expression.*

Dans la transcription du manuscrit, on distinguera les mots biffés des mots ajoutés, encadrés par des barres verticales. Les ajouts sont essentiellement interlinéaires (interligne supérieur ou inférieur). Huysmans met également à profit les marges qu'il ménage systématiquement, à gauche au recto des feuillets, à droite au verso. Une partie de ces ajouts ou esquisses marginaux sont précédés d'une encoche +, qui en appelle une autre dans le corps du texte, à l'endroit où l'auteur souhaite insérer l'ajout. Une variante en bas de page, introduite dans le texte par une lettre suscrite, indique la mention : « ajout (ou esquisse) marginal(e) avec renvoi du texte à la marge et de la marge au texte ».

L'écrivain ne fait pas toujours preuve de précision dans ses modifications et ajouts : dans certains cas, il inscrit bien l'encoche dans le corps du texte, mais oublie souvent le rappel dans la marge ; la position de l'ajout marginal, à hauteur du texte et de son encoche, permet cependant la plupart du temps d'éviter les incertitudes. En revanche, l'omission de l'encoche dans le texte même, beaucoup plus fréquente (signalée par la mention « ajout marginal sans renvoi dans le texte »), se révèle plus problématique ; il n'est pas toujours facile de replacer l'ajout marginal à l'endroit souhaité par l'auteur, notamment dans le cas d'une série d'énumérations ou de juxtapositions. Nous avons dû parfois nous reporter au texte publié pour resituer un ajout.

Nous nous sommes efforcée de reconstituer, dans l'ordre, la séquence de ces ajouts, et de la restituer, avec ses différentes étapes, dans la transcription proposée. Les indices matériels que peuvent fournir l'écriture ou les changements d'encre et de plume se sont révélés d'un faible secours, le texte ayant manifestement été rédigé en un laps de temps restreint. Nous nous sommes donc essentiellement fondée sur la façon dont Huysmans ordonne, hiérarchise et s'approprie l'espace de la page.

Ses premiers ajouts et substitutions prennent toujours place dans l'interligne supérieur. Les ajouts ou substitutions ultérieurs figurent au-dessus des premiers chaque fois que c'est possible, sinon à leur droite. Les ajouts ou substitutions inscrits à gauche, ainsi que ceux de l'interligne inférieur, sont le plus souvent les dernières modifications de l'auteur, lorsque l'espace interlinéaire supérieur – au-dessus et à droite de l'endroit précis du texte auquel ces divers ajouts se rapportent – est saturé.

La marge, elle, concerne davantage les ajouts plus développés, excédant l'espace d'un syntagme. Certains ajouts enfin, commencés dans l'espace interlinéaire, se prolongent dans la marge, notamment lorsque l'espace dans lequel ils doivent s'insérer – ou le mot qu'ils doivent remplacer – se trouve à proximité de la marge. Nous n'avons pas jugé bon de signaler en variante le caractère marginal de ces ajouts, chaque fois qu'il nous semblait dépendre de l'espace subsistant sur la page.

Tous les ajouts dont nous ne mentionnons pas la position particulière (c'est-à-dire dans l'interligne inférieur ou dans la marge) figurent donc dans l'interligne supérieur, parfois sur la ligne même, lorsque l'espace laissé entre les mots le permet.

V

Après avoir été l'un des plus fervents adeptes de modernisme, en peinture, ses goûts avaient peu à peu, ~~évolué~~ |changé|. En même temps que s'accentuait ~~son~~ |le| désir de se soustraire à une haïssable époque d'indignes mufles, le besoin de ne plus voir de tableaux représentant l'effigie humaine, tâchant |à Paris| entre 4 murs, ou courant, en quête d'argent, par les rues, était devenu plus despotique, plus tenace.

Après s'être désintéressé de l'existence contemporaine, il ~~s'~~ avait résolu de ne pas introduire dans son cloître, des larves de dégoûts ou de regrets. Aussi avait-il renoncé aux danseuses qu'il possédait de Degas, le grand peintre de la vie moderne ; maintenant, il voulait une peinture ~~aussi~~ |pa|raffinée ~~que~~ |comme| la sienne, mais baignant dans la corruption ancienne, loin de nos mœurs, loin de nos jours, une peinture où l'éternel féminin se dresserait, imposant et terrible, montrant la bête non domestiquée, toute à ses instincts, humant le mâle, ~~et~~ flairant le sang.

Il voulait enfin, dans le silence de sa cellule, réduire la joie de ses yeux, à quelques œuvres suggestives, le jetant dans un monde inconnu, où grouilleraient ~~des crimes~~

|~~nonchalants et atroces~~| ~~voluptueux~~, ~~des hystéries~~ ~~compliquées et~~ |des névroses ~~compliquées et~~| érudites |des ~~hystéries~~ névroses ~~compliquées~~| |des hystéries |nymphomanes| harassées|[22], |des névroses| |~~et~~| ~~des débauches~~ ~~compliquées et grandioses~~ des crimes nonchalants et atroces[23].

Il ~~avait enfin pu se~~ |~~s'~~était parvenu à se| procurer les 2 chefs-d'œuvre de Gustave Moreau, la *Salomé* et *L'Apparition*,

Un seul grand peintre existait dont l'œuvre splendide pût |presque| rassasier ses aspirations |de rêveries| ~~inassouvies~~, Gustave Moreau |.| ~~dont~~ il possédait ~~l~~es |ses| deux chefs-d'œuvre

~~devant lesquels~~ |et| il ~~rêvait~~ |songeait|, |fasciné ~~par~~ devant elles| ~~en fumant, ébloui, comme en extase~~, pendant des nuits[24].

Au-dessus de la cheminée, sur le manteau de laquelle étincelait la *Salomé*, il faisait jaillir des jets de lampes et il fixait cette peinture à l'huile plus étincelante que tous les joyaux insérés ~~sur~~ |dans| l'écaille de sa tortue.

Ds un palais, pareil à une immense ~~et invraisem~~[25] basilique, ~~sous~~ d'une architecture byzantine et musulmane, sous des piliers trapus, presque romans, |en pierre, en briques polychromes, en émail,|[26] sou~~l~~evant |soutenant| des ~~voûtes~~ |des chapiteaux de bronze, des| arcades en forme de ~~fer à cheval~~ |casse-noix|, sous des ~~voûtes~~ colonnes pareil|les| à des forêts |de faux[27]| d'arbres, |à des forêts minérales ~~à une flore pétrifiée de~~|[28] ~~invraisemblables~~, aux troncs ~~bâtis avec des minéraux~~ des granits roses, des basaltes ~~et des~~ |des lazulis et des| porphyres, ~~des lapis-lazulis~~ |.| devant des portes de cèdre et de bronze |, dev^{t} les|[29] et d'immenses ~~rideaux~~ |tentures| |pourpres| de lin brodé ~~d'hyacinthe et de pourpre~~ |comme des chasubles|, un trône s'élevait, pareil à un autel, ~~où dans~~ |creusé d'| une niche d'or constellée de pierreries ~~et~~ qui étincelaient avec des yeux phosphorés de bêtes fauves dans la fumée des parfums qui montaient jusqu'aux voûtes et teignaient d'un |de vapeur bl[30]| ~~bleu de ciel~~ |de turquoise| de grands rayons de jour tombé, droit |comme une écharpe d'or |déroulée| du haut| des coupoles et ~~appuyées~~ |~~posées~~| |~~barrant la nef, en biais, posant~~| sur les ~~dalles.~~ |dalles du| parvis[31].

La *Salomé*, ainsi conçue :

Un trône se dressait, pareil au maître-autel d'une cathédrale, sous d'innombrables voûtes jaillissant de colonnes trapues comme des piliers romans, émaillées de briques polychromes, serties de mosaïques, incrustées de lapis et de sardoines, dans un palais semblable à une immense basilique, d'une architecture tout à la fois musulmane et byzantine.

Voir les notes pages 110-112

Au centre du tabernacle, surmontant l'autel précédé de marches en forme de |demi| vasques, le tétrarque Hérode était assis, ~~im~~[32] coiffé d'une tiare |~~d'où pendaient de longs voiles~~|, les jambes rapprochées, les mains sur les genoux.

La figure était jaune, parcheminée, couturée de rides, décimée par l'âge ; ~~une~~ |sa| longue barbe flottait |~~, et~~| ~~sur sa poitrine,~~ |sur ~~s~~a |la| poitrine| ~~à peine soulevée |soulevée| par le jeu |souffle| |jeu|~~[33] ~~de|s| ses poumons~~ ; ~~la bouche, fendue droite, rentrait, desséchée, mettait~~ ~~comme~~ |~~enveloppait~~[34] comme| |d'| un nuage blanc sur ~~sa robe~~ étoil~~é~~e |les étoiles| ~~de~~ |~~des~~| |en| pierreries ~~qui constellaient~~ |~~semées~~ sur| |qui constellaient| sa ~~poitrine.~~ |~~magnifique~~| ~~longue~~ |la| robe |d'orfroi| plaquée ~~semés~~ sur sa poitrine[35].

|Autour de cette statue,| Immobile, figée dans une pose hiératique de dieu hindou[36], ~~le Tétrarque~~ des parfums brûlaient, dégorgeant des flots de vapeur, ~~voilant~~ que ~~perçaient~~ |trouaient|, ainsi que des yeux phosphorés de bêtes, les feux ~~brasillants~~ des pierres incrustées dans ~~l'or~~ |les parois| du trône ; puis, la vapeur montait, se déroulait sous les arcades où la fumée bleue se mêlait à la poudre d'or des grands rayons de jour tombés des dômes.

Dans l'odeur perverse des parfums, dans l'atmosphère surchauffée de cette église, ~~dégelant le sang glacé par l'âge du vieil Hérode |tétrarque|,~~ Salomé, debout, le bras gauche étendu[37], en un geste de commandement, le bras droit replié, tenant à la hauteur du visage, un grand lotus, s'avance lentement sur ses pointes, aux accords d'une guitare dont une femme accroupie, pince les cordes.

L~~a figure~~ |Le visage| ~~recueillie,~~ pensi~~ve~~ |pensif|, |austère,| presqu'~~austère~~ |solennel|, elle commence la ~~terrible~~ |lubrique| danse qui doit réveiller les sens assoupis du vie~~il Hérode~~ |vieux tétrarque| ; ses seins frémissent – ~~déjà,~~ ~~leurs~~ ~~pointes~~ |~~bouts~~|, frott~~ées par~~ |~~sous le~~ |au| frottement ~~répété~~| ~~l~~es |des| ~~pierreries~~ |~~colliers~~| |des pierreries| qui ~~tournoient~~ |tourbillonnent| sur ~~la gorge~~, |leurs bouts| se dressent ; ~~un~~[38] |~~déjà~~ sur| la moiteur de ~~l~~a |sa| peau ~~couvre~~ d'~~une légère buée,~~ |~~trouble~~| |reluit| ~~l'eau~~ |~~tiède~~| ~~d~~es |les| diamants devenu~~e~~ |~~devenus~~| ~~tiède|s|~~ |~~d~~t ~~l'eau devenue tiède~~ scintillent| ; les bracelets, ~~les bagues~~ |les colliers|, ~~s~~es |les| ceintures, |les bagues| crachent des étincelles ; |Sur| ~~l~~a |sa| ~~longue~~ robe |triomphale| brochée de perles, ~~et~~ ramagée |d'argent, lamée| d'or, la cuirasse de|s| ~~ses~~ orfèvreries, dont chaque écaille est une pierre ~~rare~~ |entre en combustion|, ~~flambe~~ |~~fulgure~~| |l'embrase|, lui dessine le corps en traits ~~de flammes~~ |~~lumineux~~| |incandescents| de ~~feux~~ |~~flammes~~| |~~feux~~| ~~de couleur~~, la pique ~~le~~ |au| ventre |au cou, aux ~~bras~~ jambes, aux bras, partout| de points ~~lumineux~~[39], ~~couleur de violette~~ |iris| |et d'argent|, ~~de ciel~~ |, d'ardoise, de miel et| ~~et de sang~~.

~~la ceint de~~ voltige~~a~~nt~~es~~ |qui voltigent comme des| ~~flammes~~ ~~violettes~~ |bleues| comme ~~celles~~ |des ~~flammes~~| des gaz, ~~bleues~~ |vertes| comme ~~celles~~ |des flammes| de~~s~~ ~~soufres~~ |d'alcool|, l'éclabousse de ~~paillettes~~ |gouttes| ~~couleur~~ |violettes com[40]| d'iris |et de ~~ciel~~|, ~~de miel, et de sang.~~ |de paillettes| rouges comme des

|de feux| qui voltigent bleus comme des flammes de gaz, ~~verts comme des flammes d'alcool~~, l'éclaboussent de gouttes violettes comme des iris, de lueurs d'aurore et de

de points de feux ~~rouges~~ |vermeils| comme des charbons, ~~bleus~~ |violets| comme des ~~flammes~~ |jets| de gaz, ~~jaunes~~ |bleus| comme des ~~fins~~ |~~levers~~| |flammes| ~~d'aurore~~ |d'alcool|, et blancs comme ~~d~~es |les| ~~levers~~ |~~éclats~~| |~~argentés~~ des| |~~éclats de cristal et de~~| |rayons| d'astres.

Concentrée |sur elle-même, insensible|, les yeux fixes, semblable à une somnambule, ~~insensible, aux transports qu'elle soulève,~~ elle ne voit ni ~~le tétrarque~~ |~~Hérode~~| |le tétrarque| ~~qui frissonne~~ |dont les tempes bourdonnent| et dont les prunelles dardent |comme| des ~~jets de désir~~ |~~charbons livides~~[41] | |braises| sous ses paupières mortes, ni sa mère, la ~~terrible~~ |féroce| Hérodias qui la surveille, ni |l'hermaphrodite ou| l'eunuque qui se tient, le sabre au poing, près du trône, une terrible figure voilée jusqu'au ~~menton~~ |~~nez |narines|~~| |joues| et ~~qui laisse tomb~~[42] ~~couler de sa robe orange~~, |dont| ~~sa~~ |la| ~~grasse~~ mamelle de châtré pend |ainsi qu'une gourde ~~grasse~~| sous ~~la~~ |sa| tunique ~~teinte~~ |bariolée[43]| ~~en~~ |d'| orange.

Ce type de la Salomé, si hantant pour les artistes |et pr les poètes|, obsédait, depuis des années, des Esseintes. Combien de fois avait-il lu, dans ~~sa~~ |la| vieille bible |~~de 1685~~[44] de Pierre Variquet|, traduite par les docteurs en théologie de l'Université de Louvain, l'évangile de St Mathieu qui raconte en de brèves et naïves phrases, la décapitation du Précurseur !

Combien de fois avait-il rêvé entre ces lignes :

« ~~Or a~~u |Au| jour du festin de la Nativité d'Hérode, la fille d'Hérodias, dansa au milieu et plut à Hérode.

– Dont lui promit, avec serment, de lui donner tout ce qu'elle lui demanderait.

– Elle donc, induite par sa mère, dit : donne-moi, en un plat, la tête de Jean-Baptiste.

– Et le roi fut marri – mais à cause du serment et de ceux qui étaient assis à table avec lui, il commanda qu'elle lui fût baillée.

– Et envoya décapiter Jean, en la prison.

– Et fut la tête d'icelui, apportée dans un plat et donnée à la fille : et elle la présenta à sa mère. »

Mais ni St Mathieu, ni St Marc, ni St Luc, ni les autres évangélistes, ne s'étendaient ~~sur les charmes délirants, sur les actives dépravations de la danseuse.~~ |sur la ~~Salomé~~ fille d'Hérodias| |sur les charmes délirants, sur les actives dépravations de ~~la danseuse~~ ~~fille d'Hérodias. de la Salomé.~~ Tentatrice.|[45] |Elle demeurait effacée, ~~presque~~ vague, ~~presque~~ perdue| ~~Elle demeurait~~ |se ~~pâmait~~ perdait,| mystérieuse et ~~charmante~~ |pâmée|, |~~sanglante et~~| ~~pâmée,~~ dans le brouillard ~~confus~~ |lointain| |~~perdu~~ des| ~~des lointains~~ siècles, insaisissable aux |clairvoyants|[46] ~~esprits~~ |~~talents~~| |cervelles| équilibrés |~~lourds~~| |précises, terre à terre|[47], |accessible seulement| aux ~~talents~~ |esprits| |~~droits~~| ~~pas~~ ébranlés, ~~et~~ comme aiguisés et ~~éclairés~~ |~~en quelque sorte~~, rendus visionnaires| par l~~es~~ |la| névrose~~s~~, rebelle aux peintres |de la chair|, à Rubens, ~~le sanguin,~~ qui la déguisa en une ~~bouchère~~ |harengère[48]| ~~de |la| Hollande~~, ~~aux~~ |incompréhensible pour les| écrivains |~~anciens et modernes, dont aucun n'a jamais~~| – ~~même au grand Flaubert~~[49] ~~, qui ne~~ pu|ren|t rendre |la grandeur ~~tragique~~ |altière| de l'assassine| ~~les charmes délirants, les actives dépravations, de la danseuse.~~ |qui n~~'ont~~ |ne purent| jamais ~~pu~~ rendre, ~~la grandeur altière de l'assassine l'~~ |les| inquiétante|s| ~~exaltation~~ |~~pâmoisons~~| |exaltation| de la danseuse, la grandeur altière de l'assassine.|[50]

Dans l'œuvre de Gustave Moreau, conçue en dehors de toutes les données ~~bibliques~~ |des Testaments|, des Esseintes voyait, enfin réalisée, ~~la~~ |cette| ~~Salomé~~ |~~femme~~| |Salomé| surhumaine et étrange qu'il avait rêvée. Elle n'était plus seulement la baladine, arrach~~ant~~ |qui arrache|, à un vieillard, par une torsion |corrompue| de ~~ses~~ |ses| reins, un cri de ~~rut~~ |rut| |désir et de rut,|[51]

|qui|, romp~~ant~~ ~~son~~ |l'| énergie, fond~~ant sa~~ |la| volonté |d'un roi|, par le saut |~~tremblement~~ ~~l'ondulation~~ remous ~~délicat~~ et profond| de ses seins, par les ~~frémissement~~ |~~frissons~~| |~~tr~~[52]| |~~frémissements~~| |impurs frissons| de sa croupe, par le|s| ~~tremblement~~ |~~impurs frissons~~| |~~talents~~|[53] |houle| de son ventre |et les ~~impures~~ secousses ~~de ses cuisses et de~~[54] ~~alenties~~ ~~parfumées~~|,

|qui rompt l'énergie| par des ~~remous~~ |la houle| |remous| de seins, ~~l~~es |des| ~~frissons~~ |tremblements| de |sa| croupe, |qui fond la volonté d'un roi par| des secousses de |son| ventre, des ~~houles~~ |remous| de |ses| cuisses, |et ~~l'ondoiement~~ les frissons|

elle devenait en quelque sorte l~~e~~ symbol~~e~~ |la déité symbolique| |indestructible| des |~~grandes~~ vastes| ~~débauches~~ |Luxure|[55] |~~orientales~~ ~~asiatiques~~| ~~trempées~~ |~~noyées~~|[56] ~~de sang~~, ~~une~~ |la| ~~divinité asiatique, |exquise et| troublante~~, ~~une~~ la déesse de l'immortelle Hystérie, ~~planant au-dessus du monde, touchant des créatures |qu'elle a| élues,~~ ~~dont les chairs~~ la ~~créature~~ ~~divine~~ | |~~l'Indestructible~~| ~~grande~~ |la grande| Névrose,| |la ~~Femme~~

|Beauté maudite||, élue entre toutes par la Catalepsie ~~qui~~ |dr le ~~souffle~~ |vent|| lui roidit les chairs et lui durcit les muscles, ~~une~~ |la| bête[57] monstrueuse, indifférente, |irresponsable,| insensible, ~~innocente~~ |une fleur vénéneuse|, empoisonnant, comme l'Hélène antique, sans même en ~~avoir~~ |qu'elle en ait| conscience, tout ce qui l'approche, tout ce qui la voit, tout ce qu'elle touche.

Ainsi comprise, elle appartenait aux théogonies de l'Extrême ~~Orient~~ |Asie| ; elle ne relevait plus des traditions ~~chrétiennes~~ |bibliques|, ne pouvait même |plus| être assimilée à la vivante image de Babylone, à la ~~grande~~ |~~royale~~| |princière| prostituée de l'Apocalypse, accoutrée comme elle ~~de pourpres~~, de ~~perles~~ |et joyaux| ~~et de pierres~~ |et de pourpre, fardée comme elle|,[58]

tenant à la main une coupe ~~d'or~~, pleine de l'abomination de sa luxure,

|ds la |exotique| dissolution, ds| ~~abominations~~ |~~ordures~~| |~~impuretés~~| de la ~~luxure~~ |chair| aux ~~ordures charnelles~~, aux ~~excréments aux~~ |ds les| abominables ~~vertiges~~ |~~déjections~~| |~~carnages~~| |déjections| de la ~~luxure~~ débauche ;

ds les ~~sérieuses délectations~~ |attirantes ~~horreurs~~ abjections|, dans les abominables délices de la débauche !

car celle-là n'était point ~~poussée~~ |jetée| |par une fatalité ~~immuable~~ inconcevable,| par |une puissance fatidique, par|[59] une force suprême, ~~par une fatalité extraterrestre |invisible et divine| |immuable[60]| au rut qu'elle accomplissait~~ |~~dans des ruts délibérés, dans à des lubricités~~| ~~délibérées et volontaires~~.

Le peintre semblait d'ailleurs avoir voulu affirmer sa ~~décision~~ |volonté| |de ~~ne~~ rester ~~dans la fantaisie~~ |hors des siècles|, de ne point préciser ~~l'~~ |d'| ~~époque~~ |~~d'origine~~| |de race|[61], ~~le~~ |de| pays, d'époque|[62], en ~~la jetant~~ |mettant| ~~dans~~ |sa Salomé ds| cet extraordinaire Palais, d'un style ~~indécis~~ |confus| et grandiose, en la vêtant de somptueux brocarts[63] et de |~~volumineuses et~~| barbares robes |sans origine|, en la mitrant d'une |incertaine| tiare, ~~en~~ |affectant une| forme de casque, |puis d'une| ~~ou~~ de tour comme en porte la Salammbô, en lui mettant |~~d'autre part~~| |enfin| dans la main, la fleur sacrée de l'Égypte et de l'Inde, le grand Lotus[64].

Des Esseintes cherchait le sens de cet emblème. Avait-il ~~la~~ |cette| signification phallique ~~d~~es |que lui prêtent les| |~~antiques~~| ~~religions~~ |cultes| |primordiaux| de l'Inde ; annonçait-il au vie~~ux~~ |vieil| Hérode, ~~une~~ |une oblation de ~~sa~~| virginité ~~offerte~~, une ~~sang~~[65] ~~bl~~[66]

~~plaie consentie en~~ échange ~~d'une tête~~ |de |chairs| sang|lantes| |, un supplice |de sa chair| |une plaie |lascive| |[67] |une plaie |~~une blessure~~ contaminée| ~~lubrique~~ |~~obscène~~| |impure|, |une ~~blessure~~ ~~intérieure~~ |~~implorée~~| |sollicitée,| | |offerte| consentie ~~deman-dée~~,|[68] consenti|e| |offerte|[69] ~~à la place d'un crime~~ |sous la |l'expresse| condition d'un ~~crime~~ meurtre| ou représentait-il la |l'allégorie de la| fécondation, le ~~symbole~~ |mythe| |hindou[70]| de la vie, une existence tenue entre ~~s~~es |des| |~~frêles~~| doigts |de femme|, arra-chée, foulée, par des mains |palpitantes| d'homme, que ~~la crise de~~ ~~la chair~~ |la crise de ~~luxure~~| |de chair|[71] ~~exalte et saoule.~~ |~~surmonte~~| |que la démence[72]| |égare| |que la une démence envahit, qu'une crise de |la| chair égare[73].|

Peut-être aussi qu'en armant ~~l'~~ |son| ~~Éternelle~~ |~~immortelle~~| |~~Inconsciente~~| ~~déesse~~ |~~Beauté~~| |Déesse| ~~du Mal~~ |Éternelle |Énigmatique| déesse|, du lotus vénéré, le peintre avait songé à ~~la femme mortelle,~~ à la danseuse, |au vase| souillé~~e~~ |~~par les déjections de~~| de débauche ~~et de crimes~~, |~~à la femme mortelle, à la danseuse,~~| ~~aux sens surexcités,~~ |à cette| cause de tous les péchés et de tous les crimes. Peut-être avait-il ~~rêvé~~ |songé| aux ~~reve~~[74] rites de l'Égypte, voisine de la Cappadoce où ~~la scène devait se passer~~ |régnait Hérode|, aux cérémonies ~~funéraires de~~ |sépulcrales, aux opérations de| l'embaumement, alors que ~~d~~es |les| prêtres et que les chimistes sacrés étendent le cadavre de la femme, sur un banc de jaspe, lui tirent avec de|s| ~~longues~~ aiguilles courbes, la cervelle par les fosses du nez, les entrailles, par ~~une~~ |l'| incision pratiquée ds ~~le~~ |son| flanc gauche, puis l'endui~~sent~~ |avant de l'enduire| de bitume, |de| la confi~~sent~~ |confire| dans les aromates et dans les baumes, |de| lui dor~~ent~~ |dorer| les ongles et les dents, ~~et avant~~ de l'enrouler d~~e~~ |dans les| bandelettes |de toile|[75], ~~lui~~ |lui| insèrent dans ~~s~~es |les| parties sexuelles ~~afin de~~ |pour| les purifier ~~des vieux coïts~~, les ~~blancs~~ |chastes| pétales de la divine fleur.

Une irrésistible fascination se dégageait de cette toile ; mais l'aquarelle intitulée *L'Apparition* était |peut-être ~~encore~~ encore| ~~plus extraordinaire~~, |~~encore~~| plus |magnétique, plus| inquiétante, ~~encore. encore~~.

Là, le Palais d'Hérode s'élançait, comme un Alhambra, sur de légères colonnes irisées de carreaux moresques, scellés comme pr un ciment d'argent, comme par un plâtre d'or ; des arabesques partaient de losanges en lazulis, fusaient tout le long des ~~voussures~~ |coupoles| où |sur| des marqueteries |de burgau[76] et| de nacre, ~~jetaient~~ |~~couraient~~| |rampaient| des lueurs d'arc-en-ciel, des feux de prisme.

Le meurtre était accompli. ~~Impassible~~ |Maintenant, le bourreau se tenait impassible|, les mains sur le pommeau de sa longue épée |~~tachée de sang~~ ~~rouge~~| |tachée de sang|, ~~le bourreau se tenait impassible, la tête mi-voilée, le torse nu et les bras à l'air.~~

Le chef décapité ~~de St Jean~~ |du saint|, s'était élevé d~~e l~~ |du| plat posé ~~par terre~~ |sur les dalles| et il regardait, dans la salle, livide, la bouche décolorée, grande ouverte, le cou |cramoisi| dégouttant de ~~sang~~ |larmes ~~rouges~~|. Une mosaïque ~~le~~ cernait |la figure|, d'où s'échappait une auréole ~~qui~~ s'irradia~~i~~t |s'irradiant| en rais de lumière, sous les portiques, éclairant l'affreuse ascension de la tête, allumant le globe |vitreux| des prunelles |attachées,| fixées, comme crispées sur la danseuse.

D'un geste d'épouvante, Salomé repousse l'~~affreuse~~ |effroyable| vision qui la cloue, immobile, sur ses pointes. Ses yeux se ~~détournent~~ |dilatent|, sa main étreint convulsivement son collier de pierre.

Elle est presque nue. Dans l'ardeur de la danse, les voiles se sont défaits, |les étoffes se sont ouvertes,| les brocarts ont croulé ; elle n'est plus vêtue que de matières orfévries, |et| de minéraux transparents et lucides ; un gorgerin lui serre comme un corse|le|t la taille |~~soutient~~ |embrasse| ~~l~~es |ses| seins ~~au milieu~~ |ds la rainure| desquels, est plantée comme une agrafe, un bijou|[77], et ~~comme~~ |ainsi| une agrafe à ~~tête~~ |boucle| superbe, |un[78] merveilleux ~~bijou~~ |joyau| chatoie des flammes|, plantée ~~entre les~~ |dans la rainure de ses 2|[79] seins, ~~une énorme pierre flamboie |chatoie|~~ ; plus bas, sous le ~~ressaut d~~es |les| hanches, une ceinture l'entoure ~~encore~~, cache le ~~bassin~~ |haut des cuisses|, sous une gigantesque pendeloque |où ~~rutil~~ent |coulent| des rivières ~~de diamants~~| d'escarboucle|s| et d~~es~~ |d'| émeraude|s|. |Enfin, ds la ~~chair~~ |corps| restée nue| Entre le gorgerin et la ceinture, le ventre bombe, creusé d'un nombril, dont le trou semble un cachet gravé ~~d'~~ |d'~~un~~| onyx, aux teintes laiteuses, ~~du d'un~~ |aux tons d'un| rose d'ongle.

Sous les rayons de soleil échappés de la tête, toutes les facettes des joailleries s'embrasent ; les pierres paraissent s'animer, croiser leurs serpenteaux de feux. Sur la chair mate, sur la peau rose thé, elles grouillent ainsi que des insectes splendides, aux élytres ~~éblouissants, jaspés de bleu d'acier, tigrés |de jaune aurore, diaprés de carmin, marbrés| de vert paon, diaprés de rouge feu |capucine|. de jaune aurore !~~ |diaprés ~~de carmin, |et| ocellés de vert paon~~, ~~jaspés~~ |~~tigrés~~| de bleu d'acier |~~et~~ de vert paon, de carmin|, ~~tigrés~~ de jaune aurore.|[80]

L'horrible tête flamboie, saignant toujours, mettant des caillots |de pourpre sombre| aux pointes |de la barbe et| des ~~longs~~ cheveux ; Visible pour la Salomé, seule, elle n'étreint pas de son morne regard l'Hérodias qui rêve à ses haines |enfin| abouties, le tétrarque qui, penché[81] un peu en avant, les mains sur les genoux, halète, encore, affolé, par cette chair nue imprégnée de senteurs fauves, roulée dans les baumes, fumée dans les encens et dans les myrrhes.

Tel que le vieux roi, des Esseintes demeurait écrasé, ébloui, pris comme d'un vertige, devant cette ~~œuvre admirable, unique. Salomé~~ |danseuse,| |moins ~~dogmatique~~ fatale|, moins hautaine, ~~moins hiératique |dogma[82]|,~~ |mais| plus troublante encore que la Salomé du tableau à l'huile.

Dans l'insensible |et ~~perverse~~ |impitoyable|| statue, dans l'innocente et ~~venimeuse~~ |dangereuse| idole, l'érotisme, la terreur, de l'être humain se faisaient jour. Le grand lotus était tombé, la déesse |s'était| évanouie ; un affreux cauchemar étranglait maintenant la ~~courtis~~[83] la danseuse extasiée par le tournoiement de son corps, la courtisane, pétrifiée, comme hypnotisée par l'épouvante.

Ici elle était vraiment f~~emm~~e |fille| ; |elle obéissait à son tempérament |de femme| ardent|e| et cruel|le| ;| elle vivait, plus raffinée et plus sauvage, plus ~~pantelante~~ |exécrable| et plus exquise ; ~~ici,~~ elle réveillait plus énergiquement |~~encore~~| les sens en léthargie de l'homme, |l'ensorcelait,| ~~le~~ domptait |ses volontés| plus ~~férocement~~ |sûrement| |~~encore~~|, avec son charme de grande fleur vénérienne, poussée dans des ~~terres~~ |couches| ~~sacrilèges~~ |~~monstrueuses~~| |sacrilèges|[84], |élevée| dans des ~~couches~~ |~~terres~~| |serres ~~monstr~~[85] ~~sacrilèges et~~| impies.

Comme le disait des Esseintes, jamais, à aucune époque, l'aquarelle n'avait pu atteindre cet éclat de coloris. Jamais ~~les~~ |la pauvreté des |ses|| couleurs chimiques n'avaient ainsi fait jaillir sur le papier des coruscations ~~pareilles~~ |semblables| de pierres, |des flammes |~~aussi étincelantes~~| |pareilles| de vitraux ~~incendiés~~ |~~frappés~~| |incendiés[86]| de soleil,|[87] des fastes aussi |fabuleux, aussi| aveuglants d'étoffes et de chairs[88] ;

Monsieur Gustave Moreau est un artiste extraordinaire, unique. C'est un mystique enfermé, en plein Paris, dans une cellule où ne pénètre même plus le bruit de la vie contemporaine qui bat furieusement pourtant les portes du cloître. Abîmé dans l'extase, il voit resplendir les féeriques visions, les sanglantes apothéoses des autres âges.

Après avoir été hanté par le Mantegna, et par le Vinci dont les troublantes princesses passent dans de mystérieux paysages noirs et bleus, M. Moreau s'est épris des arts hiératiques de l'Inde et des deux courants de l'art italien et de l'art indou ; il a, éperonné aussi par les fièvres de couleurs de Delacroix, dégagé un art bien à lui, créé un art personnel, nouveau, dont l'inquiétante saveur déconcerte d'abord.

Et perdu, dans sa contemplation ~~d~~es |, il ~~cherchait~~ scrutait les| origines de ~~cet artiste~~ |~~homme~~| ~~extraordinaire, unique~~ |ce grand artiste|, de ce païen mystique, ~~enfermé~~ |~~abîmé~~| |de cet illuminé|, ~~|viv'| en plein |Paris voyant en plein Paris| dans une cellule où b~~[89] ~~l'abîme où |vont resplendir| défilaient dev' lui,~~ |qui s'abstrayait assez du monde, pour voir |resplendir|, en plein Paris, ~~resplendir~~ les|[90] les féeriques visions |~~de l'opium~~|, les sanglantes apothéoses des autres âges.

Sa filiation, ~~il~~ |des Esseintes| la ~~découvrait~~ |suivait| à peine. Çà et là, de vagues souvenirs de Mantegna[91] |et ~~surtout~~ de Jacopo de Barbarj, le maître au Caducée,|[92] ; çà et là, des hantises |~~plus que~~| confuses du Vinci, ~~dont les énigmatiques princesses passent dans des |mystérieux| paysages noirs et bleus~~[93], des fièvres de couleur |semblables à celles de| Delacroix[94] |~~des impressions~~|[95], mais ~~ces m~~[96] l'influence de ces maîtres restait imperceptible[97].

C'est qu'en effet ses toiles ne semblent plus appartenir à la peinture proprement dite. En sus de l'extrême importance que M. Gustave Moreau donne à l'archéologie dans son œuvre, les méthodes qu'il emploie pour rendre ses rêves visibles paraissent empruntées aux procédés de la vieille gravure allemande, à la céramique et à la joaillerie ; il y a de tout là-dedans, de la mosaïque, de la nielle, du point d'Alençon, de la broderie patiente des anciens âges et cela tient aussi de l'enluminure des vieux missels et des aquarelles barbares de l'antique Orient.

Cela est plus complexe encore, plus indéfinissable. La seule analogie qu'il pourrait y avoir entre ces œuvres et celles qui ont été créées jusqu'à ce jour n'existerait vraiment qu'en littérature. L'on éprouve, en effet, devant ces tableaux, une sensation presque égale à celle que l'on ressent lorsqu'on lit certains poèmes bizarres et charmants, tels que le Rêve dédié, dans les *Fleurs du Mal*, à Constantin Guys, par Charles Baudelaire.

Et encore le style de M. Moreau se rapprocherait-

|En somme,| Gustave Moreau avait créé un art bien à lui, un art ~~tout personnel~~ |singulier|, ~~tout p~~[98] un art |nouveau| ~~qui ne semble |même| plus appartenir à~~ |ne relevant plus de| |~~celui de~~| la peinture proprement dite. En sus, en effet, |du souci qu'il affect~~e~~ |affectait[99]| | des ~~recherches~~ |données de l'|[100] archéologi~~ques~~, des ~~éruditions~~ |curiosités| ethnographiques, la méthode qu'il emplo~~ie~~ |employait| pour rendre ses ~~hallucinations~~ |~~rêves~~| |songes| visibles et palpables, sembl~~e~~ |semblait| empruntée aux procédés de la vieille gravure allemande |et vénitienne|[101], à la céramique et à la joaillerie ; il y a|vait| de tout là-dedans, de la mosaïque |~~et~~ de la nielle|, du point d'Alençon, de la broderie patiente des anciens âges ~~et cela tient aussi~~ des enluminures |des vieux manuscrits| des vieux missels.

Et cela lui semblait plus complexe encore, plus indéfinissable. La seule analogie qu'il pouvait concevoir entre ces œuvres et toutes celles qui avaient été créées jusqu'à ce jour, n'existait vraiment qu'en littérature. Il éprouvait, en

Il demeurait dans l'art contemporain, unique. Remontant aux sources ethnographiques, aux origines des mythologies ~~qu'~~ |d^t| il comparait et démêlait les |sanglantes| énigmes, réunissant en |les fondant en| une seule, ces légendes issues de l'Extrême-Orient et ~~transfusées ds~~ |métamorphosées par| les croyances des |autres| peuples ~~voisins de l'Occident~~, ~~opérant justement~~ |il justifiait| ainsi ses fusions architectoniques, ses mariages luxueux et inattendus d'étoffes, ses hiératiques et sinistres allégories, ~~encore approfondies, et~~ |~~creusées, et comme~~| aiguisées ~~par les fébriles perspicuités~~ d'un nervosisme tout ~~parisien~~ |moderne|, et ~~il~~ restait douloureu~~sement~~ |douloureux|, ~~et~~ à jamais attiré par le symbole |des perversités ~~surhumaines~~| des amours |~~et des stupres~~|[104] ~~surhumaines~~ |~~extraterrestres~~| |surhumaines|, |~~par~~| |et| des ~~stupres |royaux et| divins, |accomplis| sans abandon, |et| sans~~ espoir.

Il y avait dans ~~ces~~ |ses| œuvres désespérées et érudites un charme singulier, une incantation ~~fascinant~~ vs remuant jusqu'aux |fond des|

il plutôt de la langue orfévrie des de Goncourt. S'il était possible de s'imaginer l'admirable et définitive *Tentation* de Gustave Flaubert, écrite par les auteurs de *Manette Salomon,* peut-être aurait-on l'exacte similitude de l'art si délicieusement raffiné de M. Moreau.

effet, | devt ~~ces œuvres~~ les Moreau | une sensation intellectuelle presqu'égale ~~devant~~ ~~ce~~[102] ~~tableau et cette aquarelle~~ à celles qu'il ressentait, en lisant certains poèmes bizarres et charmants de | Charles | Baudelaire, ~~en lisant~~ | certaines descriptions de | l'admirable Salammbô ~~de Gustave Flaubert~~, ~~les~~ | certaines des | superbes pages de La Tentation de St Antoine, et encore, pour rendre l'analogie plus frappante, | plus minutieuse, | plus exacte, eût-il fallu selon lui, une Tentation écrite ~~dans la langue~~ | moins ds la langue impeccable et grandiose de Flaubert que ~~décrite~~ | ciselée | ds le style ~~chatoyant~~ et | ~~chatoyant~~ captivant, | raffiné, et comme | [103] orfévri~~e~~ des de Goncourt.

entrailles, comme celle de certains ~~vers~~ | poèmes | de Baudelaire, et l'on restait, ébahi, songeur, désorienté, par cet art qui franchissait les limites de la peinture, empruntait à l'art d'écrire ses plus subtiles évocations, à l'art du Limosin ses plus merveilleux éclats, à l'art du lapidaire et du graveur, ses finesses les plus exquises.

Son[105] admiration pour ce peintre était désordonnée, et il avait voulu que ses 2 magnifiques œuvres demeurassent sous ses yeux, | ~~pend~~[106] | dans son cabinet de travail, où elles flamboyaient ~~de même que~~ | comme | des écrins.

Son admiration pour ~~l'~~ | les | œuvre | s | de ce peintre dépassait le possible ; aussi avait-il voulu qu'elles[107] ~~demeur~~assent | restassent à demeure, | sous ses yeux, pendues[108] aux murs de son cabinet de travail où elles flamboyaient, ainsi que des écrins, sur les panneaux réservés entre les rayons de | s | livres.

Ci-contre et double page suivante : 66. J.-K. Huysmans. Manuscrit d'*À rebours* (fol. 29 recto, 31 recto et verso).

Au dessus de la cheminée, sur le manteau de laquelle
étincelait la Salomé, il faisait jaillir des jets de
lampes et il fixait cette peinture à l'huile plus
étincelante que tous les joyaux insérés ~~sur~~ dans l'écaille de sa
tortue.

Ds un palais, pareil à une immense ~~et moraise~~
basilique, ~~sous~~ d'une architecture byzantine et
musulmane, sous des piliers trapus, presque romans, en pierre en briques polychromes
soutenant des ~~voûtes~~ à chapiteaux de bronze arcades en forme de ~~fer à cheval~~ carré ... en émail,
sous des ~~voûtes~~ colonnes pareilles à des forêts d'arbres ~~d'arbres~~; à des forêts minérales
~~moraisemblables~~, aux troncs ~~bâtis avec des minéraux~~ à ~~un flore pétrifié~~ de
des granits roses, des basaltes et ~~des~~ de lapis-lazuli des porphyres, ~~des~~
~~lapis lazuli~~ devant des portes de cèdre et de bronze devant les
et d'immenses ~~rideaux~~ tentures pourpres de lin brodé ~~d'hyacinthe et~~ comme des chasubles
~~de pourpre~~, un trône s'élevait, pareil à un autel,
~~au dans~~ creusé dans une niche d'or ~~pu~~ constellée de pierreries
~~et~~ qui étincelaient avec des yeux phosphorés de bêtes
fauves dans la fumée des parfums qui montaient
jusqu'aux voûtes et teignaient d'un bleu ~~...~~ vaporeux de turquoise
de grands rayons de jour tombé, droit des coupoles comme une écharpe d'or déroulée du haut
et ~~appuyés~~ sur les ~~...~~ dalles du parvis.
~~barrant la nef, en biais, posant~~

27

sur les charmes délirants,
sur les actives dépravations
~~de la danseuse~~ fille d'Hérodias.
de la Salomé tentatrice.

Mais ni St Mathieu, ni St Marc, ni St Luc, ni les autres
évangélistes, ne s'étendaient + sur la ~~Salomé~~ fille d'Hérodias ~~sur les charmes délirants,~~
~~sur les actives dépravations de la danseuse~~. Elle demeurait effacée, ~~vague~~ perdue ~~Elle~~
~~demeurait~~ se pâmait, perdait mystérieuse, et ~~charmante~~ pâmée, ~~sanglante~~ et ~~pâmée~~, dans
le brouillard lointain ~~confus~~ des lointains siècles, insaisissable aux ~~perdue dans~~
~~esprits~~ talents exquis, ~~esprits équilibrés~~ lourds, accessible seulement aux ~~talents~~ cervelles précises, ~~terre~~ à terre, aux ~~esprits~~ ébranlés ~~et~~ comme clairvoyants
aiguisés et ~~éclairés~~, rendus visionnaires, par la névrose, rebelle aux peintres de la chair
à Rubens, ~~le bougre~~, qui la déguisa en une bouchère ~~des Hollande~~ des Flandres,
~~des hollande~~, incompréhensible ~~aux~~ pour les écrivains qui n'ont jamais ~~jamais pu rendre au grand flamand~~
~~qui ne~~ purent rendre ~~les charmes délirants, les actives~~ la grandeur raffinée de l'assassine
~~dépravations de la danseuse~~.

qui n'ont jamais pu rendre ~~la~~ ~~grandeur altière de l'assassine~~ l'inquiétante exaltation de la danseuse, la grandeur altière de l'assassine.

Dans l'œuvre de Gustave Moreau, conçue en dehors
de toutes les données ~~bibliques~~ des Testaments, des Esseintes voyait, enfin
réalisée cette ~~Salomé~~ femme Salomé surhumaine et étrange qu'il avait
rêvée. Elle n'était plus seulement la baladine qui arrachant
à un vieillard, par une torsion corrompue de ses reins, un cri de rut et désir
~~tout~~ qui rompant l'énergie, fondant la volonté d'un roi, par le
~~tremblement~~ ~~de ses seins~~ par les ~~frémissements~~ frissons de sa croupe,
par les ~~tressaillements~~ de son ventre, elle devenait en quelque
sorte la symbolique déité des débauches, ~~trempées de sang~~, une la
~~divinité asiatique~~, troublante, ~~une~~ la déesse de l'immortelle
Hystérie ~~planant au dessus du monde touchant les~~
~~créatures élues~~, ~~dont les chairs~~ la grande Névrose, la Beauté maudite, élue
entre toutes par la Catalepsie qui lui roidit les chairs et
lui durcit les muscles, la bête monstrueuse, indifférente,
irresponsable, insensible, ~~insouciante~~ une fleur vénéneuse empoisonnant, comme l'Hélène
antique, sans même qu'elle en ait ~~en avoir~~ conscience, tout ce qui
l'approche, tout ce qui la voit, tout ce qu'elle touche.

qui rompt l'énergie
la tendresse
par des remous de seins, des secousses de croupe, qui fond la volonté d'un roi par
des tressaillements de ventre, des ~~houles~~ de cuisses,
remous
et l'acidité
les frissons

Ainsi comprise, elle appartenait aux théogonies
de l'extrême ~~Orient~~ asie; elle ne relevait plus des traditions
~~chrétiennes~~ bibliques, ne pouvait même plus être assimilée à la
vivante image de Babylone, à la ~~grande~~ royale prostituée de
l'Apocalypse accoutrée comme elle ~~de pourpres~~, de
~~perles et de pierres~~ de joyaux, de pourpre, fardée comme elle, car celle-là n'était point poussée jetée
par une fatalité ~~immuable~~
par une force suprême, ~~par une fatalité~~ ~~extraterrestre~~
immuable

dans les attirantes abjections
et les ~~hideuses~~ ~~délectations~~ dans
les abominables délices de la débauche.

+ tenant à la main une coupe
d'or, pleine de l'abomination
de sa luxure
et de la prostitution de
ordures impures, chaos
abominations de la luxure
aux ~~ordures charnelles~~, aux
excréments des abominables déjections
exotiques de la débauche,

~~dans des actes délibérés, dans des lubricités~~

~~au rut qu'elle accomplissait, délibérés et volontaires.~~

Le peintre semblait d'ailleurs avoir voulu affirmer sa ~~décision~~ volonté + en ~~la jetant dans~~ mettant sa Salomé dans cet extraordinaire palais, d'un style ~~indécis~~ confus et grandiose, en la vêtant de somptueux brocards et de ~~barbares~~ robes sans origine, en la mitrant d'une incertaine tiare, affectant une forme de casque ~~ou de tour~~ comme en porte la Salammbô, en lui mettant d'autre part enfin dans la main, la fleur sacrée de l'Égypte et de l'Inde, le grand Lotus.

+ de ne rester ~~dans~~ hors des siècles de ne point préciser ~~d'origine~~ de pays, d'époques, de race,

énigmatique

Des Esseintes cherchait le sens de cet emblême. Avait-il la signification phallique que lui prêtent ~~des religions de~~ les antiques cultes primordiaux de l'Inde; annonçait-il au vieil Hérode, une oblation de virginité ~~offerte~~, une ~~plaie consentie en~~ échange de sang ~~d'une tête~~, un supplice consenti, ~~à la place d'un crime~~ sous la condition d'un meurtre ou représentait-il l'allégorie de la fécondation, le ~~symbole~~ mythe hindou de la vie, une existence tenue entre des doigts de femme, arrachée, foulée, par des mains palpitantes d'homme, qu'une démence envahit, qu'une crise de chair égare.

(un échange de sang, une plaie impure sollicitée, offerte, consentie, demandée,)

Peut-être aussi qu'en armant l'~~Eternelle Déesse~~ énigmatique déesse du lotus vénéré, le peintre avait songé à ~~la femme~~, à la danseuse, au Vase souillé de débauche, à cette cause de tous les péchés et de tous les crimes.

Peut-être avait-il songé aux rites de l'Égypte, voisine de la Cappadoce où ~~la scène devait se passer~~ régnait Hérode, aux cérémonies sépulchrales, aux opérations de l'embaumement, alors que des prêtres et que les chimistes sacrés étendent le cadavre de la femme sur un banc de jaspe, lui tirent avec des ~~longues~~ aiguilles courbes, la cervelle par les fosses du nez, les entrailles, par une incision pratiquée ds le flanc gauche, puis avant de l'enduire de bitume, de la confire dans les aromates et dans les baumes, lui dorent les ongles et les dents, et avant de l'enrouler de bandelettes, lui insèrent dans les parties sexuelles ~~afin de~~ pour les purifier, ~~des deux côtés~~, les chastes pétales de la divine fleur.

[Notes pour le chapitre de *Certains* sur Gustave Moreau]

texte établi par Philippe Barascud

C'est une nature d'exception.

Un abstracteur de joies voluptueuses et de douleurs.

Mon humeur ne dépend guère du temps. J'ai mon brouillard et mon beau temps au dedans de moi (Pascal).

L'œuvre de Moreau est indépendante du temps – tout se passe d[an]s sa cervelle, d[an]s l'intérieur de ses districts.

Il a évid[emmen]t une sensibilité exaspérée nerveuse – qui l'isole d'un temps où les bas instincts ont dû le blesser, et de même que d[an]s la déliquescence d'un peuple d[an]s la plaine vulgaire pousse une fleur monstrueuse, Moreau a subi, malgré lui, les influences du milieu, *qui agit souvent en sens inverse* et donne une âme d'exquis Byzantin d[an]s la g[ran]de mufflerie [*sic*] de l'Amérique.

Prendre en
exemple
Edgar Poe

Au fond progrès et décadence sont synonymes. La décadence vient quand l'amour du Veau d'or domine tout, quand le commerce est le maître – les fonctions politiques accessibles à tous. La bassesse des postulats – le mépris de l'art, de la science simplement envisagée au point de vue productif ; l'art utilitaire, seulement accepté, et l'art dépouillé de son écale, à la portée de tous.

À mesure que le soi-disant progrès viendra, développant les instincts fétides des peuples, plus excités, plus malheureux, plus compréhensibles pour[tan]t aux jouissances désirées, aux paresses et aux débauches, à mesure l'irrémédiable décadence régnera – ce d[on]t je ne me plains – pas car c'est d[an]s ce fumier que pousse çà et là une rare fleur. L'avenir du jour le jour – l'invasion provinciale – l'intrusion de la politique.

C'est le ~~octobre~~ [septem]bre de l'art.

L'art est le lèse-majesté de la mufflerie [*sic*]

Art-complainte de carrefour — tableaux

lexique de la peinture — de reliquaire

– des robes comme des reliures d'évangéliaires.

Il semblerait avoir compris les passions éternelles de l'homme, non moins ardentes et féroces dans une sphère que d[an]s l'autre. Le degré d'intensité est le même d[an]s Balzac que d[an]s Eschyle – ~~les conditions~~ – Le crime moderne est rêvé, mais va moins souvent jusqu'à l'exécution que dans les temps de jadis. Est-ce moins d'assurance de l'impunité ? appréhensions policières ?

– En somme, il est du temps du romantisme épris des passions assez exaltées p[ou]r répudier toute hypocrisie et toute crainte et aller jusqu'au bout, pour jaillir d[an]s une explosion de sacrilège et de sang ! – À cette époque, il y a eu le cosmopolitisme du passé – tout était par terre – sans voies neuves.

Il ne ressemble guère aux Mantegna du Louvre. Peut-être il y at-il [*sic*] trouvé le goût des broderies et des pierres lucides – mais son exécution est tout autre. Il se sert d'une syntaxe picturale inédite que ne possédait nullement Mantegna – Les types de femmes diffèrent aussi – Celles de Moreau sont singul[ièremen]t plus effilées, plus extraterrestres, plus usées par l'âme qui ressort par les yeux et par la bouche.

La plupart sont revenues sur les pas des siècles

Ces paysages de Moreau sont extraordinaires –

Paris, bibliothèque de l'Arsenal, fonds Lambert,
Ms Lambert 26(8) fol. 147-148

NOTES DES TEXTES DE HUYSMANS SUR MOREAU

PAR PHILIPPE BARASCUD

1. Nous donnons les textes de Huysmans sur Moreau en suivant la chronologie de leur première publication, mais dans la dernière version publiée par l'auteur (celle, en général, du volume où il a recueilli son texte). Nous ne citons, des articles ou des œuvres présentés, que les extraits concernant Moreau. Les évocations plus allusives de Moreau dans les écrits de Huysmans figurent dans la chronologie.
2. *Rêve parisien.*
3. Huysmans orthographie ainsi le néologisme dans l'édition originale.
4. L'édition originale omet le *c* initial. Si Huysmans utilise dans ses œuvres les deux adjectifs *annelé* et *cannelé*, c'est bien du second qu'il est question ici. Dans le brouillon du chapitre, la « figure jaune » d'Hérode est « couturée de rides » (voir ci-dessus, p. 96) – le sens est donc plus proche de *cannelé* que d'*annelé*. Les éditions de Rose Fortassier et de Marc Fumaroli rétablissent le *c*. Un *c* est d'autre part ajouté à la plume dans l'exemplaire de l'édition originale du roman avec envoi à François Coppée.
5. En 1880, dans son article sur Degas, Huysmans, avouant que *Les Danseuses* avaient modifié son approche de la peinture moderne lorsqu'il les vit lors de la deuxième exposition des impressionnistes en 1876, avait relevé chez l'artiste « un nervosisme si vibrant ».
6. Nous avons rétabli le texte de l'*Hérodiade* de Mallarmé d'après l'édition du poème par Bertrand Marchal : pas de virgule après « gelée » et « Que de fois », « pendant des heures » et non « pendant les heures », point après « lointaine » et non point d'exclamation (*Poésies*, préface d'Yves Bonnefoy, édition établie et annotée par Bertrand Marchal, Gallimard, coll. Poésie, 1992, p. 29).
7. Ce passage de *Certains* a été repris de l'article de Huysmans sur « L'Exposition internationale de la rue de Sèze », *La Revue indépendante*, juin 1887. Les variantes sont données en note, ci-dessous. Le chapitre de *Certains* sur Puvis de Chavannes reprend également les quelques lignes que Huysmans avait publiées sur le peintre dans son article sur « Le Salon de 1885 » (*L'Évolution sociale*, 16 mai 1885). Le *s* manquant à *Chavannes* a été ajouté dans l'extrait.
8. « les accoler » dans la version de 1887.
9. « les confondre dans une touffe d'admiration unique, ainsi que le font les dilettantes, c'est commettre une des plus obséquieuses hérésies » dans la version de 1887.
10. « les mythes éculés par des siècles de ponts-neufs et de rengaines » dans la version de 1887.
11. « Il a su créer une forme qui est maintenant à lui » dans la version de 1887.
12. « il a détroussé les Primitifs » dans la version de 1887.
13. « nous apitoie et nous dupe » dans la version de 1887.
14. « dans le *requiem* » dans la version de 1887.
15. *Hercule et l'Hydre de Lerne.*
16. *The Artist's Mother.*
17. *Portait of Thomas Carlyle.*
18. Il s'agit des deux tableaux *Soleil couchant (La plaine du Chou)* et *La Sente du Chou, en mars*.
19. *Dans un café.*
20. *Intérieur, femme à la fenêtre.*
21. Roger Marx, *La Décoration et l'art industriel à l'Exposition universelle de 1889*, conférence faite au Congrès de la Société centrale des architectes français le 17 juin 1890, Quantin - May et Motteroz, 1890, p. 30.

NOTES DU BROUILLON DU CHAPITRE V D'A REBOURS

PAR BENOÎTE DE MONTMORILLON

22. Ajout marginal sans renvoi dans le texte.
23. Le début du paragraphe suivant (colonne de gauche) dispose d'une variante marginale (colonne de droite), sans renvoi dans le texte.
24. Les deux paragraphes suivants occupent seuls un peu plus de la moitié du f. 29 verso. Ils ont été grossièrement biffés, le premier à l'encre, le second au crayon de papier ; le romancier reprendra son texte sur un feuillet vierge.
25. Début de *invraisemblable*.
26. Ajout marginal sans renvoi dans le texte.
27. Conjectural. Nous adoptons donc la lecture de Rose Fortassier, qui propose dans son édition d'*À rebours* un relevé partiel des variantes du manuscrit (*À rebours*, texte présenté et commenté par Rose Fortassier, illustrations de Jean Marzelle, Paris, Imprimerie nationale, 1981).
28. Ajout marginal.
29. Ajout marginal, dans la continuité du texte, peut-être inachevé ?
30. Début de *bleue*.
31. L'abandon de cette première description marque une rupture dans la continuité du récit : la nouvelle description du tableau de la *Salomé*, totalement différente, commence de but en blanc sur un nouveau feuillet ; en guise de transition, le romancier se contente d'inscrire dans la marge supérieure les mots suivants : *La Salomé, ainsi conçue :*
32. Début de *immobile* ?
33. Ajout dans l'interligne inférieur.
34. Ms. : *enveloppaient*.
35. ~~*semés*~~ *sur sa poitrine* : bien qu'une flèche remonte ces mots à la ligne précédente, à la suite de *pierreries*, le romancier les laissera finalement à la place où ils ont été inscrits, en fin de paragraphe, comme l'indique le texte publié.
36. Ms. : *de Dieu Hindoue*.
37. Ms. : *étendue*.
38. Début probable de l'article indéfini *une*.
39. Ces mots *points* ~~*lumineux*~~, les derniers du texte à ne pas être

biffés, appellent trois importantes ébauches marginales, dont nous tentons de reconstituer l'ordre de transcription (tableau suivant). La première esquisse (colonne de gauche) s'inscrit dans l'immédiate continuité de la dernière phrase du paragraphe, et plus précisément des mots *points ~~lumineux~~*. Outre les très nombreuses ratures de détail, le passage est grossièrement biffé. La deuxième ébauche (colonne centrale) prend place en haut de la marge ; elle est elle aussi entièrement biffée. La dernière (colonne de droite) s'intercale entre les deux précédentes ébauches ; une flèche la rattache au passage correspondant du texte. Seule des trois variantes marginales à ne présenter aucune rature transversale, seule également à ne pas s'interrompre au milieu d'une expression, cette dernière est sans doute la plus récente. Elle sera d'ailleurs retenue pour l'essentiel en 1884, mais concernera la Salomé de *L'Apparition*.

40. Début de *comme*.

41. Conjectural : le *l* initial et les trois dernières lettres de l'adjectif sont parfaitement lisibles, mais ce n'est pas le cas de la partie centrale du mot.

42. Début de *tomber* ?

43. Ms. : *bariolé*.

44. Le millésime est conjectural. Nous adoptons donc la lecture de Rose Fortassier.

45. Ajout marginal auquel renvoie une encoche, dans le texte.

46. Ajout dans l'interligne inférieur, non retenu en 1884.

47. Ajout dans l'interligne inférieur.

48. Au XIXe siècle, une harengère était une femme qui vendait au détail du hareng ou d'autres poissons. Par extension, et dans un registre plus familier, le mot désignait une femme querelleuse et grossière dans son langage et ses manières. Huysmans a déjà évoqué les « harengères » qui, dans *L'Assommoir* d'Émile Zola, s'injurient et se frappent autour d'un lavoir (« Émile Zola et *L'Assommoir* », *En marge. Études et préfaces réunies et annotées par Lucien Descaves* [1927], Boulogne-Billancourt, Éditions du Griot, 1991, p. 34).

49. Comme beaucoup d'écrivains contemporains, Gustave Flaubert s'est inspiré de l'Évangile, et du rôle que joue « la Prostituée de l'Apocalypse » – ainsi que Salomé est souvent désignée au XIXe siècle – dans la mort de Jean-Baptiste, pour une de ses nouvelles, « Hérodias », recueillie dans *Trois contes*.

50. |*qui ~~n'ont~~ [...] l'assassine*| : ajout marginal.

51. La suite de cette phrase, déjà très remaniée dans le texte même (colonne de gauche), a été retravaillée dans la marge (colonne de droite).

52. Début de *tremblements* ?

53. Ajout dans l'interligne inférieur.

54. Ces deux derniers mots sont conjecturaux.

55. Ajout dans l'interligne inférieur.

56. Ajout dans l'interligne inférieur.

57. La référence à la « Bête » de l'Apocalypse se fait plus appuyée en 1884, avec l'apparition de la majuscule : Salomé semble dès lors incarner véritablement la divinité du Mal, Satan.

58. En marge, trois ajouts avec, du moins pour le premier, renvoi du texte à la marge et de la marge au texte. D'une écriture plus ample, le premier ajout (colonne de gauche) est le seul à avoir été biffé, grossièrement. Tout indique donc qu'il est le plus ancien. Deux autres esquisses l'encadrent, l'une (colonne centrale) directement au-dessous, l'autre (colonne de droite), la plus proche du texte définitif, quelques lignes plus haut dans la marge.

59. Ajout dans l'interligne inférieur.

60. Ajout dans l'interligne inférieur.

61. Ajout dans l'interligne inférieur.

62. |*de ~~ne~~ rester [...] d'époque,*| : ajout marginal avec renvoi précis du texte à la marge et de la marge au texte.

63. Ms. : *brocards*. Même graphie p. 101.

64. En marge : *énigmatique*.

65. Début de *sanglante*, qui sera employé un peu plus loin dans la phrase, ou peut-être de *sanguinolente*.

66. Début de *blessure*.

67. |*une plaie* |*lascive*|| : ajout dans l'interligne inférieur.

68. |*une plaie* |*~~une blessure~~ [...] consentie ~~demandée~~,*| : ajout marginal sans renvoi dans le texte, qui, sans doute, développe l'ajout précédent (note 67 *supra*), dans l'interligne inférieur.

69. Ajout dans l'interligne inférieur.

70. Ms. : *Indoue*.

71. Ajout dans l'interligne inférieur.

72. Ajout dans l'interligne inférieur, relié au verbe *égare*, dans l'interligne supérieur, par un trait.

73. Ajout marginal, dans la continuité du texte.

74. Début de *rêves* ou de *rêveries* ?

75. *avant de l'enrouler dans les bandelettes de toile* : cette allusion si précise aux trop célèbres momies égyptiennes, supprimée dans le texte publié – sans doute en raison de sa banalité justement –, peut être ici lue comme une cataphore de la Salomé dont la « chair nue est imprégnée de senteurs fauves, roulée dans les baumes, fumée dans les encens et dans les myrrhes » (p. 101).

76. *burgau* : nom vulgaire de certains gastéropodes marins, notamment du turbo marbré que l'on trouve en Inde et dont on utilise la coquille pour sa nacre. Cet ajout, superfétatoire devant *de nacre*, sera finalement abandonné avant la publication ; toutefois, les laques qui figurent dans l'extraordinaire collection de maquillages de des Esseintes se verront au chapitre X « incrustés de burgau » (*À rebours*, Flammarion, coll. GF, 2004, p. 153). Le mot semble cher à Huysmans, puisqu'il lui inspirera un néologisme, *burgauté* : « Les chairs sont burgautées, sans granules, lisses » (« La salle des États au Louvre », *Certains*, dans *Œuvres complètes*, Crès, t. X, 1929 (rééd. Genève, Slatkine Reprints, 1972), p. 193).

77. |*~~soutient~~ [...] un bijou*| : esquisse marginale biffée.

78. Ms. : *une*.

79. Ajout dans l'interligne inférieur.

80. Esquisse marginale, que le texte définitif retiendra dans son ensemble pour la description de *Salomé dansant devant Hérode*, *supra* p. 97.

81. Ms. : *penchée*.
82. Début de *dogmatique*.
83. Début de *courtisane*.
84. Ajout dans l'interligne inférieur.
85. Début de *monstrueuses*.
86. Ajout dans l'interligne inférieur, non retenu en 1884.
87. |*des flammes [...] de soleil*| : ajout marginal dans la continuité du texte.
88. La suite du texte est retranscrite dans la colonne de droite. Huysmans se révèle lors du premier jet fortement influencé par l'article qu'il a rédigé quelques années plus tôt, à l'occasion du Salon officiel de 1880. Il nous a donc paru justifié de reproduire en colonne de gauche ce texte que le romancier critique d'art vient de rééditer au moment de la rédaction d'*À rebours* (voir aussi *supra*, p. 73-74). Les nombreuses ratures et l'effort de réécriture dont témoigne le manuscrit dénotent toutefois une volonté de renouveler l'expression sinon le contenu du propos.
89. Début du verbe *battre*, comme dans l'article de *L'Art moderne*.
90. Ajout marginal, relié au texte par un trait.
91. Ms. : *Mantégna*.
92. |*et ~~surtout~~ [...] Caducée*| : ajout marginal avec renvoi du texte à la marge et de la marge au texte.
93. Ces « troublantes princesses » qui, déjà dans « Le salon officiel de 1880 », « passent dans de mystérieux paysages noirs et bleus », constituent une allusion évidente au célèbre tableau de *La Joconde*. Le portrait de Monna Lisa, ou Lisa Gherardini, épouse de Francesco di Bartolomeo di Zanobi del Giocondo, était réputé au XIXe siècle chez les artistes : Oscar Wilde le mentionne dans « *Delicate Intricacies* », un essai publié dans le *London Magazine* en 1822 ; *La Joconde* tient également sa place dans *Les Dieux et les demi-dieux de la peinture* [1864], de Théophile Gautier ; les Goncourt enfin évoquent son « sourire plein de nuit ». Tout aussi mystérieux sont cependant les paysages qui constituent l'arrière-plan de *La Vierge aux rochers* (Paris, musée du Louvre ; Londres, National Gallery).
94. *des fièvres [...] Delacroix* : ces mots se trouvaient à l'origine à la suite de *Mantegna* ; l'auteur les a par la suite déplacés après *Vinci*, dont la relative (*dont [...] bleus*) a été biffée.
95. Ajout marginal avec renvoi du texte à la marge et de la marge au texte, inachevé.
96. Début de *maîtres*.
97. La suite de ce paragraphe et le paragraphe suivant (colonne centrale), toujours très inspirés du texte du « Salon officiel en 1880 » (colonne de gauche), ont fait l'objet d'une variante (colonne de droite) placée à la fin du manuscrit, f. 130 recto, qui sera le texte publié. Ce feuillet présente huit taches d'encre ou de peinture, plus ou moins larges : le romancier se serait-il rendu dans l'atelier d'un de ses amis peintres, afin de demander conseil sur cette page de critique d'art établissant une audacieuse relation entre des domaines artistiques très différents ? Quoi qu'il en soit, l'une de ces taches masque un mot, par ailleurs biffé, et le rend indéchiffrable. Ce feuillet comporte en outre une brève esquisse marginale, inachevée et sans renvoi dans le texte. Il s'agit d'une esquisse d'introduction à cette seconde tentative de critique artistique de Gustave Moreau : *ne dérivait de personne – Sans ascendant véritable et desc^t possible*. Ces mots, qui, en 1884, figurent en tête du passage, sont griffonnés, très abrégés, et difficilement lisibles.
98. Début de *personnel*.
99. La désinence verbale finale du verbe *affecter* est masquée par une tache d'encre. La correction temporelle que nous en donnons n'est donc justifiée que par celles que Huysmans a réalisées sur les trois verbes suivants.
100. Ajout dans l'interligne inférieur.
101. Ajout marginal avec renvoi du texte à la marge et de la marge au texte.
102. Ms. : *ces*.
103. |*moins ds la langue [...] raffiné, et comme*| : ajout dont la première partie (*moins dans la langue [...] de Flaubert*) se trouve dans l'interligne supérieur, et la seconde partie dans l'interligne inférieur.
104. Ajout dans l'interligne inférieur.
105. Ce paragraphe, dont le premier jet (colonne de gauche) a été barré au crayon de papier, est récrit sur un feuillet vierge (colonne de droite).
106. Début de *pendues*.
107. Ms. : *elle*.
108. Ms. : *pendus*.

Bibliographie
J.-K. Huysmans - Gustave Moreau

établie par Philippe Barascud

Œuvres de J.-K. Huysmans

L'Art moderne, Paris, Charpentier, 1883. Rééd. : *L'Art moderne. Certains*, préface d'Hubert Juin, Paris, U.G.E., coll. 10/18, Série Fins de siècles, 1975.

À rebours, Paris, Charpentier, 1884.
Rééd. : *À rebours*, augmenté d'une préface de l'auteur, Paris, Les Cent Bibliophiles, 1903 [daté de 1903, paru début 1904] ; *À rebours*, présentation, notes, dossier, chronologie, bibliographie par Daniel Grojnowski [dossier constitué en collaboration avec Benoîte de Montmorillon], Paris, Flammarion, coll. GF, 2004.

En rade, Paris, Tresse et Stock, 1887.
Rééd. : *En rade*, édition établie et présentée par Jean Borie, Paris, Gallimard, coll. Folio, 1984.

Certains, Paris, Tresse et Stock, 1889.

Du dilettantisme, suivi de *Noëls du Louvre. Les Frères Le Nain. Le Quentin Metsys d'Anvers. Bianchi*, préfacé par M. Deepak Ananth, Nantes, Le Passeur-Cecofop, 1992.

« "Félicien Rops" (1889) », texte établi, présenté et annoté par André Guyaux, suivi d'une version inédite de notes préparatoires de Huysmans et de deux lettres de Rops à Huysmans, *Le Livre et l'estampe*, n° 128, 1987, p. 111-230.

Là-bas, Paris, Tresse et Stock, 1891.
Rééd. : *Là-bas*, édition établie et présentée par Yves Hersant, Paris, Gallimard, coll. Folio classique, 1985.

La Cathédrale, Paris, Stock, 1898.
Rééd. : *La Cathédrale*, suivie de documents inédits, édition établie par Pierre Cogny, préface de Monique Cazeaux, Saint-Cyr-sur-Loire, Christian Pirot, coll. Autour de 1900, 1986.

La Bièvre. Les Gobelins. Saint-Séverin, Paris, Société de propagation du livre d'art, 1901.

De tout, Paris, Stock, 1902.

L'Oblat, Paris, Stock, 1903. Rééd. : *L'Oblat*, édition établie par Denise Cogny, préface de Pierre Cogny, Saint-Cyr-sur-Loire, Christian Pirot, coll. Autour de 1900, 1992.

Correspondance de J.-K. Huysmans

Lettres inédites à Émile Zola, publiées et annotées par Pierre Lambert, avec une introduction de Pierre Cogny, Genève-Lille, Droz-Giard, coll. Textes littéraires français, 1953.

Lettres inédites à Edmond de Goncourt, publiées et annotées par Pierre Lambert et présentées par Pierre Cogny, Paris, Nizet, 1956.

Lettres inédites à Camille Lemonnier, publiées et annotées par Gustave Vanwelkenhuyzen, Genève-Paris, Droz-Minard, coll. Textes littéraires français, 1957.

Lettres inédites à Jules Destrée, avant-propos d'Albert Guislain, introduction et notes de Gustave Vanwelkenhuyzen, Genève-Paris, Droz-Minard, coll. Textes littéraires français, 1967.

63 lettres inédites de J.-K. Huysmans à Gustave Boucher, présentées et annotées par Pierre Cogny, tiré à part du *Bulletin de la Société J.-K. Huysmans*, nos 64 et 65, 1976.

Lettres inédites à Arij Prins. 1885-1907, publiées et annotées par Louis Gillet, Genève, Droz, 1977.

Brigitte Cabirol, Jean-Paul Corsetti, Sylvie Duran, André Guyaux, Pierre Jourde, Nathalie Limat-Letellier, René Rancœur et Nerema Zuffi, *Bibliographie des lettres de J.-K. Huysmans, Bulletin de la Société J.-K. Huysmans*, n° 87, 1994.

Correspondance Jean Lorrain - Joris-Karl Huysmans, suivie de poèmes, dédicaces et articles, édition présentée et annotée par Éric Walbecq, Tusson, Du Lérot, coll. « d'après nature », 2004.

Études sur J.-K. Huysmans

Amer, Henry, « Huysmans et la peinture », *Les Cahiers de la Tour Saint-Jacques*, 1963, n° 8, p. 34-47.

Antosh, Ruth, « The Role of Paintings in Three Novels by J.-K. Huysmans [*Marthe, À rebours, Là-bas*] », *Nineteenth-Century French Studies*, Summer-Fall 1984, p. 131-146.

Baldick, Robert, *La Vie de J.-K. Huysmans*, traduite de l'anglais par Marcel Thomas, Paris, Denoël, 1958.

Borie, Jean, *Huysmans. Le Diable, le célibataire et Dieu*, Paris, Grasset, 1991.

Bouillier, Henry, « Huysmans et les transpositions d'art », dans *Huysmans. Une esthétique de la décadence*, actes du colloque de Bâle, Mulhouse et Colmar, des 5, 6 et 7 novembre 1984, organisé par André Guyaux, Christian Heck et Robert Kopp, Paris, Champion, 1987, p. 127-143.

Bouillon, Jean-Paul, « Huysmans et Manet », dans *Huysmans. Une esthétique de la décadence, op. cit.*, p. 167-181.

Buuren, Maarten van, « Huysmans, critique d'art », dans *Joris-Karl Huysmans*, études réunies par Marc Smeets, Amsterdam - New York, Rodopi, 2003, p. 115-119.

Cogny, Pierre, *J.-K. Huysmans à la recherche de l'unité*, Paris, Nizet, 1953.

Cogny, Pierre, *Le « Huysmans intime » d'Henry Céard et Jean de Caldain*, avec de nombreux inédits et une préface de René Dumesnil, Paris, Nizet, 1957.

De Gregorio Cirillo, Valeria, « *Certains* : double registre et négativité dans la description huysmansienne », *Annali dell'Istituto universitario orientale*, 1983, p. 651-670.

Descaves, Lucien, *Les Dernières Années de J.-K. Huysmans*, Paris, Albin Michel, 1941.

Dottin-Orsini, Mireille, « Des Esseintes et les femmes peintes », dans *J.-K. Huysmans, « le territoire des à rebours »*, Toulouse, Université de Toulouse-le Mirail, p. 47-66.

Dottin-Orsini, Mireille, *Cette femme qu'ils disent fatale. Textes et images de la misogynie fin-de-siècle*, Paris, Grasset, 1993.

Dupont, Jacques, « La couleur dans (presque) tous les états », *Huysmans. Une esthétique de la décadence, op. cit.*, p. 155-166.

Eigeldinger, Marc, « Huysmans découvreur d'Odilon Redon », *Revue des sciences humaines* (Lille) [« Joris-Karl Huysmans », actes du colloque du Mans, 1977], nos 170-171, avril-septembre 1978, p. 207-216.

Fabre, Franz-E., « Note sur Huysmans et *L'Art moderne* », *Bulletin de la Société J.-K. Huysmans*, n° 41, 1961, p. 237-241.

Fortassier, Rose, « Le récit de rêve dans *En rade* », dans *Huysmans. Une esthétique de la décadence, op. cit.*, p. 303-311.

Foyard, Jean, « Le système de la description de l'œuvre d'art dans *L'Art moderne* », dans *Huysmans. Une esthétique de la décadence, op. cit.*, p. 135-143.

Guyaux, André, « Huysmans et Félicien Rops », dans *Huysmans. Une esthétique de la décadence, op. cit.*, p. 213-226.

Guyaux, André, « Huysmans et Puvis de Chavannes », dans *Joris-Karl Huysmans e l'immaginario decadente*, atti del seminario di studio di Malcesine (2-4 maggio 1991), a cura di Elio Mosele, Fasano, Schena, 1992, p. 187-200.

Issacharoff, Michael, *J.-K. Huysmans devant la critique en France (1874-1960)*, Paris, Klincksieck, 1970.

Jacquinot, Jean, « Deux amis : Odilon Redon

et Joris-Karl Huysmans », *Bulletin de la Société J.-K. Huysmans*, n° 33, 1957, p. 84-99.

Jourde, Pierre, « *À rebours* : le corps en pièces », dans À rebours. *« Une goutte succulente »*, Paris, SEDES, 1990, p. 201-218.

Jourde, Pierre, *Huysmans,* À rebours. *L'identité impossible*, Paris, Champion, coll. Unichamp, 1991.

Jouvin, Henri, « Huysmans, critique d'art », *Bulletin de la Société J.-K. Huysmans*, n° 20, mars 1947, p. 356-375.

Jurt, Joseph, « Huysmans entre le champ littéraire et le champ artistique », dans *Huysmans. Une esthétique de la décadence, op. cit.*, p. 115-126.

Langé, Gabriel-Ursin, *Au pays d'*En rade. *Suivi d'un essai de table des matières pour lire* En rade, *et d'une bibliographie du roman*, Fécamp, La feuille en 4, 1930.

Lethève, Jacques, « Pour une étude plus précise de Huysmans critique d'art. Essai bibliographique », *Bulletin de la Société J.-K. Huysmans*, n° 71, 1980, p. 33-43. À partir de cette bibliographie, Patrice Locmant a publié les *Écrits sur l'art* de Huysmans chez Bartillat en 2006.

Lethève, Jacques, « Huysmans et les peintres contemporains », dans *Huysmans. Une esthétique de la décadence, op. cit.*, p. 195-202.

Livi, Francois, *J.-K. Huysmans.* À rebours *et l'esprit décadent*, Paris, La Renaissance du livre, coll. La lettre et l'esprit, 1972.

Lombardo, Patrizia, « Huysmans, Taine, et la description coloriste », dans *Huysmans. Une esthétique de la décadence, op. cit.*, p. 145-153.

Maingon, Charles, *L'Univers artistique de J.-K. Huysmans*, Paris, Nizet, 1977.

Martens, David, « L'onirisme chez Huysmans : clés de lecture », *Les Lettres romanes*, t. LVI, n° 1-2, 2002, p. 91-113.

Mathieu, Pierre-Louis, « Huysmans, inventeur de l'impressionnisme », *L'Œil*, n° 341, décembre 1983, p. 38-45.

Mathieu, Pierre-Louis, « Huysmans et l'impressionnisme », dans *Huysmans. Une esthétique de la décadence, op. cit.*, p. 183-194.

Mondor, Henri, « Paul Valéry et *À rebours* », *Revue de Paris*, n° 3, mars 1947, p. 3-18.

Rolland Roche, Daniel, « Notes sur *Certains*. Essai sur la situation de Huysmans : qui est-il ? », dans *Mélanges Pierre Lambert consacrés à Huysmans*, Paris, Nizet, 1975, p. 67-75.

Salnicoff, Françoise, « Deux faux amis : Huysmans et Redon », dans *Joris-Karl Huysmans e l'immaginario decadente, op. cit.*, p. 201-215.

Steinmetz, Jean-Luc, « L'Art et son au-delà », dans *Huysmans. Une esthétique de la décadence, op. cit.*, p. 285-291.

Trudgian, Helen, *L'Esthétique de J.-K. Huysmans*, Paris, Conard, 1934.

Zayed, Fernande, *Huysmans, peintre de son époque*, Paris, Nizet, 1973.

Interviews de et sur Huysmans

Interviews, textes réunis, présentés et annotés par Jean-Marie Seillan, Paris, Champion, coll. Textes de littérature moderne et contemporaine, 2002.

« Huysmans critique d'art. Entretien [de Karim Haouadeg] avec Jacqueline Lichtenstein », *Europe*, n° 916-917 [sur J.-K. Huysmans et Villiers de l'Isle-Adam], août-septembre 2005, p. 124-134.

Écrits de Gustave Moreau

Écrits sur l'art, présentés et annotés par Peter Cooke, préface de Geneviève Lacambre, Fontfroide, Bibliothèque artistique et littéraire, 2002 (2 vol.).

Correspondance de Gustave Moreau

Jean Lorrain - Gustave Moreau, *Correspondance et poèmes*, édition présentée et annotée par Thalie Rapetti, Paris, Réunion des musées nationaux, 1998.

Correspondance d'Italie, textes inédits transcrits,

classés et annotés par Luisa Capodieci, préface de Geneviève Lacambre, Paris, Somogy, 2002.

Études sur Gustave Moreau

Beynel, Muriel, « Iconographie du XIXe siècle. Comment interpréter les *Fables* de La Fontaine ? », *Dix-septième siècle*, n° 173, 1991, p. 437-448.

Bittler, Paul et Pierre-Louis Mathieu, *Catalogue des dessins de Gustave Moreau*, Paris, Réunion des musées nationaux, 1983.

Capodieci, Luisa, Peter Cooke et Geneviève Lacambre, *Gustave Moreau : les aquarelles*, Paris, Somogy - Réunion des musées nationaux, 1998.

Cooke, Peter, « Critique d'art et transposition d'art : autour de *Galatée* et d'*Hélène* de Gustave Moreau (Salon de 1880) », *Romantisme*, n° 118, 2002, p. 37-53.

Cooke, Peter, *Gustave Moreau et les arts jumeaux. Peinture et littérature au dix-neuvième siècle*, Bern, Peter Lang, 2003.

Desvallières, Georges, *L'Œuvre de Gustave Moreau*, publié sous le haut patronage du musée national Gustave-Moreau, [1912].

Flat, Paul, « Gustave Moreau », *La Revue de l'art ancien et moderne*, 10 février 1898, p. 39-50, et 10 mars 1898, p. 231-244.

Forest, Marie-Cécile, « Gustave Moreau et l'ornement », dans *Mélanges en hommage à Dominique Brachlianoff*, numéro spécial des *Cahiers du musée des Beaux-Arts de Lyon*, 2003, p. 94-99.

Holten, Ragnar von, *L'Art fantastique de Gustave Moreau*, Paris, Pauvert, 1960.

Lacambre, Geneviève, « Le développement du personnage de Salomé à travers les dessins de Gustave Moreau », *L'Œil*, n° 79-80, juillet-août 1961, p. 44-51.

Lacambre, Geneviève, *Peintures, cartons, aquarelles, etc. exposés dans les galeries du musée Gustave-Moreau*, Paris, Réunion des musées nationaux, 1990.

Lacambre, Geneviève, *Gustave Moreau maître sorcier*, Paris, Gallimard, 1997.

Lacambre, Geneviève, « La *Galatée* de Moreau entre au musée d'Orsay », *48/14. La revue du musée d'Orsay*, n° 6, printemps 1998, p. 48-61.

Lacambre, Geneviève, « Une nouvelle acquisition du musée d'Orsay : la *Galatée*, 1880, de Gustave Moreau », *La Revue du Louvre et des musées de France*, n° 4, 1998, p. 73-80.

Leprieur, Paul, « Gustave Moreau et son œuvre », *L'Artiste*, mars 1889, p. 161-180 ; mai 1889, p. 338-359 ; juin 1889, p. 443-455.

Lobstein, Dominique, « Anthony Roux. Portrait d'un collectionneur et mécène », *Dossier de l'art*, n° 51, octobre 1998, p. 58-65.

Lobstein, Dominique, « Antony Roux, Gustave Moreau et les *Fables* de La Fontaine », *Paragone-Arte*, Anno L, Terza serie, n° 28 (597), novembre 1999, p. 75-88.

Mathieu, Pierre-Louis, *Gustave Moreau, sa vie, son œuvre. Catalogue raisonné de l'œuvre achevé*, Fribourg, Office du livre, 1976.

Mathieu, Pierre-Louis, « Gustave Moreau et le mythe d'Hélène », *Gazette des beaux-arts*, septembre 1985, p. 76-80.

Mathieu, Pierre-Louis, *Tout l'œuvre peint de Gustave Moreau*, Paris, Flammarion, 1991.

Mathieu, Pierre-Louis, *Gustave Moreau*, Paris, Flammarion, 1994.

Mathieu, Pierre-Louis, *Gustave Moreau. Monographie et nouveau catalogue de l'œuvre achevé*, Courbevoie, ACR édition, 1998.

Paladilhe, Jean, et José Pierre, *Gustave Moreau*, Paris, Hazan, 1971.

Péladan, Joséphin, « Gustave Moreau », *L'Ermitage*, janvier 1895, p. 29-34.

Pinchon, Pierre, « D'Hélène de Troie à Julia Bartet : vers une définition de l'éternel féminin selon Gustave Moreau », *Bulletin de la Société de l'histoire de l'art français*, 2000, p. 237-251.

Proust, Marcel, « Notes sur le monde mystérieux de Gustave Moreau », *Contre Sainte-Beuve,* précédé de *Pastiches et mélanges* et suivi d'*Essais et articles,* édition établie par Pierre Clarac, avec la collaboration d'Yves Sandre, Paris, Gallimard, coll. Bibliothèque de la Pléiade, 1971.

Renan, Ary, « Gustave Moreau », *Gazette des beaux-arts,* 1er mai 1886, p. 377-394 ; 1er juillet 1886, p. 35-51.

Renan, Ary, *Gustave Moreau (1826-1898),* Paris, Éditions de la *Gazette des beaux-arts,* 1900.

Rouault, Georges, « Gustave Moreau », *L'Art et les artistes,* avril 1926, p. 217-248.

Schuré, Édouard, « Gustave Moreau. La peinture psychique et le symbolisme transcendant », dans *Précurseurs et révoltés,* Paris, Perrin, 1904, p. 325-377.

Ouvrages collectifs sur Gustave Moreau

Dossier de l'Art : Gustave Moreau, le rêve symbolique, n° 51, octobre 1998.

Les Maîtres artistes, n° 1, 15 octobre 1901 [numéro consacré à Gustave Moreau].

Catalogues d'exposition sur Gustave Moreau

Gustave Moreau. 1826-1898, Paris, Galeries nationales du Grand Palais, 29 septembre 1998 - 4 janvier 1999, Chicago, The Art Institute, 13 février - 25 avril 1999, New York, The Metropolitan Museum of Art, 24 mai - 22 août 1999, Paris, Réunion des musées nationaux, 1998.

Gustave Moreau. Mythes et chimères. Aquarelles et dessins secrets du musée Gustave-Moreau, Paris, musée de la Vie romantique, 22 juillet - 9 novembre 2003, Paris musées - Réunion des musées nationaux, 2003.

Anthologie de textes sur Gustave Moreau

Gustave Moreau et ses contemporains, préface de Bernard Noël, édition établie et annotée par Frédéric Chaleil, Les Éditions de Paris, 1998.

Études sur J.-K. Huysmans et Gustave Moreau

Capodieci, Luisa, « Salomé dansant devant Balthazar : Rembrandt entre Moreau et Huysmans », *Bulletin de la Société J.-K. Huysmans,* n° 94, 2001, p. 4-29.

Dottin-Orsini, Mireille, et Daniel Grojnowski, « Lectures des *Salomé* de Gustave Moreau : parole "collective" et parole "personnelle" », *Transpositions, travaux de l'université de Toulouse-Le Mirail,* série A, t. 38, 1986, p. 41-65.

Ducrey, Guy, « Gustave Moreau, Huysmans et le cachet d'onyx : à propos d'un nombril de danseuse », *Bulletin de la Société J.-K. Huysmans,* n° 94, 2001, p. 52-61.

Eigeldinger, Marc, « Huysmans interprète de Gustave Moreau », dans *Huysmans. Une esthétique de la décadence, op. cit.,* p. 201-212.

Grojnowski, Daniel, « Salomé, l'art et l'argent » [suivi d'un « Brouillon d'une lettre de Gustave Moreau à Huysmans, octobre 1891 », de « Notes pour le chapitre de *Certains* sur Gustave Moreau », d'un « Projet de préface de Huysmans pour *L'Art moderne* » et d'une « Lettre de Huysmans à Paul Bourget à propos de *L'Art moderne* »], dans *Cahier de l'Herne,* n° 47 [consacré à Huysmans], dirigé par Pierre Brunel et André Guyaux, 1985, p. 165-179.

Grojnowski, Daniel, *Le Sujet d'*À rebours, Villeneuve d'Ascq, Presses universitaires du Septentrion, coll. Objet, 1996 [chapitre II : « Le mythe de Salomé », p. 35-61].

Guyaux, André, « Salomé pensive », *Bulletin de la Société J.-K. Huysmans,* n° 94, 2001, p. 62-76.

Hamzaoui, Saïda, « Mythe et création : l'"Hérodiade" dans la peinture et dans la littérature à travers *À rebours* de J.-K. Huysmans », dans *La Poétique de Mallarmé,* sous la direction de Samir Marzouki et Kamel Gahâ, Paris-Tunis, Maisonneuve et Larose - Éditions de la Méditerranée, 2001, p. 221-233.

Jourde, Pierre, « La scène capitale de la décadence. L'aquarelle *L'Apparition* de Gustave

Moreau vue par Huysmans », *Bulletin de la Société J.-K. Huysmans*, n° 85, 1992, p. 10-17.

Lacambre, Geneviève, « La diffusion de l'œuvre de Gustave Moreau par la reproduction au XIXe siècle », *Bulletin de la Société J.-K. Huysmans*, n° 94, 2001, p. 30-51.

Marchal, Bertrand, *Salomé entre vers et prose. Baudelaire, Mallarmé, Flaubert, Huysmans*, Paris, José Corti, coll. Les Essais, 2005.

Michel, Christian, « Le lotus, le sabre et l'orchidée : *À rebours* de Huysmans, *Salomé dansant devant Hérode* et *L'Apparition* de Moreau », dans *Études romanesques 7. Le parti du détail : enjeux narratifs et descriptifs*, textes résumés et présentés par Marine Ricord, Paris-Caen, Minard, 2002, p. 177-186.

Praz, Mario, *La Chair, la mort et le diable dans la littérature du XIXe siècle. Le romantisme noir*, traduit de l'italien par Constance Thompson Pasquali, Paris, Denoël, 1977 [chapitre V : « Byzance », p. 247 *sqq.*].

Son, Kyung-Ae, « La signification des peintures de Gustave Moreau dans *À rebours* », *Études de langue et littérature françaises*, n° 42, 2000, p. 119-138.

Divers

Aurier, Albert, *Textes critiques. 1889-1892. De l'impressionnisme au symbolisme*, Paris, École nationale supérieure des beaux-arts, 1995.

Focillon, Henri, *La Peinture au XIXe siècle. Du réalisme à nos jours* [1927], Paris, Flammarion, 1991.

Groux, Henry de, *Journal*, texte établi et annoté par Pierre Pinchon, Rodolphe Rapetti, Thomas Schlesser et Pierrre Wat, Paris, Kimé-INHA, 2007.

Larroumet, Gustave, *Études de littérature et d'art*, 4e série, Paris, Hachette, 1896.

Marx, Roger, *La Décoration et l'art industriel à l'Exposition universelle de 1889*, conférence faite au Congrès de la Société centrale des architectes français le 17 juin 1890, Paris, Quantin - May et Motteroz, 1890.

Mugnier, Arthur (abbé), *Journal (1879-1939)*, texte établi par Marcel Billot, préface de Ghislain de Diesbach, notes de Jean d'Hendecourt, Paris, Mercure de France, coll. Le Temps retrouvé, 1985,

Palacio, Jean de, *Figures et formes de la décadence*, Paris, Séguier, 1996.

Rouault, Georges, *Souvenirs intimes*, Paris, Frapier, 1926.

Zola, Émile, *Écrits sur l'art*, édition établie, présentée et annotée par Jean-Pierre Leduc-Adine, Paris, Gallimard, coll. Tel, 1991.

Page de droite : *Salomé*, Salon de 1876 et Exposition universelle de 1878 ; évoqué par Huysmans dans *À rebours* (1884). Il s'agit ici de la photogravure de Goupil d'après Gustave Moreau, dont Huysmans possédait un exemplaire, reproduite dans *Les Chefs-d'œuvre d'art à l'Exposition universelle de 1878*, sous la direction de M. E. Bergerat, Paris, Baschet, 1878. Hors catalogue.

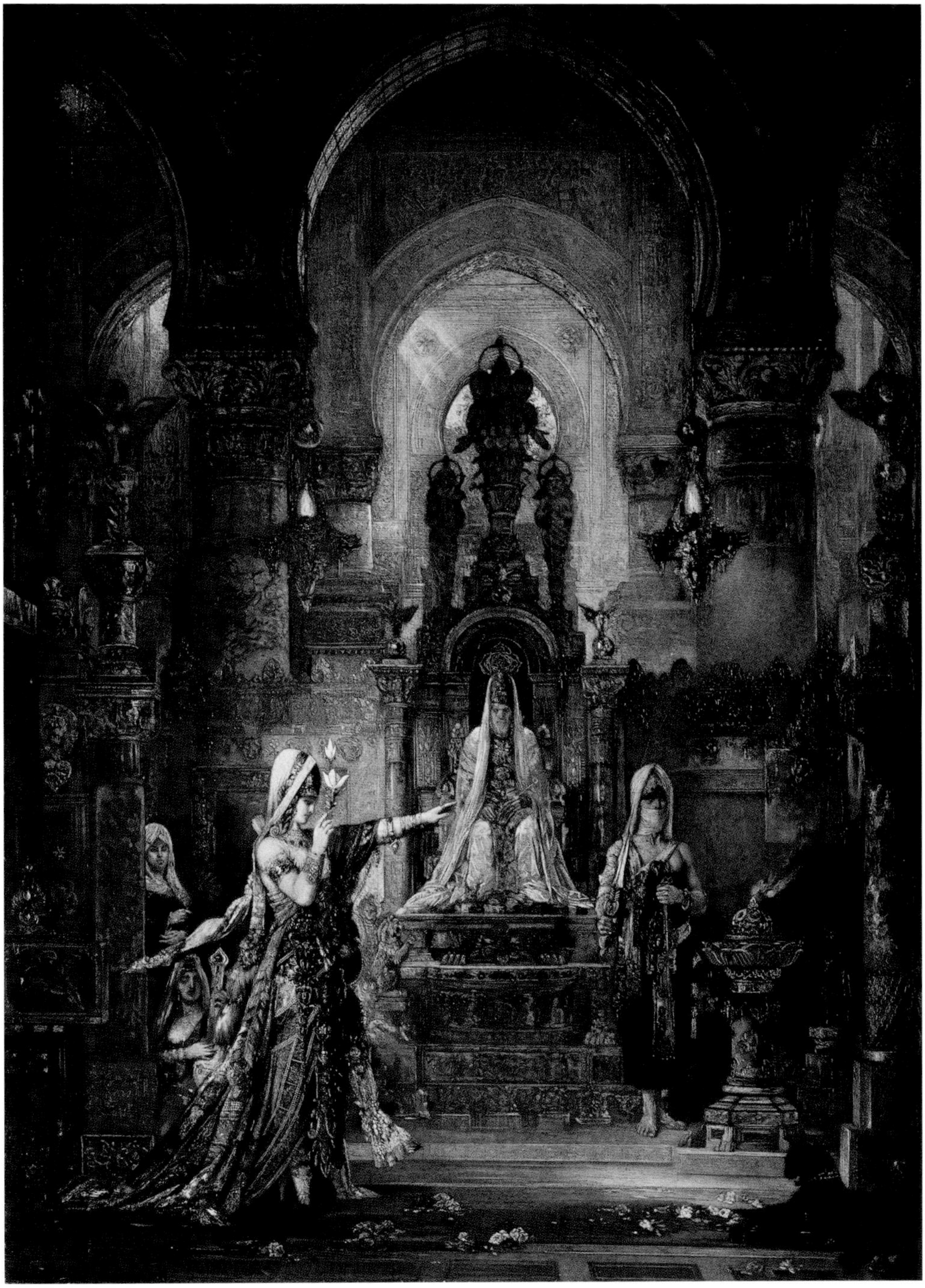

Crédits photographiques

RMN/ René Gabriel Ojeda : 1, 2, 3, 4, 5, 6b, 7a, 8, 9, 10, 11, 12, 13, 14, 15e, 16, 17, 18, 19, 20, 21, 22, 23, 24b, 25, 26b, 27, 28b, 29d, 30a, 31, 32, 33, 34, 35, 36, 37, 39, 40, 41, 42, 43, 44, 45, 46, 47, 48, 49a, 50, 51, 53, 54, 55, 56, 58, 59, 62, 63, 65, 65 bis, illustration hors catalogue figurant *L'Apparition*

Paris, musée Gustave-Moreau : 57, 64, illustration hors catalogue figurant *Hélène*

Dijon, musée Beaux-Arts : illustration hors catalogue figurant *Le Cantique des cantiques*

Paris, bibliothèque nationale de France : 38, 66 et illustration hors catalogue figurant *Salomé*

Paris, fondation Georges Rouault : 60, 61

Paris, mobiier national et manufactures des Gobelins, de Beauvais et de la Savonnerie : 52

Achevé d'imprimer
sur les presses de l'imprimerie Castuera S.A., Pampelune
Photogravure : Ernio, Pampelune
Conception graphique : David Privat
ISBN : 978-2-901425-50-2